Die Behandlung ausländischen Rechts im Zivilverfahren

Europäische Hochschulschriften
Publications Universitaires Européennes
European University Studies

Reihe II
Rechtswissenschaft

Série II Series II
Droit
Law

Bd./Vol. 5198

PETER LANG
Frankfurt am Main · Berlin · Bern · Bruxelles · New York · Oxford · Wien

Juliane Müller

Die Behandlung ausländischen Rechts im Zivilverfahren

Möglichkeiten einer Vereinheitlichung auf europäischer Ebene

PETER LANG
Internationaler Verlag der Wissenschaften

Bibliografische Information der Deutschen Nationalbibliothek
Die Deutsche Nationalbibliothek verzeichnet diese Publikation in der Deutschen Nationalbibliografie; detaillierte bibliografische Daten sind im Internet über http://dnb.d-nb.de abrufbar.

Zugl.: Trier, Univ., Diss., 2011

Gedruckt auf alterungsbeständigem,
säurefreiem Papier.

D 385
ISSN 0531-7312
ISBN 978-3-631-61921-6

www.peterlang.de

Meinen Eltern

Vorwort

Die vorliegende Arbeit wurde im Wintersemester 2010/2011 vom Fachbereich Rechtswissenschaft der Universität Trier als Dissertation angenommen. Die Arbeit ist auf dem Stand von Dezember 2010, Rechtsprechung und Literatur konnte teilweise bis März 2011 Berücksichtigung finden.

Ich danke Prof. Dr. Jan von Hein für die Möglichkeit der Mitarbeit an seinem Lehrstuhl sowie die Anregung zu diesem Thema und die Betreuung der Arbeit. Mein weiterer Dank gebührt Prof. Dr. Thomas Rüfner für die zügige Erstellung des Zweitgutachtens.

Mein herzlicher Dank gilt weiterhin den Mitarbeitern des Lehrstuhls von Prof. Dr. Jan von Hein an der Universität Trier für die überaus angenehme und kollegiale Zusammenarbeit.

Besonderer Dank gebührt zudem Herrn Dr. Dominik Schulte für die Korrektur dieser Arbeit.

Abschließend möchte ich nochmal besonders bei meiner Familie, insbesondere meinen Eltern, bedanken, ohne sie wäre die Erstellung dieser Arbeit nicht möglich gewesen. Ihnen widme ich diese Arbeit.

Trier im März 2011

Juliane Müller

Inhaltsverzeichnis

Abkürzungsverzeichnis

A.C.	Law Reports, Appeal Cases
a.F.	Alte Fassung
Abs.	Absatz
AcP	Archiv für die civilistische Praxis
AdWirkG	Gesetz über Wirkungen der Annahme als Kind nach ausländischem Recht
AEUV	Vertrag über die Arbeitsweise der Europäischen Union i.d.F. des Vertrags von Lissabon
AllER	All England Law Reports
Am. J. Comp. L.	American Journal of Comparative Law
Am. J. Int. L.	The American Journal of International Law
Ank. L. Rev.	Ankara Law Review
Anm.	Anmerkung
AnwBl.	Anwaltblatt
Ariz. J. Int. & Comp. L.	Arizona Journal of International and Comparative Law
Art.	Artikel
BGB	Bürgerliches Gesetzbuch
BGBl.	Bundesgesetzblatt
BGE	Entscheidungssammlung des Schweizer Bundesgerichts
BGH	Bundesgerichtshof
BGHZ	Amtliche Entscheidungssammlung des Bundesgerichtshofes in Zivilsachen
BT-Ds.	Bundestags-Drucksache
BVerfG	Bundesverfassungsgericht
BVerfGE	Amtliche Entscheidungssammlung des Bundesverfassungsgerichts
C.A.	Court of Appeal
CA	Cour d´Appel
Ch.	Law Reports, Chancery Division
CISG	Convention on the International Sale of Goods
civ.	civil
Civ. J. Q.	Civil Justice Quarterly
Clunet	Journal du droit international
CMLR	Common Market Law Review
CMR	Convention on the Contract for the Carriage of the International Goods by Road

Col. L. Rev.	Columbia Law Review
CPR	Civil Procedure Rules
D.	Dalloz
D. Chr.	Dalloz/Chroniques
D. Doctr.	Dalloz Doctrine
EGV	Vertrag zur Gründung der Europäischen Gemeinschaft i.d.F. des Vertrags von Amsterdam (1998)
Erw.gr.	Erwägungsgrund
ErwSÜ	Haager Übereinkommen über den internationalen Schutz von Erwachsenen
EuBagVO	Verordnung (EG) Nr. 861/2007 des Europäischen Parlaments und des Rates vom 11. Juli 2007 zur Einführung eines europäischen Verfahrens für geringfügige Forderungen
EuBewVO	Verordnung (EG) Nr. 1206/2001 des Rates vom 28. Mai 2001 über die Zusammenarbeit zwischen den Gerichten der Mitgliedstaaten auf dem Gebiet der Beweisaufnahme in Zivil- oder Handelssachen
EuEheGVO	Verordnung (EG) Nr. 1347/2000 des Rates vom 29. Mai 2000 über die Zuständigkeit und die Anerkennung und Vollstreckung von Entscheidungen in Ehesachen und in Verfahren betreffend die elterliche Verantwortung für die gemeinsamen Kinder der Ehegatten
EuGH	Europäischer Gerichtshof
EuGVÜ	Europäisches Übereinkommen über die gerichtliche Zuständigkeit und die Vollstreckung gerichtlicher Entscheidungen in Zivil- und Handelssachen
EuGVVO	Verordnung (EG) Nr. 44/2001 des Rates vom 22. Dezember 2000 über die gerichtliche Zuständigkeit und die Anerkennung und Vollstreckung von Entscheidungen in Zivil- und Handelssachen
EuInsVO	Verordnung (EG) Nr. 1346/2000 des Rates vom 29. Mai 2000 über Insolvenzverfahren
EuLF	The European Legal Forum
EuMahnVO	Verordnung (EG) Nr. 1896/2006 des Europäischen Parlaments und des Rates vom 12. Dezember 2006 zur Einführung eines Europäischen

	Mahnverfahrens
EuR	Europarecht
Eur. Rev. Priv. L.	European Review of Private Law
EuUntVO	Verordnung (EG) Nr. 4/2009 des Rates über die Zuständigkeit, das anwendbare Recht, die Anerkennung und Vollstreckung von Entscheidungen und die Zusammenarbeit in Unterhaltssachen
EUV	Vertrag über die Europäische Union i.d.F. des Vertrags von Amsterdam (1998)
EuVTVO	Verordnung (EG) Nr. 805/2004 des Europäischen Parlaments und des Rates vom 21. April 2004 zur Einführung eines europäischen Vollstreckungstitels für unbestrittene Forderungen
EuZustVO	Verordnung (EG) Nr. 1393/2007 des Europäischen Parlaments und des Rates vom 13. November 2007 über die Zustellung gerichtlicher und außergerichtlicher Schriftstücke in Zivil- oder Handelssachen in den Mitgliedstaaten (Zustellung von Schriftstücken) und zur Aufhebung der Verordnung (EG) Nr. 1348/2000 des Rates
EuZW	Zeitschrift für Europäisches Wirtschaftrecht
EWiR	Entscheidungen zum Wirtschaftsrecht
FamFG	Gesetz über das Verfahren in Familiensachen und in den Angelegenheiten der freiwilligen Gerichtsbarkeit
FamRZ	Zeitschrift für das gesamte Familienrecht
FGG	Gesetz der freiwilligen Gerichtsbarkeit
FPR	Familie, Partnerschaft und Recht
FS	Festschrift
GG	Grundgesetz
GRuR	Zeitschrift für Urheberrecht und gewerblichen Rechtsschutz
GVG	Gerichtsverfassungsgesetz
HUP	Haager Protokoll über das auf Unterhaltspflichten anzuwendende Recht (HUP) vom 23. November 2007
i.d.F.	in der Fassung vom
ICLQ	International and Comparative Law Quarterly
IHR	Internationales Handelsrecht
Int. Enc. of Comp. L.	International Encyclopedia of Comparative Law

Inter-Am. L. Rev.	Inter-American Law Review
IPR	Internationales Privatrecht
IPRax	Praxis des Internationalen Privat- und Verfahrensrechts
IPRspr.	Rechtsprechung zum internationalen Privatrecht
IZVR	Internationales Zivilverfahrensrecht
J. Mar. L. & Comm.	Journal of Maritime Law and Commerce
Jb. ital. R.	Jahrbuch für italienisches Recht
JCP	Jurisclasseur Périodique
JPrIL	Journal of Private International Law
JR	Juristische Rundschau
JuS	Juristische Schulung
JZ	Juristenzeitung
KOM	Dokument der Europäischen Kommission
KSÜ	Haager Übereinkommen über die Zuständigkeit, das anwendbare Recht, die Anerkennung, die Vollstreckung und die Zusammenarbeit auf dem Gebiet der elterlichen Verantwortung und der Maßnahmen zum Schutz der Kinder vom 19. Oktober 1996
L. M. & Comm. L. Q.	Lloyd's Maritime and Commercial Law Quarterly
LEC	Ley de Enjuiciamiento Civil
Lit./litt.	Buchstabe/n
LQR	Law Quarterly Review
LugÜ	Luganer Übereinkommen über die gerichtliche Zuständigkeit und die Vollstreckung gerichtlicher Entscheidungen in Zivil- und Handelssachen vom 16. September 1988
LugÜ (2007)	Übereinkommen über die gerichtliche Zuständigkeit und die Anerkennung und Vollstreckung von Entscheidungen in Zivil- und Handelssachen vom 30. Oktober 2007
m.w.N.	mit weiteren Nachweisen
Maast. J. Eur. & Comp. L.	Maastricht Journal of European and Comparative Law
Mar. L.	Maritime Lawyer
MDR	Monatsschrift für deutsches Recht
Mél.	Mélanges/Festschrift
Mercer L. Rev.	Mercer Law Review
Mich. L. Rev.	Michigan Law Review

MSA	Haager Übereinkommen über die Zuständigkeit der Behörden und das anzuwendende auf dem Gebiet des Schutzes von Minderjährigen vom 5. Oktober 1961
Nat. L. J.	The National Law Journal
NCPC	Nouveau Code de Procédure Civile
NJW	Neue Juristische Wochenschrift
Nr.	Nummer
OGH	österreichischer Oberster Gerichtshof
OLG	Oberlandesgericht
Penn. S. Int. L. Rev.	Pennsylvania State International Law Review
RabelsZ	Rabels Zeitschrift für internationales und ausländisches Privatrecht
Rec. d. C.	Recueil des Cours
Rev. crit. dip	Revue critique de droit international privé
RHDI	Revue héllenique de droit international
RIW	Recht der internationalen Wirtschaft
RL	Richtlinie
Rom II-VO	Verordnung (EG) Nr. 864/2007 des Europäischen Parlaments und des Rates vom 11. Juli 2007 über das auf außervertragliche Schuldverhältnisse anzuwendende Recht („Rom II")
Rom I-VO	Verordnung (EG) Nr. 593/2008 des Europäischen Parlaments und des Rates vom 17. Juni 2008 über das auf vertragliche Schuldverhältnisse anzuwendende Recht („Rom I")
S.	Seite/Satz
SchiedsVZ	Zeitschrift für Schiedsverfahren
Slg.	Amtliche Sammlung der Entscheidungen des EuGH
StAZ	Das Standesamt
Tex. Int. L. J.	Texas International Law Journal
Transnat. L. & Cont. P.	Transnational Law and Contemporary Problems
TranspR	Zeitschrift für Transportrecht
UAbs.	Unterabsatz
Va. J. Int. L.	Virginia Journal of International Law
VersR	Zeitschrift für Versicherungsrecht, Haftungs- und Schadensrecht
Vgl.	Vergleiche
VO	Verordnung

VuR	Verbraucher und Recht
WM	Wertpapiermitteilungen
Yale L. J.	The Yale Law Journal
Yb PIL	Yearbook of Private International Law
ZEuP	Zeitschrift für Europäisches Privatrecht
ZfRV	Zeitschrift für Rechtsvergleichung
ZPO	Zivilprozessordnung
ZRP	Zeitschrift für Rechtspolitik
ZZP	Zeitschrift für Zivilprozess
ZZP int.	Zeitschrift für Zivilprozess international

Einleitung

Der Zivilprozess wird von der Unterscheidung zwischen Recht und Tatsachen geprägt. Das Gericht muss das Recht kennen und von Amts wegen anwenden (*iura novit curia*). Die Beibringung der relevanten Tatsachen und deren Beweis obliegt hingegen den Parteien. Diese Zweiteilung bereitet dann Probleme, wenn es sich bei dem anzuwendenden Recht nicht um die lex fori, sondern das Recht einer ausländischen Rechtsordnung handelt. Dieses Recht muss das Gericht nicht kennen. Die nationalen Rechtsordnungen enthalten vielfach spezielle Regelungen zur Behandlung ausländischen Rechts, die jedoch nach Inhalt und Reichweite weit voneinander abweichen. Ausgangspunkt jeder nationalen Rechtsordnung ist, ob ausländisches Recht als Recht oder als Tatsache anzusehen ist. Daraus resultiert die Frage, ob der Richter einer amtswegigen Verpflichtung unterliegt, ausländisches Recht überhaupt anzuwenden oder ob es allein Sache der Parteien ist, sich auf das anwendbare ausländische Recht zu berufen. Bejaht man im konkreten Fall die Anwendbarkeit des ausländischen Rechts, stellt sich das Folgeproblem, wer dieses Recht ermittelt. Zudem ist kontrovers, welches Recht im Falle der Nichtermittelbarkeit des ausländischen Rechts subsidiär zur Anwendung gelangen soll. Eine europäische Regelung existiert bisher nicht.

Mit Erlass der Verordnungen über das auf außervertragliche Schuldverhältnisse anzuwendende Recht (im Folgenden Rom II-VO)[1] und über das auf vertragliche Schuldverhältnisse anzuwendende Recht (im Folgenden Rom I-VO)[2] hat die Europäische Union (EU) einen weiteren Schritt in Richtung Harmonisierung des Rechts ihrer Mitgliedstaaten getan. Bereits im Jahre 2001 wurde die Verordnung über die gerichtliche Zuständigkeit und die Anerkennung und Vollstreckung von Entscheidungen in Zivil- und Handelssachen (im Folgenden EuGVVO)[3] erlassen, die am 1. März 2002 in Kraft trat. Ausgangspunkt war die

---

1 Verordnung (EG) Nr. 864/2007 des Europäischen Parlaments und des Rates vom 11. Juli 2007 über das auf außervertragliche Schuldverhältnisse anzuwendende Recht („Rom II“), ABl. EU 2007 L 199/40.

2 Verordnung (EG) Nr. 593/2008 des Europäischen Parlaments und des Rates vom 17. Juni 2008 über das auf vertragliche Schuldverhältnisse anzuwendende Recht („Rom I“), ABl. EU 2008 L 177/6.

3 Verordnung (EG) Nr. 44/2001 des Rates über die gerichtliche Zuständigkeit und die Anerkennung und Vollstreckung von Entscheidungen in Zivil- und Handelssachen, ABl. EG 2001 L 12/1.

Schaffung der Kompetenz der Europäischen Union für den Bereich der justiziellen Zusammenarbeit in Zivilsachen durch den Amsterdamer Vertrag.[4] Im Bereich des Internationalen Zivilverfahrensrechts folgten seitdem zahlreiche weitere Verordnungen.

Es stellt sich die Frage, ob und inwieweit diese Harmonisierung auch den Bereich der Behandlung ausländischen Rechts erreichen sollte. Gegenstand der Harmonisierung ist bisher einerseits das anwendbare Recht, andererseits das internationale Zivilverfahrensrecht. Beide Bereiche weisen Gemeinsamkeiten auf und nur eine umfassende Regelung der einen Materie verhilft der jeweils anderen zum Erfolg. Jüngst wurde die Problematik der Behandlung ausländischen Rechts und ihrer unionalen Vereinheitlichung im Rahmen der Verabschiedung der Rom II-VO aufgeworfen. Eine Regelung ist aber nicht erfolgt. In der endgültig verabschiedeten Version der Rom II-VO findet sich hierzu nur folgender Anhang:[5]

> Erklärung der Kommission zur Behandlung ausländischen Rechts
>
> In Anbetracht der unterschiedlichen Behandlung ausländischen Rechts in den Mitgliedstaaten wird die Kommission, sobald die Untersuchung vorliegt, spätestens aber vier Jahre nach Inkrafttreten der Verordnung Rom II eine Untersuchung zur Anwendung ausländischen Rechts in Zivil- und Handelssachen durch die Gerichte der Mitgliedstaaten unter Berücksichtigung der Ziele des Haager Programms veröffentlichen. Die Kommission ist bereit, erforderlichenfalls geeignete Maßnahmen zu ergreifen.

Auch die Haager Konferenz für Internationales Privatrecht wurde zur Frage der Behandlung ausländischen Rechts im Zivilprozess aktiv. Mit Erlass eines Fragebogens an die Mitgliedstaaten sollten die Erfolgsaussichten einer Regelung auf völkerrechtlicher Ebene untersucht werden. An diesem Anhang der EU und dieser Aktivität der Haager Konferenz zeigt sich, dass die Frage der Behandlung ausländischen Rechts weiterhin aktuell ist und bleibt. Bis zum Erlass dieses Berichts der Kommission bleibt es mangels anderweitiger Regelung bei der Maßgeblichkeit der lex fori, also der nationalen Regelungen.

Insbesondere im Hinblick auf diesen Bericht der Kommission stellt sich aber bereits jetzt die Frage, wie eine europäische Regelung der Behandlung ausländi-

---

4 Vertrag von Amsterdam zur Änderung des Vertrags über die Europäische Union und der Verträge zur Gründung der Europäischen Gemeinschaften, ABl. EU 1997 C 340/1 ff.

5 ABl. EU 2007 L 199/49.

schen Rechts aussehen könnte. Dieser Frage soll in dieser Arbeit nachgegangen werden. Dazu wird zunächst der Hintergrund der Problematik im Allgemeinen sowie der bereits erwähnten aktuellen Diskussion erläutert. Dabei wird einerseits die Verabschiedung der Rom II-VO, andererseits der Fragebogen der Haager Konferenz für Internationales Privatrecht Berücksichtigung finden (Kapitel 1). Im Anschluss werden exemplarisch nationale Regelungen in diesem Bereich verschiedener Mitgliedstaaten der Europäischen Union sowie die schweizerische Regelung betrachtet (Kapitel 2). Neben diesen nationalen Regelungen soll aber auch der vereinheitlichte Bereich der EU nicht außer Betracht bleiben. Insoweit stellt sich die Frage der Vereinbarkeit nationaler Modelle mit europäischen Verordnungen und Übereinkommen. Daraufhin wird untersucht, ob eine Neuregelung überhaupt notwendig ist und inwieweit lex fori und lex causae im Bereich des EU-Rechts auseinanderfallen (Kapitel 3). Abschließend werden Ansätze zu den Gestaltungsmöglichkeiten einer Regelung auf formaler und inhaltlicher Ebene dargestellt (Kapitel 4 und 5).

Kapitel 1: Hintergrund der Problematik

Bevor vertieft auf das Problem der Behandlung ausländischen Rechts durch das Gericht im Zivilverfahren eingegangen wird, soll zunächst der Hintergrund des in Rede stehenden Themas beleuchtet werden. Dabei werden die beweisrechtliche Ausgangslage (A.) sowie die widerstreitenden Interessen der beteiligten Parteien (B.) dargestellt, um im Anschluss die aktuell neu entfachte Diskussion zu erläutern (C.).

A. Ausgangslage im Beweisrecht

Ausgangspunkt eines jeden zivilrechtlichen Verfahrens sind zwei Materien, die diesem zugrunde liegen: das Recht und die Tatsachen.[6] Hinsichtlich der Tatsachen gilt im Zivilprozess der Verhandlungsgrundsatz: Die Parteien legen dem Gericht die zur Aufklärung des Sachverhaltes notwendigen Tatsachen vor, weitergehende Recherchen des Gerichts sind unzulässig.[7] Möglich ist allein ein Hinweis nach dem Gebot richterlicher Hilfestellung im Rahmen des § 139 ZPO.[8] Hinsichtlich des Rechts gilt der Grundsatz *iura novit curia*, das Gericht muss das Recht kennen oder zumindest ermitteln.[9] Hier gilt der Untersuchungsgrundsatz.

Diese Unterscheidung zwischen Recht und Tatsachen ist in rein nationalen Fällen weitestgehend unproblematisch. Schwieriger wird es, wenn ausländische Elemente den Sachverhalt prägen oder zumindest tangieren. Im Zivilprozessrecht gilt der Grundsatz der lex fori: Das Gericht wendet zur Klärung zivilprozessualer Fragestellungen sein eigenes Recht an.[10] Dies gilt insbesondere auch

---

6 *Kegel/Schurig*, IPR, § 15 II (499); für die Schiedsgerichtsbarkeit, siehe *Heidinger/Hof*, SchiedsVZ 2008, 174 ff.

7 Zöller/*Greger*, Vor § 128 ZPO Rn. 10. So z.B. im deutschen Recht nach §§ 128, 139 ZPO, im spanischen Recht Art. 399 LEC. Ausnahmen bestehen im deutschen Recht vor allem in familienrechtlichen Verfahren (§§ 127, 177 FamFG), hier wird das Gericht von Amts wegen tätig.

8 MusielakZPO/*Stadler*, § 139 Rn. 1; Zöller/*Greger*, Vor § 128 ZPO Rn. 10a.

9 MüKoZPO/*Prütting*, § 293 ZPO Rn. 2.

10 BGH MDR 1985, 215; BGH NJW-RR 1993, 130; *Hausmann*, EulF 2008, I-1; Palandt-*Thorn*, Einl v Art. 3 EGBGB Rn. 33; *Currie*, Col. L. Rev. 58 (1958), 964; *Lando*, M. J. Eur. Comp. L. 2 (1995) 359, 363.

für das Beweisverfahren.[11] Die Unterscheidung zwischen Recht und Tatsachen bleibt auch in internationalen Fällen bestehen. So fällt unter den Begriff des Rechts grundsätzlich nur das in einem Staat geltende Recht.[12] Es stellt sich also die Frage, was unter den Begriff des Rechts, was unter den Begriff der Tatsache zu fassen ist. Im vorliegenden Zusammenhang geht es konkret darum, ob das ausländische Recht als Recht oder als Tatsache zu behandeln ist.

Eine Beantwortung dieser Frage scheitert an der im Bereich der Mitgliedstaaten der Europäischen Union existierenden Diskrepanz, was überhaupt unter dem Begriff des Prozessrechts zu verstehen ist.[13] Insoweit werden vor allem zwei gegensätzliche Strömungen unterschieden: einerseits das *common law*, andererseits das *civil law*. Bevor im folgenden Kapitel die rechtlichen Regelungen verschiedener europäischer Staaten näher betrachtet werden, sollen zunächst diese beiden gegensätzlichen Regelungsmodelle hinsichtlich der Einordnung ausländischen Rechts verdeutlicht werden.

I. Ausgangspunkt: Ausländisches Recht als Recht oder Tatsache

Die Frage, ob ausländisches Recht von Amts wegen vom Richter angewandt wird oder vielmehr von den Parteien in den Prozess eingebracht werden muss, um zur Anwendung zu gelangen, steht in engem Zusammenhang mit der Frage, ob ausländisches Recht gemäß der nationalen Rechtsordnung als Recht oder vielmehr als Tatsache qualifiziert wird. Wie bereits angedeutet stehen sich dabei die gegensätzlichen Modelle des *common law* und des *civil law* gegenüber.[14]

Diese Unterscheidung hat Auswirkungen auf verschiedene Ebenen des Zivilprozesses. Zunächst stellt sich die Frage der Zuständigkeit: Im *civil law* entscheidet allein das Gericht. In den Rechtsordnungen des *common law* andererseits findet sich teilweise eine gleichrangige Zuständigkeit von Gericht und *jury*.

---

11 BGH WM 1977, 793; KG IPRspr. 1977 Nr. 19.

12 Dazu zählt auch das Recht der Europäischen Union sowie das transformierte Völkerrecht, vgl. Dauses/*Kreuzer*/*R. Wagner*, Kap. Q Rn. 648; MüKoZPO/*Prütting*, § 293 Rn. 7 ff.; MusielakZPO/*Huber*, § 293 Rn. 2; Zöller/*Geimer*, § 293 ZPO Rn. 1.

13 *Lando*, M. J. Eur. Comp. L. 2 (1995) 359.

14 Daneben existieren weitere verschiedene Modelle, die Abstufungen zwischen der Einordnung als Recht und der als Tatsache beinhalten, auf diese wird beispielhaft im nachfolgenden Kapitel eingegangen.

Die *jury* entscheidet über Tatsachen-, nicht über Rechtsfragen.[15] Wie zuvor erläutert, entscheidet die Einordnung ausländischen Rechts als Recht oder Tatsache zudem auch über die Geltung des Untersuchungs- oder des Verhandlungsgrundsatzes. Weiterhin wird die Unterscheidung in den Rechtsmittelinstanzen relevant.

Geht man davon aus, dass es sich bei ausländischem Recht um Recht im Sinne nationalen Rechts handelt, so hat dies zunächst einmal zur Folge, dass der Satz *iura novit curia* gilt. Es ist also alleinige Aufgabe des Richters die anwendbare Rechtsordnung und deren Inhalt anzuwenden und zu ermitteln. Hier gilt allein der Verhandlungsgrundsatz. Sowohl im Bereich des *common* als auch des *civil law* führt dies zur alleinigen Zuständigkeit des Richters. Eine berufungs- als auch revisionsgerichtliche Kontrolle wäre demzufolge statthaft.[16]

Ausgehend von einer Einordnung des ausländischen Rechts als Tatsache gilt, dass das ausländische Recht von den Parteien bewiesen werden muss. Für Tatsachen gilt der beweisrechtliche Grundsatz *da mihi factum, dabo tibi ius.*[17] Für die Überprüfung in der Rechtsmittelinstanz bedeutet dies, dass festgestellte Tatsachen bzw. Tatfragen keiner Nachprüfung durch das Revisionsgericht und auch nur in begrenztem Umfang durch das Berufungsgericht unterliegen.[18]

II. Differenzierung zwischen ausländischem und nationalem Recht

Diese Einordnung des ausländischen Rechts als Recht oder Tatsache kann aber nicht ohne Einschränkungen Bestand haben. Die angeführten Probleme, die bei der Anwendung und Ermittlung ausländischen Rechts entstehen können, schlagen auch auf die Ebene der Qualifikation durch. Charakterisiert man das auslän-

---

15 *Bunge*, Zivilprozess und Zwangsvollstreckung, S. 89.

16 Der im deutschen Recht lange Zeit geltende Grundsatz, dass ausländisches Recht nicht revisibel ist, wurde mit der FGG-Reform im Jahre 2009 (BGBl. 2008 I, 2586) aufgehoben. Der Begriff „Bundesrecht“ in § 545 Abs. 1 ZPO wurde durch „Recht“ ersetzt. Im französischen Recht ist es weiterhin so, dass ausländisches Recht keiner Überprüfung durch die Rechtsmittelinstanz unterzogen werden kann. Zur Problematik der Revisibilität ausländischen Rechts, vgl. *Weckesser-Georgi*, Die letztinstanzliche Überprüfung der Behandlung ausländischen Rechts in zivilgerichtlichen Verfahren. Näher dazu in diesem Kapitel unter B.I.

17 MüKoZPO/*Prütting*, § 293 Rn. 2.

18 Für das deutsche Recht bestimmt dies § 513 ZPO.

dische Recht als Recht, so entsteht das Problem, dass von dem Richter abverlangt wird, dass er das ausländische Recht so kennen und anwenden können muss wie sein eigenes Recht, also die lex fori. Ordnet man aber das ausländische Recht allein als Tatsache ein, so wird dies der Bedeutung einer anderen Rechtsordnung, schon wegen des Grundsatzes der souveränen Gleichheit aller Rechtsordnungen, nicht gerecht.[19] Das ausländische Recht wird in dem Sinne „abgewertet", dass seine Anwendbarkeit vom Willen der Parteien abhängt. Dem ausländischen Recht wird sein Rechtscharakter sozusagen abgesprochen. Insbesondere die fehlende Überprüfungsmöglichkeit in der Rechtsmittelinstanz zeigt, dass eine solche Einordnung der Bedeutung einer anderen Rechtsordnung nur schwer Geltung verschaffen kann.

Eine absolute Gleichstellung von inländischem und ausländischem Recht ist aber sowohl faktisch als auch rechtspolitisch nur schwer zu erreichen. Wie sich diese fehlende Gleichstellungsmöglichkeit in den Rechtsordnungen der einzelnen Staaten verdeutlicht, wird im Anschluss aufgezeigt.[20]

III. Auswirkungen auf die Anwendung ausländischen Rechts

Im Hinblick auf die Anwendung[21] ausländischen Rechts lässt sich somit Folgendes festhalten: Ursprung der Frage, ob ausländisches Recht vom Gericht von Amts wegen angewendet werden muss, ist seine Qualifikation als Recht oder Tatsache. Qualifiziert man das ausländische Recht als Recht, so führt dies zu einer amtswegigen Verpflichtung des Gerichts zur Anwendung unabhängig vom Willen der Parteien. Folgt man hingegen der Einordnung des ausländischen Rechts als Tatsache, findet dieses im Sinne des Dispositionsgrundsatzes nur Anwendung, wenn sich eine der Parteien darauf beruft.

Eine dritte Möglichkeit stellt die der Einordnung des ausländischen Rechts als eigene Kategorie dar, als so genanntes *tertium*. Dies führt dazu, dass die Anwendung ausländischen Rechts im Ermessen des Gerichts liegt, es besteht somit keine Verpflichtung zur Anwendung, wenn sich keine der Parteien auf die Anwendung beruft.[22]

---

19 In diesem Sinne auch *Jessurun d'Oliveira*, RHDI 61 (2008) 499, 500.

20 Siehe dazu die Ausführungen unter Kapitel 2.

21 Zur Differenzierung zwischen der Anwendung eines ausländischen Rechts und der Anwendung einer ausländischen Rechtsordnung, siehe *Picone*, in: FS Siehr, S. 569 ff.

22 Vgl. dazu die Darstellung unter Kapitel 2 A.III.

IV. Auswirkungen auf die Ermittlung ausländischen Rechts

Auch die Frage der Ermittlung ausländischen Rechts ist von der Einordnung als Recht oder Tatsache abhängig. Die Ermittlung des auf den Sachverhalt anwendbaren Rechts obliegt dem Gericht, die Darstellung der zugrunde liegenden Tatsachen den Parteien.[23]

Ordnet man das ausländische Recht als Recht ein, so hat das Gericht dieses auch zu ermitteln.[24] Davon unabhängig können die Parteien an der Ermittlung mitwirken. Betrachtet man das ausländische Recht als Tatsache, so ist die Ermittlung Aufgabe derjenigen Partei, die sich auf die Anwendung des ausländischen Rechts berufen hat.[25]

B. Hintergrund der Problematik im Allgemeinen

Die Frage, ob in einem Zivilverfahren das anwendbare ausländische Recht auch tatsächlich angewendet wird, stellt eine Problematik dar, die vor allem von zwei gegensätzlichen Punkten getragen wird. Auf der einen Seite stehen die Interessen des Gerichts, oftmals begleitet von den Interessen der Parteien (I.), auf der anderen Seite die Vorschriften des Internationalen Privatrechts, somit der Rechtsanwendungsbefehl der Kollisionsnorm (II.).

I. Parteiautonomie und Prozessökonomie

Dem Gericht und den Parteien ist zunächst einmal daran gelegen, den Rechtsstreit effizient, also kostengünstig und schnell, zu entscheiden.[26] Beide Aspekte, Kosten und Dauer, werfen aber Probleme auf, wenn ausländisches Recht angewendet werden soll. Ist der Sachverhalt allein nach nationalem Recht, also der lex fori zu entscheiden, gilt der Grundsatz *iura novit curia.*[27] Dieser Grundsatz findet uneingeschränkt aber eben nur auf das inländische Recht Anwendung.

---

23 *Coester-Waltjen*, Internationales Beweisrecht, Rn. 62.

24 Siehe nur für das deutsche Recht BGH NJW-RR 1986, 484; BGH MDR 1997, 680.

25 *Jänterä-Jareborg*, Rec. d. C. 304 (2003) 180, 248.

26 *Lesage-Mathieu*, Dispositives Kollisionsrecht, S. 26.

27 *Heidinger/Hof*, SchiedsVZ 2008, 174, 176; MüKoZPO/*Prütting*, § 293 ZPO Rn. 2; MusielakZPO/*Huber*, § 293 ZPO Rn. 1.

Die Ausdehnung dieses Grundsatzes in Form des *iura aliena novit curia* auf ausländische Rechtsordnungen bereitet aber verschiedenartige Probleme: Zunächst kann einmal stellt sich dabei ein faktisches Problem: Auf Grund der Vielzahl und Unterschiedlichkeit der Rechtssysteme, man denke im Bereich der Europäischen Union nur an das *common* und *civil law*, kann von einem Richter nicht die Kenntnis aller dieser Rechtsordnungen verlangt bzw. erwartet werden. Zudem fühlt sich ein Richter bei der Anwendung des fremden Rechts häufig unsicher.[28] Neben dieser mangelnden Kenntnis der fremden Rechtsordnung ist es für den Richter vielfach bereits schwer, sich überhaupt die notwendigen Informationen über den Inhalt der fremden Rechtsordnung zu verschaffen.[29] Die, wenn überhaupt hinreichend, vorhandene Literatur wird schnell von der Entwicklung der Gesetze aber auch der Rechtsprechung überholt. Damit geht die Gefahr einer minderen Qualität der Entscheidung nach ausländischem Recht einher. Wendet das Gericht ausländisches Recht an, muss es den Fall so entscheiden, wie es auch das ausländische Gericht würde.[30]

In engem Zusammenhang damit steht das Interesse der Parteien an einer qualitativ hochwertigen Entscheidung.[31] Dies ist jedoch schwierig, wenn das Gericht nicht verpflichtet ist, das ausländische Recht überhaupt zu kennen.[32] Unverkennbar ist dann aber das Folgeproblem, dass die Richter Probleme haben, das ausländische Recht fortzubilden. Es fehlt an detaillierter Kenntnis der kulturellen und religiösen Sitten, die eine Rechtsordnung prägen,[33] mit der Folge, dass der Richter eventuell zu nah am Wortlaut des Gesetzestextes urteilt.[34] Zudem darf der Richter seine nationalen Rechtsvorstellungen nicht einfach auf das ausländische Recht übertragen.[35]

---

28 *Zajtay*, ZfRV 1971, 271, 274.

29 *Sommerlad/Schrey*, NJW 1991, 1377.

30 BGH NJW 1976, 1589; BGH RIW 1982, 199; BGH NJW 2003, 961; *Lindacher*, in: FS Beys, S. 909; *D. Müller*, Länderbericht Deutschland, in: ders. (Hrsg.), Die Anwendung ausländischen Rechts, S. 68; Thomas/Putzo/*Reichold*, ZPO, § 293 Rn. 9; Zöller/*Geimer*, § 293 ZPO Rn. 24, ausführlich *Jansen/Michaels*, ZZP 116 (2003) 3. Für Österreich OGH, 6 Ob 239/03w, ZfRV 2004, 27; OGH, 2 Ob 263/05y, ZfRV 2006, 154.

31 *Flessner*, RabelsZ 34 (1970) 547, 549 ff.; *G. Wagner*, ZEuP 1999, 6, 7.

32 *Zajtay*, ZfRV 1971, 271, 274.

33 *Lesage-Mathieu*, Dispositives Kollisionsrecht, S. 37 ff.

34 *Flessner*, RabelsZ 34 (1970) 547, 551 f.; *G. Wagner*, ZEuP 1999, 6, 7.

35 *Lindacher*, in: FS Beys, S. 910.

Zu dieser objektiven Problematik kommt noch eine subjektive Komponente hinzu.[36] Oftmals versuchen die Gerichte zur Einsparung von Zeit und Kosten, die Parteien dazu zu bewegen, mit der Anwendung der lex fori einverstanden zu sein. Dieses als so genanntes Heimwärtsstreben[37] (oder *Homeward Trend*[38]) betitelte Phänomen findet sich insbesondere in erstinstanzlichen Verfahren.[39] Vor allem in vermögensrechtlichen Streitigkeiten mit nur einem geringen Streitwert stehen der Aufwand und die Kosten der Ermittlung ausländischen Rechts vielfach außer Verhältnis.[40] Die Anwendung und Ermittlung ausländischen Rechts wird als nicht lohnenswert erachtet.[41]

Daneben kann aber auch auf Seiten der Parteien die Möglichkeit der bevorzugten Anwendung der lex fori bestehen. Zunächst kann es sein, dass die Parteien überhaupt nicht mit der Anwendung einer ausländischen Rechtsordnung rechnen, insbesondere wenn auch keine dahingehende Rechtswahl getroffen wurde.[42] In diesem Fall kann es für die Parteien der Rechtssicherheit abträglich sein, wenn es zur Anwendung des ausländischen Rechts kommt. Auch für die Parteien spielen der Zeit- und vor allem der Kostenfaktor eine große Rolle. Bei Streitigkeiten mit einem geringen Streitwert kann die Anwendung ausländischen Rechts der schnellen Beilegung des Verfahrens zuwiderlaufen. Um der Parteiautonomie in diesem Bereich entgegenzukommen, besteht für die Parteien die Möglichkeit, dessen Anwendung durch eine kollisions- oder materiellrechtliche Rechtswahl auszuschalten.

---

36 Zu dieser Unterscheidung zwischen objektiven und subjektiven Schwierigkeiten, siehe *Zajtay*, Int. Enc. Comp L., Vol. III, 14-13.

37 So *Heldrich*, in: FS Ferid (1978), S. 209 ff.

38 Siehe *Nussbaum*, Deutsches Internationales Privatrecht, S. 43.

39 *G. Wagner*, ZEuP 1999, 6. Kritisch dazu auch *Varady*, in: FS Zajtay, S. 506.

40 Zu den Nachteilen der Anwendung ausländischen Rechts auch *Lesage-Mathieu*, Dispositives Kollisionsrecht, S. 33 ff. Zum Kostenfaktor siehe auch *Reichert-Facilides*, Fakultatives und zwingendes Kollisionsrecht, S. 52.

41 *Lando*, Länderbericht Skandinavien, in: Die Anwendung ausländischen Rechts (1968) 131 f., 186. Dieses Streben nach der Anwendung der lex fori ist die herrschende Rechtsauffassung in Lateinamerika, sog. Calvo-Doktrin.

42 Dies betont für diejenigen Staaten, die den Grundsatz *iura novit curia* verfolgen auch *Jessurun d'Oliveira*, RHDI 61 (2008) 499, 502.

Zumindest ein Nachteil im Rahmen der Behandlung ausländischen Rechts ist jüngst weggefallen: die Problematik der Revisibilität ausländischen Rechts.[43] Mit Änderung des Wortlauts des § 545 Abs. 1 ZPO im Rahmen der Reform des Verfahrens der freiwilligen Gerichtsbarkeit[44] wird man nun davon ausgehen müssen, dass auch ausländisches Recht revisibel ist.[45] Dies wurde zuvor vor allem mit dem bisherigen Wortlaut der Vorschrift abgelehnt,[46] wonach nur *Bundesrecht* der Revision unterlag. Begründet wurde dies zudem mit der ansonsten bestehenden Möglichkeit der Gefährdung des Ansehens des Gerichts sowie der Aufgabe der Gerichte, nur die einheitliche Anwendung des nationalen Rechts zu wahren.[47] Mit der Neufassung und Änderung des Wortlauts in *Recht* entfällt die Beschränkung auf das nationale Recht, so dass nun auch das ausländische Recht vom Revisionsgericht nachgeprüft werden kann und muss.[48] Die Gegenansicht, die sich weiterhin unter Hinweis darauf, dass sich eine solche Absicht des Gesetzgebers der Gesetzesbegründung nicht entnehmen lasse, auf die mangelnde Revisibilität ausländischen Rechts beruft,[49] ist abzulehnen. Diese Ansicht ist mit dem nunmehr eindeutigen Wortlaut der Vorschrift nicht mehr vereinbar. Für die Annahme der Revisibilität besteht zudem ein rechtspolitisches Bedürfnis im Hinblick auf die Zunahme von Rechtsstreitigkeiten mit Auslandsberührung.

---

43 Siehe zur alten Rechtslage *Adamczyk*, Die Überprüfung der Anwendung ausländischen Rechts durch den Bundesgerichtshof und das schweizerische Bundesgericht im Zivilprozeß; *Fastrich*, ZZP 97 (1984) 423; *Kerameus*, ZZP 99 (1986) 166.

44 Art. 29 Nr. 14a des FGG-Reformgesetzes vom 17.12.2008, BGBl. 2008 I, 2586, 2702, in Kraft getreten am 1.9.2009.

45 In diesem Sinne auch *Aden*, RIW 2009, 475; *Eichel*, IPRax 2009, 389, 390 ff.; *Geimer*, IZPR, Rn. 2601; *Hau*, FamRZ 2009, 821, 825; *Hess/Hübner*, NJW 2009, 3132 ff; a.A. *Althammer*, IPRax 2009, 381; *Roth*, JZ 2009, 585, 590 (in Bezug auf die Rechtsbeschwerde in Familiensachen nach § 72 FamFG).

46 BGH WM 1977, 1322; *Fastrich*, ZZP 97 (1984) 423; *Nagel/Gottwald*, IZPR, Rn. 49 f.; Zöller/*Gummer*, ZPO25, § 545 Rn. 9.

47 Kritisch schon unter Geltung des § 545 Abs. 1 ZPO *von Bar/Mankowski*, IPR I, § 5 Rn. 108; Spickhoff, ZZP 112 (1999) 265, 276, 291. Unter Hinweis auf einen damit einhergehenden Verstoß gegen Unionsrecht, insbesondere Art. 18 AEUV bzw. ex-Art. 12 EGV *Flessner*, ZEuP 2006, 737, 738 ff. Die Vorgaben des EGV betont auch *Schwartze*, in: FS Fenge, S. 127 f.

48 So auch *Geimer*, IZPR, Rn. 2601.

49 *Althammer*, IPRax 2009, 381; *Roth*, JZ 2009, 585, 590.

II. Rechtsanwendungsbefehl der Kollisionsnorm

Demgegenüber steht das Interesse der nationalen Rechtsordnung des Richters an ihrer Beachtung: Durch das Internationale Privatrecht des Forumstaates wird dem Gericht die Aufgabe gegeben, die anwendbare Rechtsordnung in Fällen mit Auslandsberührung, nach deutschem Recht gemäß Art. 3 Abs. 1 EGBGB, zu ermitteln. Wenn es diese Rechtsordnung ermitteln muss, so obliegt ihm inzident aber auch die vorgelagerte Pflicht, diese anzuwenden. Die Kollisionsnormen sind demzufolge von Amts wegen anzuwenden.[50] Die von *Sturm/Sturm*[51] vertretene Auffassung in Bagatellfällen das IPR unangewandt zu lassen und die lex fori anzuwenden, widerspricht schon dem eindeutigen Wortlaut des Art. 3 Abs. 1 S. 1 EGBGB („...anzuwenden sind.“) und ist abzulehnen.[52] Dennoch führt die Kollisionsnorm nicht dazu, dass ausländisches Recht zu einem Teil des nationalen Rechts, also der lex fori wird.[53] Erst recht werden die ausländischen Vorschriften nicht zu deutschen Rechtsnormen.[54] Dem steht die Souveränität der einzelnen Staaten gegenüber, die mit der Anwendung einer ausländischen Rechtsordnung gewissermaßen durchbrochen oder zumindest beeinträchtigt wird:[55] Diesem Argument kann aber entgegengehalten werden, dass der Richter allein seinem eigenen Recht gehorcht, da er nur den Rechtsanwendungsbefehl seiner eigenen Rechtsordnung beachtet.[56] Eine Rezeption des ausländischen Rechts in die nationale Rechtsordnung ist hingegen als reine Fiktion abzulehnen.[57]

Neben diese einzelstaatlichen Interessen tritt mit der Vereinheitlichung des Privatrechts auf der Ebene der Europäischen Union noch ein weiterer Aspekt.

---

50 *Einsele*, RabelsZ 60 (1996) 417, 419 ff.; *Kötz*, RabelsZ 34 (1970) 663; *Kropholler*, IPR, § 7 II 2; MüKoBGB/*Sonnenberger*, Einl IPR, Rn. 205 ff., 564 ff.

51 Staudinger/*Sturm*/*Sturm*, Einl IPR Rn. 187.

52 Ebenso MüKoBGB/*Sonnenberger*, Einl IPR Rn. 630.

53 *Zajtay*, ZfRV 1971, 271.

54 *Zajtay*, ZfRV 1971, 271.

55 *Zajtay* stellt hier die Frage, „wie [...] der Richter der Anordnung einer fremden Rechtsordnung, des Vertreters einer fremden Souveränität gehorchen“ kann, ZfRV 1971, 271.

56 Das ausländische Recht wird damit als Bestandteil des nationalen Rechts fingiert, *Zajtay* spricht hier von einer „Einverleibung", ZfRV 1971, 271.

57 Bejaht wurde dies insbesondere in der italienischen Lehre und Rechtsprechung, Cass, Riv. Dir. int 1966, 408.

Die Vereinheitlichung durch das Instrument der Verordnung, also mit unmittelbarer Geltung in den einzelnen Mitgliedstaaten, Art. 288 Abs. 2 AEUV, führt zu einem veränderten Rechtsanwendungsbefehl. Das Gericht wendet nun nicht mehr allein das nationale Recht an, sondern eben auch bzw. nur das Unionsrecht. Während bei der alleinigen Anwendung des nationalen Rechts bzw. der unterlassenen Anwendung des ausländischen Rechts höchstens zwei Interessen tangiert werden, ist dies nun anders. Unter Anwendung des Rechts der Europäischen Union, insbesondere im Bereich des vereinheitlichten Internationalen Privatrechts, hat die Missachtung des objektiv anwendbaren Rechts weitergehende Konsequenzen. Ziel des Erlasses der Verordnungen über das anzuwendende Recht, aber auch schon zuvor der Abschluss völkerrechtlicher Übereinkommen auf diesem Gebiet, war zunächst der von *Savigny* geprägte internationale Entscheidungseinklang.[58] Die Vereinheitlichung der Ermittlung des objektiv anwendbaren Rechts soll, unabhängig davon, welches mitgliedstaatliche Gericht mit der Rechtsstreitigkeit befasst wird, dazu führen, dass immer das gleiche Recht der Streitigkeit zugrunde gelegt wird.[59] Ist unabhängig vom angerufenen Gericht aber immer das gleiche Recht anwendbar, so sollte im Idealfall auch der Ausgang eines Verfahrens derselbe sein. Das anwendbare Recht bestimmt demzufolge mittelbar auch den Ausgang einer Rechtsstreitigkeit. Dieser internationale Entscheidungseinklang kann aber nur dann erreicht werden, wenn auch alle mitgliedstaatlichen Gerichte die Verordnung anwenden. Dies wird durch die unmittelbare Geltung in den Mitgliedstaaten sichergestellt, die EU-Verordnung gilt unmittelbar im nationalen Recht und fällt damit automatisch unter den Grundsatz *iura novit curia*, der für die lex fori immer gilt.[60] Die Anwendung der Verordnung und die amtswegige Verpflichtung zur Ermittlung, welche Rechtsordnung anwendbar ist, stehen demzufolge in engem Zusammenhang. Nur durch die Anwendung des ausländischen Rechts kann grundsätzlich der internationale Entscheidungseinklang erreicht werden.

C. Hintergrund der aktuellen Diskussion

Neuen Auftrieb bekam die Frage der Anwendung und Ermittlung des anwendbaren Rechts in Fällen mit Auslandsbezug durch den Erlass der Rom II-VO. In der endgültigen Fassung der Rom II-VO finden sich im Anschluss an den Verord-

58 *Savigny*, System des heutige Römischen Rechts VIII, S. 27, 129.

59 *Savigny*, System des heutige Römischen Rechts VIII, S. 27, 129.

60 Siehe dazu die Nachweise in Fn. 12.

nungstext drei Erklärungen der Kommission.[61] Neben einer Erklärung zur Überprüfungsklausel des Artikels 30 der Verordnung und zu den spezifischen Problemen von Straßenverkehrsunfällen, findet sich zuletzt eine Erklärung zur Behandlung ausländischen Rechts.[62] Demzufolge wird die Kommission spätestens vier Jahre nach Inkrafttreten der Rom II-VO eine Untersuchung zur Anwendung ausländischen Rechts in Zivil- und Handelssachen durch die Gerichte der Mitgliedstaaten veröffentlichen. Nicht eindeutig geregelt ist die Frage, wann genau die Verordnung in Kraft getreten ist.[63] Abgestellt wird dabei teilweise auf den 20. August 2009[64], teilweise aber auch auf den 11. Januar 2009[65]. Überzeugender im Hinblick auf Art. 32 Rom II-VO ist aber die zweite Lösung. Im Ergebnis wird man davon auszugehen haben, dass spätester Zeitpunkt für die Untersuchung der Kommission der 10. Januar 2013 sein sollte.

Im Zuge des Gesetzgebungsverfahrens zur Rom II-VO hat auch die Haager Konferenz für Internationales Privatrecht einen Fragebogen an die Vertragsstaaten herausgegeben, der sich ebenfalls mit der Behandlung ausländischen Rechts befasst.[66] Zur Herausarbeitung der Gründe für die neuerliche Entfachung der Diskussion werden zunächst diese beiden Dokumente auf ihre Entstehung hin untersucht.

I. Gesetzgebungsverfahren der Rom II-Verordnung

Zunächst wird das Gesetzgebungsverfahren, welches zum Erlass der Rom II-Verordnung geführt hat, dargestellt. Dabei wird das Verfahren im Allgemeinen

---

61 ABl. EU 2007 L 199/49.

62 ABl. EU 2007 L 199/49; abgedruckt in der Einführung.

63 Genauer zur problematischen Frage der Anwendbarkeit der gesamten Verordnung, siehe *von Hein*, ZEuP 2009, 6, 10.

64 Im Hinblick auf Art. 297 Abs. 2 S. 2 AEUV (ex-Art. 254 Abs. 1 S. 2 EGV), der das Inkrafttreten einer Verordnung auf den zwanzigsten Tag nach ihrer Veröffentlichung im Amtsblatt festlegt. In diesem Sinne auch *Staudinger*, in: FS Kropholler, S. 692.; *ders.*, AnwBl. 2008, 316, 322; ebenso *Rushworth/Scott*, LMCLQ 2008, 274 ("19.8.2007"); *Jayme/Kohler*, IPRax 2007, 493, 494 in Fn. 17.

65 *Garcimartín Alférez*, EuLF 2007, I-77, I-81; *von Hein*, ZEuP 2009, 6, 10 f.; *R. Wagner*, IPRax 2008, 314, 316 in Fn. 29.

66 Doc. prél. No. 11 of June 2006, abrufbar unter www.hcch.net/upload/wop/genaff_pd11e2007.pdf.

und sodann im Hinblick auf die Erklärung der Kommission zur Behandlung ausländischen Rechts näher beleuchtet.

1. Gesetzgebungsverfahren im Allgemeinen

Nach ersten Versuchen der Schaffung eines Übereinkommens über das auf außervertragliche Schuldverhältnisse anzuwendende Recht im Zusammenhang mit dem Römischen Schuldvertragsübereinkommen (EVÜ)[67] ab den 1970er-Jahren, war es längere Zeit ruhig im Bereich des Internationalen Deliktsrechts. Erst mit der Schaffung der Kompetenz der (damaligen) Europäischen Gemeinschaft durch den Vertrag von Amsterdam im Jahre 1998 bekam diese Materie, nun geprägt durch die Möglichkeit des Erlasses einer Verordnung, neuen Auftrieb. Die Rom II-Verordnung wurde noch auf Grundlage der Kompetenz nach Artt. 65 lit. c, 61 EGV (nun Art. 81 AEUV) erlassen. Das Gesetzgebungsverfahren, welches zum Erlass der Rom II-Verordnung führte, wurde eingeleitet durch den Verordnungsvorschlag der Kommission für eine Verordnung über das auf außervertragliche Schuldverhältnisse anzuwendende Recht vom 22. Juli 2003.[68] Dieser Verordnungsvorschlag war dann auch Gegenstand der ersten Lesung des Europäischen Parlamentes am 6. Juli 2005. Dabei hat dieses umfassende Änderungen unterbreitet.[69] Diesen Änderungsvorschlägen folgte die Verabschiedung eines gemeinsamen Standpunktes, festgelegt durch den Rat nach Art. 251 Abs. 2 UAbs. 2 3. Spiegelstrich EGV (nun Art. 294 Abs. 7 lit. c AEUV) am 25. September 2006.[70] Dieser gemeinsame Standpunkt wurde auch von der Kommission grundsätzlich akzeptiert.[71] In der darauffolgenden zweiten Lesung des Europäischen Parlaments vom 18. Januar 2007 wurden aus einer Vielzahl von Änderungsanträgen 19 gemäß Art. 251 Abs. 2 UAbs. 3 lit. c EGV (nun Art. 294 Abs. 8 AEUV) beschlossen.[72] Diese Änderungen betrafen wesentliche Bestand-

---

67 Römisches EWG-Übereinkommen über das auf vertragliche Schuldverhältnisse anzuwendende Recht vom 19. Juni 1980, BGBl. 1986 II, 810 i.d.F. des 4. Beitrittsübereinkommens vom 14. April 2005, BGBl. 2006 II, 348.

68 KOM (2003), 42 endg.; zu diesem Gesetzgebungsverfahren insgesamt siehe *R. Wagner*, in: FS Kropholler, S. 715 ff.

69 P6_TA(2005) 0284; IPRax 2006, 413.

70 Gemeinsamer Standpunkt (EG) Nr. 22/2006, festgelegt vom Rat am 25. September 2006, ABl. EU 2006 C 289E/68. Siehe dazu auch *von Hein*, VersR 2007, 440.

71 KOM (2006) 566 endg.

72 Eine Übersicht mit den Änderungsvorschlägen des Europäischen Parlaments findet sich im Dokument 5516/07 vom 24. Januar 2007, CODEC 61, JUSTCIV 7, S. 5 ff.

teile des gemeinsamen Standpunkts. Im Folgenden akzeptierte die Kommission allerdings in ihrer Stellungnahme zu den Vorschlägen des Europäischen Parlaments (Art. 251 Abs. 2 UAbs. 3 lit. c EGV/Art. 294 Abs. 9 AEUV) nur drei dieser Änderungsvorschläge, drei Vorschläge teilweise bzw. unter Vorbehalt und die übrigen Änderungen wurden abgelehnt.[73] Gemäß Art. 251 Abs. 3 EGV (Art. 294 Abs. 8 AEUV) blieb dem Rat sodann nur die Möglichkeit der Annahme oder Ablehnung im Ganzen. Dabei kam es dann zu einer recht eindeutigen Ablehnung der Änderungsvorschläge des Parlaments. Diese Ablehnung führte erstmalig zu einem Vermittlungsverfahren zwischen Rat und Europäischem Parlament gemäß Art. 251 EGV (nun Art. 294 Abs. 8 lit. b AEUV).[74] Sein förmliches Ende fand das Vermittlungsverfahren am 15. Mai 2007. Der Vermittlungsausschuss konnte gemäß Art. 251 Abs. 4 EGV (nun Art. 294 Abs. 10 AEUV) eine Einigung erzielen.[75]

Im Anschluss erfolgte die nach Art. 251 Abs. 5 EGV (nun Art. 294 Abs. 13 AEUV) erforderliche Billigung der Vorschläge des Vermittlungsausschusses durch das Europäische Parlament und den Rat. Der Rat billigte auf seiner Tagung „Umwelt" die Vorschläge des Vermittlungsausschusses am 28. Juni 2007. Die Zustimmung des Europäischen Parlamentes wurde am 10. Juli 2007 erteilt. Am 11. Juli 2007 erfolgte die Unterzeichnung durch die Präsidenten des Europäischen Parlaments und des Rates.[76]

Die Rom II-Verordnung ist am 11. Januar 2009 in allen Mitgliedstaaten der Europäischen Union mit Ausnahme Dänemarks (Erwägungsgrund Nr. 40 Rom II-VO) in Kraft getreten, Art. 32 Rom II-VO.[77] Das Vereinigte Königreich und Irland haben von ihrer *opt in*-Möglichkeit nach Art. 3 des Protokolls (Nr. 4) über die Position des Vereinigten Königreichs und Irlands[78] Gebrauch gemacht (Erwägungsgrund Nr. 39 Rom II-VO) und sich an der Ausarbeitung der Verord-

---

73 KOM (2007) 126 endg.

74 Einberufung des Vermittlungsausschusses am 15.5.2007; PRES/2007/111.

75 Die Einigung im Vermittlungsausschuss war Teil der Gesamtbilanz der deutschen EU-Präsidentschaft (BT-Drucks 16/6042 S. 15 = BR-Drucks 461/07 S. 24).

76 ABl. EU 2007 L 199/40.

77 Dänemark beteiligt sich nicht an den Arbeiten der justiziellen Zusammenarbeit in Zivilsachen nach Art. 81 AEUV, vgl. dazu die ex-Art. 69 EGV i.V.m. Art. 1, 2 des Protokolls über die Position Dänemarks zum Amsterdamer Vertrag, ABl. EG 1997 C 340/101.

78 Art. 3 des Protokolls (Nr. 4) über die Position des Vereinigten Königreichs und Irlands, ABl. EG 1997, C 340/99.

nung beteiligt, so dass die Rom II-VO auch seit Ausübung des *opt-in* für diese Mitgliedstaaten gilt.[79]

2. Gesetzgebungsverfahren im Hinblick auf die Erklärung der Kommission zur Behandlung ausländischen Rechts

Das Gesetzgebungsverfahren im Hinblick auf die Frage der Anwendung und Ermittlung ausländischen Rechts war – wie das ganze Gesetzgebungsverfahren der Rom II-VO – geprägt von zahlreichen Änderungsvorschlägen des Europäischen Parlaments. Nachdem der Verordnungsvorschlag der Europäischen Kommission aus dem Jahre 2003[80] noch keinen Bezug nahm auf die Frage der Behandlung ausländischen Rechts, enthielt der Bericht des Europäischen Parlamentes vom 27. Juni 2005 einen ersten Hinweis auf diese Problematik.[81] In dieser ersten Fassung eines Erwägungsgrundes 18b zur Rom II-Verordnung sollte es dem Kläger obliegen, die Anwendung ausländischen Rechts zu prüfen und dieses dann ins Verfahren einzubringen. Begründet wurde diese Regelung mit einer Erhöhung der Rechtssicherheit durch eine gebührende Berücksichtigung der ausländischen Rechtsordnung. Untermauert wurde diese Fragestellung durch die Einführung eines Art. 11b.[82] Darin wurde der Grundsatz *iura novit curia* hinsichtlich des Inhalts des ausländischen Rechts festgelegt. Im Falle der Nichtermittelbarkeit des ausländischen Rechts sollte subsidiär die lex fori zur Anwendung gelangen. Des Weiteren fand die Problematik im Schlussteil des Verordnungstextes Niederschlag. Art. 26a Nr. 2 dieses Berichtes befasste sich mit dieser Problematik und verlangte die Anfertigung einer Überprüfung der Handha-

---

79 Art. 69 EGV i.V.m. Artt. 1 und 2 des Protokolls über die Position des Vereinigten Königreichs und Irlands zum Amsterdamer Vertrag (siehe vorige Fn.).

80 KOM (2003) 427 endg.

81 Änderungsantrag 16 zu Erwägungsgrund 18b: Um sicherzustellen, dass die Frage des anwendbaren Rechts von den Parteien und dem Gericht ordnungsgemäß geprüft wird, sollten die Parteien verpflichtet sein, dem Gericht im verfahrenseinleitenden Dokument und der Verteidigung mitzuteilen, welche Rechtsordnung bzw. welche Rechtsordnungen ihrer Meinung nach auf den gesamten Anspruch bzw. auf Teile des Anspruchs anwendbar ist bzw. sind.

82 Änderungsantrag 43: Artikel 11b: Feststellung des Inhalts ausländischen Rechts

(1) Das befasste Gericht stellt von Amts wegen den Inhalt ausländischen Rechts fest. Hierfür ist unter Umständen die Mitarbeit der Parteien erforderlich.

(2) Wenn die Feststellung des Inhalts ausländischen Rechts nicht möglich ist und die Parteien zustimmen, findet das Recht des befassten Gerichts Anwendung.

bung durch die Gerichte der Mitgliedstaaten von Seiten der Kommission.[83] Ob diese Regelung, die englische Doktrin, die ausländisches Recht als so genannte *question of fact* ansieht,[84] widerspiegeln sollte,[85] blieb unklar.[86] Der aus diesem Bericht hervorgehende Standpunkt des Europäischen Parlamentes enthielt diese Regelungen sowohl in den Erwägungsgründen[87] als auch im Artikelteil der zukünftigen Verordnung[88] und im Anhang.

Der auf den Standpunkt des Europäischen Parlamentes folgende, von der Kommission angenommene, geänderte Vorschlag für eine Verordnung des Europäischen Parlamentes und des Rates über das auf außervertragliche Schuldverhältnisse anzuwendende Recht („ROM II") enthielt einige Änderungen dieser

---

83 Artikel 26a: Überprüfung

Spätestens am ...∗ legt die Kommission dem Europäischen Parlament, dem Rat und dem Europäischen Wirtschafts- und Sozialausschuss unter Beachtung der Nummern 1 und 2 je einen Bericht über die Anwendung dieser Verordnung vor und unterbreitet erforderlichenfalls Vorschläge zu ihrer Änderung:

1. ...

2. ... Der Bericht enthält eine analytische Studie zu der Frage, inwieweit Gerichte der Mitgliedstaaten in der Praxis ausländisches Recht anwenden, einschließlich von Empfehlungen zu der Frage, ob ein gemeinsamer Ansatz bei der Anwendung ausländischen Rechts wünschenswert ist.

84 Siehe hierzu z.B. *R. Wagner*, StAZ 2007, 101, 106.

85 Zur englischen Doktrin siehe unter Kapitel 2 A.II.

86 *R. Wagner*, in: FS Kropholler, S. 728.

87 Erwägungsgrund (20) des Standpunktes des Europäischen Parlaments festgelegt in erster Lesung am 6. Juli 2005 im Hinblick auf den Erlass der Verordnung (EG) Nr. .../2005 des Europäischen Parlaments und des Rates über das auf außervertragliche Schuldverhältnisse anzuwendende Recht ("ROM II"), P6_TC1-COD(2003)0168: Um sicherzustellen, dass die Frage des anwendbaren Rechts von den Parteien und dem Gericht ordnungsgemäß geprüft wird, sollten die Parteien verpflichtet sein, dem Gericht in der verfahrenseinleitenden Klageschrift und der Klageerwiderung mitzuteilen, welche Rechtsordnung bzw. welche Rechtsordnungen ihrer Meinung nach auf den gesamten Anspruch bzw. auf Teile des Anspruchs anwendbar ist bzw. sind.

88 Änderungsantrag Nr. 12 zu Artikel 13: Feststellung des Inhalts ausländischen Rechts

(1) Das befasste Gericht stellt von Amts wegen den Inhalt ausländischen Rechts fest. Hierfür ist unter Umständen die Mitarbeit der Parteien erforderlich.

(2) Wenn die Feststellung des Inhalts ausländischen Rechts nicht möglich ist und die Parteien zustimmen, findet das Recht des befassten Gerichts Anwendung.

vom Parlament neu hervorgebrachten Punkte.[89] Zunächst wurde in Abänderung 54 eine Vereinheitlichung der Behandlung ausländischen Rechts zwar begrüßt, eine Legislativinitiative hielt die Kommission aber zu diesem Zeitpunkt noch für verfrüht. An den Änderungsanträgen 42 und 43 wurde vor allem deren schwere Umsetzbarkeit bemängelt. Auch wenn bei Abänderungsantrag 42, der die Verpflichtung der Parteien statuierte, bereits in ihren Anträgen auf das anwendbare Recht einzugehen, die Entlastung der Gerichte positiv hervorgehoben wurde, erfolgte die Ablehnung aufgrund dessen, dass die Umsetzung insbesondere vor Gerichten ohne Anwaltszwang nur wenig Erfolg versprechend sei. An Abänderungsantrag 43, der den Grundsatz *iura novit curia* für die Anwendung ausländischen Rechts festlegte, wurde kritisiert, dass eine solche Vorgehensweise in einigen Mitgliedstaaten auf Grund der nationalen Regelungen nicht durchsetzbar sei. Schlussendlich enthielt der geänderte Kommissionsvorschlag allein in Art. 26 Abs. 2 eine Bezugnahme auf die Anwendung ausländischen Rechts.[90] Darin wurde der Kommission die Aufgabe erteilt, einen Bericht vorzulegen, der sich unter anderem mit der Handhabung der Gerichte in den einzelnen Mitgliedstaaten und mit Vereinheitlichungsmöglichkeiten befassen solle. Der darauf folgende Gemeinsame Standpunkt des Rates vom 2006 beinhaltete wiederum keine Aussage hinsichtlich der Frage der Behandlung ausländischen Rechts. Selbst die Überprüfungsklausel der Kommission war um diese Problematik gekürzt worden. Begründet wurde diese vergleichsweise radikale Haltung des Rates damit, dass diese Frage der Behandlung ausländischen Rechts nicht allein die Rom II-Verordnung betreffe, sondern vielmehr eine übergreifende Problematik sei. Außerdem sei dieser Themenkomplex als prozessual und eben nicht als materiell zu qualifizieren und fiele aus diesem Grund nicht in den Anwendungsbereich der

---

89 KOM (2006) 83 endg.

90 Artikel 26 – Bericht über die Anwendung der Verordnung

(1) Die Kommission legt dem Europäischen Parlament, dem Rat und dem Europäischen Wirtschafts- und Sozialausschuss spätestens fünf Jahre nach Inkrafttreten dieser Verordnung einen Bericht über deren Anwendung vor. Diesem Bericht sind gegebenenfalls Vorschläge zur Anpassung der Verordnung beizufügen.

(2) Bei der Abfassung ihres Berichts wird die Kommission besonders darauf achten, wie die Gerichte der Mitgliedstaaten in der Praxis mit ausländischem Recht umgehen. Der Bericht wird gegebenenfalls mit Empfehlungen bezüglich der Zweckmäßigkeit eines gemeinsamen Vorgehens bei der Anwendung ausländischen Rechts versehen.

(3) …

Verordnung.[91] Eine weitere Fassung zur Formulierung eines Erwägungsgrundes gab hingegen eher die deutsche Rechtslage wieder[92] und statuierte den Grundsatz *iura novit curia*, also eine amtswegige Verpflichtung des Richters zur Anwendung und Ermittlung des ausländischen Rechts.[93] Darüber hinaus wurde auch eine Mitwirkungspflicht der Parteien hinsichtlich der Ermittlung dieses ausländischen Rechts festgelegt, soweit sie denn vom Gericht dazu aufgefordert würden. Nach den Vorstellungen des Parlaments sollte schließlich die Kommission im Bericht zur Überprüfung der Verordnung „den Auswirkungen der Handhabung ausländischen Rechts in den verschiedenen Rechtsordnungen besondere Beachtung schenken".[94]

Schlussendlich wurde der in der endgültigen Fassung der Rom II-Verordnung zu findende Kompromiss getroffen, dass es der Kommission obliege, einen Überprüfungsbericht zu verfassen, der untersuche, wie die Mitgliedstaaten die Ermittlung ausländischen Rechts insbesondere im Hinblick auf die Rom II-Verordnung handhaben, Art. 30 Abs. 1 i Rom II-VO. Parallel hierzu hat die Kommission eine Erklärung abgegeben, wonach sie spätestens vier Jahre nach Inkrafttreten der Rom II-VO „eine Untersuchung zur Anwendung ausländischen Rechts in Zivil- und Handelssachen durch die Gerichte der Mitgliedstaaten unter Berücksichtigung der Ziele des Haager Programms" veröffentlicht. Darüber hinaus hat sie sich bereit erklärt, „erforderlichenfalls geeignete Maßnahmen zu ergreifen".[95] Weitere Bezüge zur Frage der Behandlung ausländischen Rechts finden sich weder in den Erwägungsgründen noch in den Artikeln

---

91 Ratsdokument v. 2005 2003/0168 (COD) Änderungsantrag 54 zu Art. 26a: Not later than ...*, the Commission shall submit to the European Parliament, the Council and the European Economic and Social Committee, in respect of paragraphs 1 and 2, reports on the application of this Regulation and, if necessary, make further proposals to adapt it:

(1) In making its report, the Commission shall pay particular attention to the effects of the way in which foreign law is treated in the different jurisdictions and the question of damages, including the possibility of awarding exemplary or punitive damages in certain jurisdictions.

(2) The report shall include an analytical study of the extent to which courts in the Member States apply foreign law in practice, including recommendations as to the desirability of a common approach to the application of foreign law.

92 Dazu siehe unten in Kapitel 2 A.I.1.a.(1).

93 Änderungsantrag Nr. 13.

94 Erwägungsgrund Nr. 26.

95 ABl. EU 2007 L 199/49.

der Verordnung. Bereits an diesem kontroversen Gesetzgebungsverfahren zeigt sich, dass eine Vereinheitlichung der Frage der Behandlung ausländischen Rechts auf europäischer Ebene Probleme vor allem hinsichtlich der Kompatibilität mit den nationalen Rechtsordnungen der einzelnen Mitgliedstaaten aufwirft.

II. Fragebogen der Haager Konferenz für Internationales Privatrecht

In engem zeitlichem Zusammenhang zur Verabschiedung der Rom II-VO wurde auch die Haager Konferenz für Internationales Privatrecht im Bereich der Frage der Behandlung ausländischen Rechts aktiv. Bereits im März 2007 fertigte sie einen Fragebogen für ihre Vertragsstaaten. Dieser umfasste verschiedene Fragen, die sich mit der Quantität und Qualität von Anfragen der Staaten untereinander beschäftigten, die die Ermittlung des ausländischen Rechts zum Inhalt hatten.[96] Berücksichtigt wurde dabei auch der zeitliche Aspekt dieser Anfragen sowie deren Inhalt und Grundlage.[97] Ziel dieses Fragebogens war es herauszufinden, wie die Behandlung ausländischen Rechts effizienter ausgestaltet werden kann.[98] Auf die Hintergründe dieses Fragebogens und speziell auf Antworten der angefragten Staaten auf diesen Fragebogen soll an späterer Stelle eingegangen werden.[99]

Die Gründe für die Initiative der Haager Konferenz wurden aus den auf der Webseite bereit gestellten Materialien allerdings nicht deutlich. Das Ergebnis dieser Initiative ist, dass die Notwendigkeit eines Instruments zur Behandlung ausländischen Rechts in Zivil- und Handelssachen unerlässlich ist, eine Verabschiedung eines verbindlichen Dokuments im Jahre 2009 zunächst aber nicht in Erwägung gezogen wird, eine Arbeitsgruppe bestehend aus nationalen Experten aber weiterhin an der Ausarbeitung eines Projekts für das Jahr 2010 arbeiten solle.[100]

---

96 Feasibility Study on the Treatment of Foreign Law – Report on the Meeting of 23-24 February 2007, Doc. prél. Nr. 21 A (März 2007).

97 Zum genauen Inhalt dieses Fragebogens, siehe Kapitel 3 B.I.3.a.

98 Doc. prél. Nr. 21 A (März 2007).

99 Siehe dazu unter Kapitel 3 B.I.3.a.(1)–(4).

100 Annual Report 2009, S. 21 f., abrufbar auf der Homepage der Haager Konferenz unter http://www.hcch.net/upload/wop/annualreport2009.pdf.

D. Zusammenfassung

Zusammenfassend lässt sich zunächst Folgendes festhalten: Die Frage der Behandlung ausländischen Rechts stellt eine seit langem diskutierte Thematik dar, die vor allem im Beweisrecht und bei der Unterscheidung zwischen Recht und Tatsachen anzusiedeln ist.

Die Diskussion um die Behandlung ausländischen Rechts hat auf Ebene der Europäischen Union weiterhin Bestand. Wie lange es allerdings bis zu einer Gesetzesinitiative der Kommission dauern wird, die zum jetzigen Zeitpunkt noch keine Handlungsmöglichkeit sieht, bleibt abzuwarten. Ein erster Ansatz ist in der Ausschreibung einer Studie zur Behandlung ausländischen Rechts zu erblicken.[101] Auch das Europäische Parlament ist im Hinblick auf die verschiedenen Versuche im Gesetzgebungsverfahren bestrebt, diese Frage einer Regelung zuzuführen. Interessant ist dabei aber auch der Einwurf des Rates, diesen Bereich als prozessuale Materie außerhalb der materiellen Verordnungen in einem eigenen prozessualen Regelungsinstrument zu verorten.

Demzufolge ist die Aktualität der Behandlung ausländischen Rechts nicht von der Hand zu weisen. Im Vorgriff auf weitere Gesetzgebungsarbeiten soll diese Arbeit erste Ansätze zur Lösung dieser Problematik liefern.

---

101 Tender for a study on foreign law and its perspectives for the future at European level vom 2. Mai 2009, Nr. 120260 – 2009/S 84/2009. Der Auftrag zur Ausarbeitung dieser Studie wurde mittlerweile an das Schweizerische Institut für Rechtsvergleichung der Universität Lausanne vergeben, vgl. die Bekanntmachung der Europäischen Kommission über vergebene Aufträge vom 8. Dezember 2009.

Kapitel 2: Nationale Regelungen

Die unterschiedliche Beurteilung ausländischen Rechts als Recht oder Tatsache verdeutlicht sich anhand der Regelungen verschiedener nationaler Rechtsordnungen. Im Folgenden wird deshalb die aktuelle Rechtslage in einigen Rechtsordnungen der Mitgliedstaaten der Europäischen Union sowie der Schweiz näher beleuchtet.

Unterschieden wird bei der folgenden Darstellung zwischen der Frage der Anwendung, also des „ob“ des ausländischen Rechts und dessen Ermittlung, also des „wie“. Eine zusammenfassende Darstellung beider Fragestellungen soll veranschaulichen, inwieweit die nationalen Rechtsordnungen der Geltung des ausländischen Rechts zur Wirkung verhelfen. Zudem wird der Frage nachgegangen, wie die ausländischen Gerichte in dem Fall verfahren, dass das ausländische Recht nicht ermittelt werden kann.

A. Die Mitgliedstaaten der Europäischen Union

Hinsichtlich der betrachteten Rechtsordnungen ist es nicht möglich, alle – mittlerweile immerhin 27 – Mitgliedstaaten der Europäischen Union, zu berücksichtigen. Dennoch soll zumindest der Versuch unternommen werden, ein Bild davon zu vermitteln, wie verschiedene Länder das ausländische Recht behandeln. Die Unterteilung der Darstellung verschiedener Mitgliedstaaten erfolgt danach, wie der jeweilige Mitgliedstaat den Bereich der Behandlung ausländischen Rechts regelt. Eine Unterscheidung der Mitgliedstaaten nach Rechtskreisen lässt sich in diesem Bereich nicht konsequent durchführen.[102] Exemplarisch werden einzelne Regelungen dargestellt, die die bestehenden unterschiedlichen Tendenzen verdeutlichen.

Zunächst werden beispielhaft diejenigen Staaten dargestellt, die den Grundsatz *iura novit curia* streng verfolgen, namentlich Deutschland, Österreich, Italien und Belgien. Im Anschluss soll das gegensätzliche Modell der Parteidisposition des Vereinigten Königreichs näher beleuchtet werden. Zum Abschluss des

---

102 Dies betont auch *Dollinger*, Ariz. J. Int. L. 12 (1995) 225. Beispielhaft sei in diesem Zusammenhang insbesondere auf die Neuregelung des belgischen Internationalen Privatrechts durch das Gesetz vom 16. Juli 2004 hingewiesen, abgedruckt in RabelsZ 70 (2006) 358–397; mit Aufsatz *Francq*, 235–278. In Abkehr von der französischen Tradition findet sich hier eine explizite Regelung zur Behandlung ausländischen Rechts in § 15 IPRG.

Vergleichs der Mitgliedstaaten werden die Staaten vorgestellt, die keiner dieser beiden Gegensätze strikt folgen, sondern vielmehr eine Mischform beider Extreme in sich vereinen. Dazu zählen insbesondere Frankreich, die skandinavischen Rechtsordnungen sowie Spanien.

Einen nahezu alle Mitgliedstaaten umfassenden, aber sehr knapp gefassten Überblick auf die nationalen Regelungen bietet auch das im Jahre 2001 eingerichtete Justizielle Netz in Zivil- und Handelssachen[103] unter dem Thema „Anwendbares Recht“ unter Punkt II („Anwendung der Kollisionsnormen“). Hier findet sich für nahezu jeden Mitgliedstaat ein Hinweis auf die Handhabung der Anwendung (Punkt II.1) und der Ermittlung (Punkt II.5) ausländischen Rechts.

I. Uneingeschränkte Geltung des Grundsatzes *iura novit curia*

Zunächst einmal werden die Staaten der Europäischen Union dargestellt, die dem Grundsatz *iura novit curia* auch hinsichtlich des ausländischen Rechts zur völligen Geltung verhelfen.[104]

1. Deutschland

Im deutschen Recht existiert keine ausdrückliche Regelung zur Behandlung ausländischen Rechts. Vielmehr wird hinsichtlich der Handhabung auf die beweisrechtliche Vorschrift des § 293 ZPO rekurriert.

a. Anwendung ausländischen Rechts

Das deutsche Gericht bzw. der deutsche Richter wendet das ausländische Recht von Amts wegen an (1). Dagegen hat sich aber vor allem *Flessner* mit seiner Lehre vom fakultativen Kollisionsrecht gewandt (2).

---

103 Entscheidung 2001/470/EC des Rates vom 28. Mai 2001, ABl. 2001 L 174/25, die Webseite lautet: http://ec.europa.eu/civiljustice/index_de.htm. Abrufbar sind die Informationen seit dem 1. Dezember 2002.

104 Auf Ebene der Mitgliedstaaten wird dieser Ansatz der Geltung des Grundsatzes iura novit curia zudem in den Rechtsordnungen von Estland, Griechenland (siehe jüngst auch *Jessurun d'Oliveira*, RHDI 61 (2008) 499, 506), Litauen, der Niederlande, Polen, Portugal, Tschechien und Ungarn deutlich. Vgl. dazu die Angaben auf der Seite des Europäischen Justiziellen Netzes in Zivil- und Handelssachen.

(1) Grundsatz: iura novit curia

Im Grundsatz gilt *iura novit curia*: Ausländisches Recht ist als Recht und nicht als Tatsache zu behandeln.[105] Den Parteien obliegt nur die Darlegungs- und Beweislast hinsichtlich der dem Rechtsstreit zugrunde liegenden Tatsachen.[106] Somit unterliegt das ausländische Recht nicht der parteilichen Darlegungs- und Beweislast. Vielmehr erfolgt die Ermittlung und Anwendung ausländischen Rechts durch das Gericht von Amts wegen.[107] Begründet wird die Geltung dieses Grundsatzes vom BGH damit, dass die Kollisionsnormen des EGBGB Gesetz sind und aus diesem Grund – unabhängig davon, ob sich eine der Parteien auf deren Anwendung beruft – allgemeine Verbindlichkeit beanspruchen.[108] Auch wenn sich im deutschen Recht keine ausdrückliche Regelung dieses Grundsatzes findet, spiegelt doch § 293 S. 1 ZPO[109] diese Maxime wider. Nach seinem Wortlaut statuiert § 293 ZPO zwar nur die Pflicht des Richters zur Ermittlung des Inhalts der ausländischen Rechtsordnung, setzt aber nicht seine Kenntnis voraus.[110] Daraus wird aber wiederum gefolgert, dass das Gericht, wenn es das ausländische Recht ermitteln soll, es auch anwenden muss.[111] Demzufolge ist es heute nahezu einhellige Ansicht, dass das deutsche Gericht einer amtswegigen Verpflichtung unterliegt, ausländisches Recht anzuwenden.[112]

---

105 BGH NJW 1961, 410, 411; OLG Koblenz, RIW 1993, 936; *Arens*, in: FS Zajtay, S. 7 ff.; *von Bar/Mankowski*, IPR I, § 5 Rn. 96 ff.; *Dölle*, in: FS Raape, S. 149, 151; *Kegel*, Die Ermittlung ausländischen Rechts, in: D. Müller (Hrsg.), Die Anwendung ausländischen Rechts, S. 157 ff.; *Kindl*, ZZP 111 (1998) 177, 179, *Otto*, IPRax 1995, 301; *Nagel/Gottwald*, IZPR, § 10 Rn. 7; *Schack*, IZVR, Rn. 625, 653; *Schütze*, Ausgewählte Probleme, S. 220; *Weinkauff*, Ermittlung und Anwendung, S. 38 ff.; *Zajtay*, ZfRV 1971, 271 ff. Historisch dazu *Sturm*, in: FS Pannier, S. 198 ff.

106 *Sommerlad/Schrey*, NJW 1991, 1377.

107 BGH NJW 1962, 962; BGH NJW 1964, 2012; BGH NJW 1972, 394; BGHZ 77, 38, BGH RIW 1997, 687; BGH, IPRax 1999, 46; so auch *Kindl*, ZZP 111(1998), 177, 180.

108 BGH NJW 1993, 2305, 2306.

109 Die Vorschrift als „nicht mehr zeitgemäß“ erachtet *Gruber*, ZRP 1992, 6, 7.

110 *Kindl*, ZZP 111 (1998) 177, 181.

111 MusielakZPO/*Huber*, § 293 ZPO Rn. 2.

112 BGHZ 57, 78; BGH NJW 1961, 410; *Sommerlad/Schrey*, NJW 1991, 1377, *Gruber*, ZRP 1992, 6; *Kindl*, ZZP 111(1998) 177, 179; *Mäsch*, NJW 1996, 1453, 1454; zur gegenteiligen Ansicht, der Lehre vom fakultativen Kollisionsrecht, siehe unten A.I.1.a.(2).

In der Praxis spiegelt sich aber ein anderes Bild wider: Zur Vereinfachung des Verfahrens und um die Verfahrenskosten niedrig zu halten, wird häufig eine konkludente Wahl des deutschen Rechts durch die Parteien unterstellt, soweit sie sich nicht dessen Anwendung widersetzen.[113] Diese fingierte Rechtswahl war im internationalen Vertragsrecht über Art. 27 EGBGB a.F./Art. 3 EVÜ – als direkte oder nachträgliche Rechtswahl – bereits fragwürdig, aber im Ergebnis möglich.[114] Dabei ist der BGH recht großzügig mit der Annahme einer solchen Rechtswahl. Als ausreichend erachtet wird schon, wenn nur das Gericht sich auf deutsches Recht stützt, aber keine der Parteien dies rügt.[115] Selbst im Internationalen Sachenrecht hat der BGH vor der Anwendung der lex fori nicht zurückgeschreckt. Auch hier ging der BGH vom Vorrang einer Parteiabrede aus, ohne den Schutz der Interessen Dritter zu beachten.[116] In den letzten Jahren aber tendiert auch die Rechtsprechung, insbesondere der BGH, hin zur amtswegigen Verpflichtung des Richters, ausländisches Recht anzuwenden.[117]

---

113 BGH NJW 1988, 1592, kritisch dazu *von Bar*, IPR II, S. 341.

114 Vor der Reform des EGBGB 1986 mittels Anknüpfung an den hypothetischen Parteiwillen BGH NJW 1962, 1005, nach 1986 mittels Annahme einer nachträglichen Rechtswahl BGH IPRax 1986, 293; BGH NJW 1991, 1293.

115 Siehe dazu *Buchta*, S. 48 und *Hartenstein*, S. 60. Unter Geltung der Rom I-VO wird dies schwieriger: Art. 3 Rom I-VO verlangt, dass sich die Rechtswahl zumindest eindeutig aus den Umständen ergibt.

116 BGH NJW 1970, 1734; BGH NJW 1995, 2097 f. Diese vor der Reform des EGBGB ergangene Rechtsprechung ist heute nach einhelliger Meinung dadurch ausgeschlossen, dass eine Rechtswahl im Internationalen Sachenrecht abgelehnt wird, siehe dazu nur *Flessner*, RabelsZ (1970) 547, 569 f.; *Kreuzer*, RabelsZ 65 (2001) 383, 436, 443.

117 So jüngst BGH RIW 2008, 707 ff., früher auch schon BGH NJW 1993, 2305. Problematisch wird die Anwendung ausländischen Rechts aber dann, wenn eine Partei dessen Nichtanwendung erst in der Berufungsinstanz rügt. Hier divergieren die Rechtsprechung der Oberlandesgerichte und des BGH. Während die Oberlandesgerichte eine solche Rüge als verspätet erachten, geht der BGH in seiner heutigen Rechtsprechung davon aus, dass auch diese Rüge weiterhin Beachtung finden muss, siehe BGH NJW 1996, 54.

(2) Lehre vom fakultativen Kollisionsrecht

Gegen die amtswegige Verpflichtung des deutschen Gerichts, ausländisches Recht anzuwenden, wendete sich vor allem *Flessner* mit seiner Lehre vom fakultativen Kollisionsrecht.[118]

Flessners Lehre stützt sich darauf, dass ausländisches Recht nur dann anzuwenden sei, wenn sich zumindest eine der Parteien auf dieses ausländische Recht beruft.[119] Geschieht dies nicht, so komme stattdessen die lex fori zur Anwendung.[120] Diese Auffassung spiegelt die Lehre des *pleading* des *common law*-Rechtskreises wider.[121] Begründet wird dies einerseits mit dem Interesse der Parteien an qualitativ hochwertiger Justiz.[122] Die Anwendung des ausländischen Rechts durch den inländischen Richter biete das erhöhte Risiko eines Qualitätsverlustes, welches durch die Anwendung der lex fori unterbunden würde. Dieser Qualitätsverlust begründe sich einerseits darauf, dass bei Anwendung ausländischen Rechts der Standard der Anwendung der lex fori nicht erreicht werden könne, ebenso wenig könne aber der Standard der Anwendung des ausländischen Rechts durch den einheimischen Richter erreicht werden.[123] Durch die Anwendung der lex fori wende das Gericht nur sein eigenes Recht an, welches ihm bestens bekannt sei.[124] Zudem sprächen prozessökonomische Gründe für diese Lehre: Die Anwendung der lex fori führt zu einer Ersparnis von Zeit und Kosten, da die Ermittlung des ausländischen Rechts entbehrlich ist und weder

---

118 Grundlegend dazu *Flessner*, RabelsZ 34 (1970) 547, *ders.*, Interessenjurisprudenz im IPR, S. 59.

119 *Flessner*, RabelsZ 34 (1970) 547, 581 ff. Befürwortet wurde diese Lehre in jüngerer Zeit von *Gerhard Wagner*, der die amtswegige Anwendung der Kollisionsnormen als trügerischen Schein bezeichnet. Auch die Einwendung des § 362 BGB sei von Amts wegen zu berücksichtigen, führe aber keineswegs zu einer Untersuchungsmaxime des Gerichts: Wenn sich die Partei nicht auf die Erfüllung beruft, so führt dies selbst bei Kenntnis des Richters von ihrem Bestehen nicht dazu, dass die Erfüllung berücksichtigt wird. Ausgehend davon, dass die Erfüllung im Unterschied zum ausländischen Recht aber eine Tatsache und eben nicht Recht sei, kann diese neuere Begründung nicht überzeugen, so auch *Rogoz*, Ausländisches Recht, S. 73; siehe zum Ganzen *G. Wagner*, ZEuP 1999, 6 ff.

120 *Flessner*, RabelsZ 34 (1970) 547, 582.

121 Näher dazu siehe unten A.II. So auch *Coester-Waltjen*, in: FS Sonnenberger, S. 352.

122 *Flessner*, RabelsZ 34 (1970) 547, 550.

123 *Flessner*, Interessenjurisprudenz im IPR, S. 119.

124 *Flessner*, RabelsZ 34 (1970) 547, 549 f.

Gericht noch Parteien auf Hilfe von außen in Form der Einholung eines Sachverständigengutachtens angewiesen sind.[125] Diese Lehre widerspreche auch nicht dem von *Savigny* entwickelten Grundsatz der Gleichheit der Rechtsordnungen, da die lex fori nicht aus rechtspolitischen Erwägungen wie ihrer Überlegenheit oder dem Vorzug des Forumstaates vorzuziehen sei. Entscheidend sei vielmehr, dass die Parteien qualitativ hochwertige Justiz nur im Falle der Anwendung der lex fori erwarten könnten.[126]

Diese Lehre vom fakultativen Kollisionsrecht musste sich aber seit ihrer Begründung mit heftiger Kritik auseinandersetzen.[127] Kritisiert wurde einerseits die völlige Missachtung der Grenzen der Rechtswahl. Nur in den durch das Gesetz vorgeschriebenen Fällen gelte der Grundsatz der Parteiautonomie. Eine stetige Möglichkeit der Anwendung der lex fori aber missachte diesen Grundsatz, der sich z.B. in Art. 3 Rom I-VO oder Art. 14 Rom II-VO findet, völlig.[128] Vor allem finde hier aber eine Verlagerung der materiellrechtlichen Frage der Rechtswahl auf die prozessuale Ebene statt.[129]

Weiterhin wird die Einseitigkeit dieser Lehre kritisiert: die Parteien dürfen nur die Anwendung der lex fori voraussetzen, hingegen aber nicht – auch nicht im Falle des Konsenses – die Anwendung eines ausländischen Rechts.[130] Zudem entbehre eine solche Lehre aber auch jeglicher Rechtsgrundlage nach nationalem Recht. In Deutschland gelte allein die Maxime *iura novit curia*, nicht aber der Verhandlungsgrundsatz, der eine solche Regelung ermöglichen würde, da danach Tatsachen zur Disposition gestellt seien.[131]

Des Weiteren stelle diese Lehre völkervertragliche Verpflichtungen in Frage: Bei Staatsverträgen gilt das Ziel des äußeren Entscheidungseinklangs. Urteilt man aber trotz Einschlägigkeit einer völkervertraglichen Regelung allein nach dem eigenen Recht, so stelle dies einen Widerspruch zu diesem äußeren Ent-

---

125 *Flessner*, RabelsZ 34 (1970) 547, 550.

126 *Flessner*, RabelsZ 34 (1970) 547, 562.

127 So vor allem *Heldrich*, FG BGH, 2000, S. 763; *Jayme*, in: FS MPI (2001), S. 447, 455; *Kegel/Schurig*, IPR, § 15 II (S. 498); *Körner*, Fakultatives Kollisionsrecht; *Kropholler*, IPR, § 7 II 2; *Neuhaus*, RabelsZ 35 (1971) 401, 411; *Schack*, NJW 1984, 2736;. Dagegen jüngst auch BGH RIW 2008, 707 m.w.N. aus der Rechtsprechung.

128 MüKoBGB/*Sonnenberger*, Einl IPR Rn. 228.

129 *Lüderitz*, in: FS Kegel (1977), S. 31, 52; MüKoBGB/*Sonnenberger*, Einl IPR Rn. 228.

130 *E. Lorenz*, Struktur, S. 104.

131 *Kropholler*, IPR, § 7 II.

scheidungseinklang dar. Darüber hinaus komme es aber auch zu einer Verletzung der Pflicht einen ratifizierten völkerrechtlichen Vertrag anzuwenden (*pacta sunt servanda*).[132] Durch die IPR-Reform von 1986 wurde dieser Lehre vom fakultativen Kollisionsrecht eine klare Absage erteilt. Aus dem Regierungsentwurf ergibt sich, dass die Lehre vom fakultativen Kollisionsrecht nicht Grundlage der IPR-Reform werden solle.[133]

Des Weiteren widerspricht das Argument der Rechtssicherheit dieser Lehre vom fakultativen Kollisionsrecht insoweit, dass die Gesetzesumgehung, sowie das *forum shopping* jeweils in Form der Erschleichung des für eine Partei günstigsten Rechts erleichtert bzw. gefördert wird, indem durch Wahl des international zuständigen Gerichts das anwendbare Recht zugunsten der lex fori vorbestimmt wird. Eine Erweiterung der Rechtswahlmöglichkeit zugunsten der lex fori ohne gesetzliche Grundlage erhöht wiederum die Gefahr des Missbrauchs .Damit steht die Gefahr in engem Zusammenhang, dass die besser informierte Partei das für sie günstigere Recht „wählt".[134]

(3) Stellungnahme

Es ist nicht zu verkennen, dass *Flessners* Lehre vom fakultativen Kollisionsrecht prozessökonomische Vorteile mit sich bringt. Vor allem in Verfahren von geringem Streitwert führt die fehlende Berufung einer Partei auf die Anwendung ausländischen Rechts zu einer schnellen, günstigen und vergleichsweise unkomplizierten Abwicklung des Verfahrens. Dennoch ist die der Lehre entgegengebrachte Kritik nicht grundlos und insbesondere im Zuge der Vereinheitlichung des Kollisionsrechts begründeter denn je. Zunächst einmal dürfen allein prozessökonomische Aspekte nicht dazu führen, dass die Kollisionsnormen des Internationalen Privatrechts, die unmittelbar geltendes Recht darstellen, unbeachtet bleiben. Gerade die Möglichkeit der Rechtswahl im Prozess erlaubt es den Parteien noch nachträglich auf die Anwendung des ausländischen Rechts zu verzichten. Die prozessökonomischen Vorteile der Anwendung der lex fori können so bis zu einem späten Zeitpunkt des Verfahrens noch genutzt werden. Die Rechtswahl sollte aber überhaupt nur da in Betracht kommen, wo sie ausdrücklich vom Gesetzgeber vorgesehen ist. Die Annahme der Lehre vom fakultativen Kollisionsrecht würde aber genau dieser gesetzgeberischen Begrenzung auf dis-

---

132 *Hartenstein*, S. 73 ff.; *Kropholler*, IPR, § 7 II.

133 Begründung des Regierungsentwurfs zum Gesetz zur Neuregelung des Internationalen Privatrechts, BT-Drucks. 10/504, S. 26.

134 In diesem Sinne auch *Ferid*, in: FS Möhring, S. 1, 10; *E. Lorenz*, Struktur, S. 104.

positive Bereiche entgegenwirken. Dies kann nicht überzeugen. Zudem darf auch die Annahme einer Rechtswahl nicht voreilig bejaht werden. Eine Rechtswahl erfordert gerade auch den Willen und das Bewusstsein beider Parteien dahingehend, dass ausländisches Recht grundsätzlich anwendbar ist und angewendet werden soll. Mit der Lehre vom fakultativen Kollisionsrecht würden diese Grundsätze der Rechtswahl aber vollkommen ausgehebelt. Die Auslegung des Schweigens einer oder beider Parteien als Erklärung einer stillschweigenden Rechtswahl widerspricht dem zivilrechtlichen Grundsatz, dass Schweigen keinen rechtlichen Erklärungswert hat.[135] Zudem führt die Lehre vom fakultativen Kollisionsrecht in nicht dispositiven Bereichen, also solchen Materien, in denen eine Rechtswahl überhaupt nicht eröffnet ist, zu einer Gesetzesumgehung. Auf die Aspekte der Vereinheitlichung, die gegen ein fakultatives Kollisionsrecht sprechen, wird an späterer Stelle noch näher einzugehen sein. Das Argument der qualitativ minderwertigen Justiz im Falle der Anwendung ausländischen Rechts ist mittlerweile durch die Zulassung der Revisibilität des ausländischen Rechts[136] zumindest deutlich entkräftet.

b. Ermittlung ausländischen Rechts

Die Frage, wessen Aufgabe es ist, das ausländische Recht zu ermitteln, beantwortet § 293 ZPO.[137] Abweichend vom Grundsatz, dass das Recht nicht beweisbedürftig ist, regelt § 293 ZPO hinsichtlich des ausländischen Rechts die Beweisverteilung zwischen Gericht und Parteien.[138] Soweit dem Gericht der Inhalt des ausländischen Rechts unbekannt ist, obliegt es einer Partei diesen Inhalt beizubringen. Daraus folgt, dass es primär dem Richter obliegt, den Inhalt des ausländischen Rechts zu ermitteln.[139] Die Pflicht des Richters zur Ermittlung ausländischen Rechts reicht dabei soweit wie seine eigene Sachkunde. Erst nachrangig werden die Parteien verpflichtet. Nach § 293 S. 2 ZPO ist das Gericht bei seiner Entscheidung nicht auf die von den Parteien angeführten Beweise beschränkt. Daraus ergibt sich ebenfalls der Vorrang der richterlichen Nachforschungspflicht. Diese vorrangige Verpflichtung des Richters wurde bereits vom

---

135 Bamberger/Roth/*Wendtland*, § 133 BGB Rn. 10.

136 Siehe dazu oben in Kapitel 1 unter B.I.

137 Zu genaueren Begründungsansätzen einer Amtsermittlungspflicht des Gerichtes, siehe *Rogoz*, Ausländisches Recht, S. 74 ff.

138 MüKoZPO/*Prütting*, § 293 ZPO Rn. 1.

139 BGH IPRspr. 1992 Nr. 1; OLG Köln IPRspr. 2002 Nr. 209; MüKoBGB/*Sonnenberger*, Einl IPR, Rn. 624.

Reichsgericht statuiert: Danach ist es alleinige Aufgabe des Richters, den Inhalt des anwendbaren ausländischen Rechts zu ermitteln.[140] Eine Pflicht der Parteien zur Darlegung des ausländischen Rechts kommt wegen des Grundsatzes *iura novit curia* nicht in Betracht.[141] Der Richter kann sich, um seiner Pflicht zur Anwendung und Ermittlung des ausländischen Rechts Genüge zu tun, einer Vielzahl von Erkenntnismethoden bedienen. Es gilt das Freibeweis-, nicht Strengbeweisverfahren.[142] Zunächst kommt eine eigene Ermittlung dieses ausländischen Rechts in Betracht. Dazu kann der Richter sich ausländischer Literatur bedienen,[143] in Betracht kommt aber auch die informelle Befragung kompetenter Personen, insbesondere von Kollegen, Wissenschaftlern oder Praktikern. Als aufwändigere Methode ist aber auch eine Auskunft nach dem Londoner Rechtsauskunftsübereinkommen[144] möglich.[145] Des Weiteren kann ein Sachverständigengutachten eingeholt werden, was aber auch immer mit erhöhten Kosten für die Parteien verbunden ist.[146] Weiterhin kommt eine freiwillige Mitwirkung der Parteien in Betracht.[147] Eine verringerte Mitwirkungspflicht der Parteien kann sich aber unter Umständen aus dem Grundsatz der Verhältnismäßigkeit ergeben. Das Gericht kann die Parteien um Mithilfe bitten.[148] Dabei liegt es im Ermessen des Gerichts, inwieweit es diesen Ausführungen allein Glauben schenkt.[149] Ist es jedoch eine Partei, die ihre eigene Mitwirkung anbietet, so muss das Gericht dies auf Grund des gerichtlichen Anspruches auf rechtliches Gehör, Art. 103 GG, auch beachten. Primär bleibt die Pflicht zur Ermittlung des

---

140 RGZ 39, 371, 376; RG, JW 1912, 196, 197; BGHZ 118, 151, 162; BGH NJW 2003, 2685; Palandt-*Thorn*, Einl v. Art. 3 EGBGB Rn. 34.

141 MusielakZPO/*Huber*, § 293 ZPO Rn. 1; MüKoZPO/*Prütting*, § 293 ZPO Rn. 6.

142 BGH NJW 1961, 410; BGH NJW 1966, 296; so auch Soergel/*Kegel*, Vor Art. 3 Rn. 179.

143 Vgl. *Hartley*, ICLQ 45 (1996) 271, 276.

144 Europäisches Rechtsauskunftsübereinkommen v. 7. Juni 1968, BGBl. 1974 II, 938, abgedruckt in *Jayme/Hausmann*, Nr. 200; für die BRD in Kraft getreten am 19.März 1975.

145 Zu dessen beschränkter Eignung siehe unter Kapitel 3 B.I.1.b.

146 Dabei wird häufig auf international ausgerichtete Institute zurückgegriffen. Zum Aspekt der Kostentragung, siehe *Fuchs*, RIW 1995, 807 f.

147 MüKoZPO/*Prütting*, § 293 ZPO Rn. 6.

148 BGH SchiedsVZ 2007, 217, 218. So auch Zöller/*Geimer*, ZPO, § 293 Rn. 16.

149 BAG RIW 1975, 521; so auch *von Bar/Mankowski*, IPR I, Rn. 373; Zöller/*Geimer*, ZPO, § 293 Rn. 15.

ausländischen Rechts aber dennoch bei den Gerichten.[150] In welcher Form die Ermittlung des ausländischen Rechts letztlich erfolgt, liegt im Ermessen des Gerichts.[151]

c. *Subsidiäres Recht bei Nichtermittelbarkeit*

Für den Fall der Nichtermittelbarkeit des ausländischen Rechts findet sich im deutschen Recht keine gesetzliche Lösung. Aus diesem Grund wendet die deutsche Rechtsprechung das deutsche Recht als lex fori an.[152]

2. Österreich

In Österreich findet sich hinsichtlich der Behandlung des ausländischen Rechts eigene Regelungen in §§ 2 ff. öIPRG.[153]

---

150 BGHZ 36, 348, 353; BGH NJW 1976, 1581, 1582; so auch die Literatur *Broggini*, AcP 155 (1956) 469; *Kropholler*, IPR, § 59 I 2; MüKoBGB/*Sonnenberger* Einl IPR Rn. 453.

151 BGH NJW 1995, 1032; BGH WM 1997, 1245; BGH NJW-RR 2002, 1359; *Küster*, RIW 1998, 275; Palandt-*Thorn*, Einl v Art. 3 EGBGB Rn. 34.

152 BGHZ 69, 387, 393 ff.; BGH NJW 1982, 1215, 1216; BGH RIW 1982, 199; BGH NJW-RR 1986, 484; OLG Frankfurt a.M. FamRZ 2000, 37; KG FamRZ 2002, 166; kritisch aber *Heldrich*, in: FS Ferid (1978), S. 209. Diese Lösung entspricht auch § 182 Abs. 2 ZPO der ehemaligen DDR. Auf die in der Literatur vertretenen Ansätze wird in Kapitel 5 unter D.I. eingegangen.

153 Bundesgesetz über das internationale Privatrecht (IPRG) vom 15. Juni 1987, i.d.F. BGBl. I 58/2004:

§ 2 IPRG: Die für die Anknüpfung an eine bestimmte Rechtsordnung maßgebenden tatsächlichen und rechtlichen Voraussetzungen sind von Amt wegen festzustellen, soweit nicht nach verfahrensrechtlichen Vorschriften in einem der Rechtswahl zugänglichen Sachgebiet (§§ 19, 35 Abs. 1) tatsächliches Parteivorbringen für wahr zu halten ist.

§ 3 IPRG: Ist fremdes Recht maßgebend, so ist es von Amts wegen und wie in seinem ursprünglichen Geltungsbereich anzuwenden. Anmerkung: Unter „fremdem Recht" sind auch religiöse Rechte zu verstehen, auf die manche ausländische Rechtsordnungen verweisen.

§ 4 IPRG: (1) Das fremde Recht ist von Amts wegen zu ermitteln. Zulässige Hilfsmittel hiefür sind auch die Mitwirkung der Beteiligten, Auskünfte des Bundesministeriums für Justiz und Sachverständigengutachten.

(2) Kann das fremde Recht trotz eingehendem Bemühen innerhalb angemessener Frist nicht ermittelt werden, so ist das österreichische Recht anzuwenden.

a. Anwendung ausländischen Rechts

Nach § 3 öIPRG muss der Richter das ausländische Recht von Amts wegen ermitteln. Auch hier wurde der Grundsatz *iura novit curia* normiert. Zudem muss das Gericht auch die für die Anknüpfung relevanten Aspekte amtswegig feststellen, § 2 öIPRG.

b. Ermittlung ausländischen Rechts

Hinsichtlich der Frage der Ermittlung des anwendbaren Rechts statuiert § 4 IPRG ebenfalls eine amtswegige Verpflichtung des Richters.[154] Um dieser Verpflichtung nachzukommen, kann sich der Richter verschiedener Hilfsmittel bedienen, exemplarisch aufgeführt sind die Mitwirkung der Beteiligten, Auskünfte des Bundesjustizministeriums und Sachverständigengutachten.[155] Diese Hilfestellungen entbinden das Gericht aber nicht von seiner Ermittlungspflicht.[156]

c. Subsidiäres Recht bei Nichtermittelbarkeit

Gemäß § 4 Abs. 2 öIPRG ist bei völliger Nichtermittelbarkeit des ausländischen Rechts bzw. Nichtermittelbarkeit in angemessener Frist subsidiär auf das österreichische Recht als lex fori zurückzugreifen.[157] Die Angemessenheit der Frist bestimmt sich nach der Eilbedürftigkeit der Entscheidung.[158]

Zur Rechtslage vor Erlass des öIPRG, siehe auch *Baeck*, ZfRV 1961, 85, 88; *Schwind*, Österreich, in: Les problèmes actuels, S. 121 ff.

154 Siehe dazu aus jüngerer Zeit z.B. OGH, 7 Ob 130/05a, ZfRV 2005, 230; OGH, 1Ob 109/05v, ZfRV 2005, 197; OGH, 10 Ob 96/04x, ZfRV 2005, 117, OGH, 7 Ob 2/05b, ZfRV 2005, 70.

155 Österreich ist zudem Vertragsstaat des Europäischen Übereinkommens betreffend Auskünfte über ausländisches Recht, BGBl. 1971/417.

156 Burgstaller/*Burgstaller*, IZVR, Rn. 1.24 in Fn. 67.

157 Vgl. dazu auch OGH, ZfRV 1997, 117/32; OGH, RdW 1988, 320; zustimmend auch *Mänhardt/Posch*, IPR, S. 39. Dies gilt auch im Falle einstweiliger Verfügungen, OGH, ZfRV 2004, 30 ff.

158 OGH ZfRV 1998, 158. Zur Auslegung der Angemessenheit der Frist, siehe Burgstaller/*Burgstaller*, IZVR, Rn. 1.27.

3. Italien

Das italienische internationale Privatrecht wurde in den letzten Jahren vor allem geprägt durch die IPR-Reform im Jahre 1995.[159] Seitdem findet sich eine Regelung zur Frage der Anwendung ausländischen Rechts in Art. 14 des italienischen IPR-Gesetzes.[160]

a. Anwendung ausländischen Rechts

Nach Art. 14 itIPRG hat der Richter das ausländische Recht von Amts wegen anzuwenden und zu ermitteln. Auch hier gilt somit das Prinzip *iura novit curia.*

Zuvor war die italienische Rechtswissenschaft von heftigen Kontroversen hinsichtlich der Frage geprägt, ob das ausländische Recht nun als Recht oder nur als Tatsache zu behandeln sei. Die Qualifikation als Recht wurde von der überwiegenden Ansicht in der Literatur, diejenige als Tatsache von der überwiegenden Rechtsprechung vertreten.[161] Mit der Neuregelung der Materie wurde diese Frage von der Legislative eindeutig geklärt, so dass eine nähere Erläuterung der früheren Rechtslage entbehrlich ist.

Diese Verpflichtung des italienischen Richters, zu ermitteln, welche Rechtsordnung überhaupt anwendbar ist und diese dann anzuwenden, spiegelt sich auch in der Rechtsprechung konsequent wider.[162]

---

159 Gesetz Nr. 218 zur Reform des italienischen internationalen Privatrechts – diritto internazionale privato – vom 31. Mai 1995, abgedruckt mit deutscher Übersetzung in IPRax 1996, 356.

160 Art. 14 lautet: Kenntnis des anwendbaren ausländischen Rechts

(1) Die Feststellung des ausländischen Rechts erfolgt von Amts wegen durch das Gericht. Zu diesem Zweck kann sich das Gericht – außer auf die in internationalen Übereinkommen angegebenen Hilfsmittel – auf Auskünfte stützen, die durch das Justizministerium eingeholt wurde; es kann auch Sachverständige und Spezialinstitutionen einschalten.

(2) Wenn es dem Gericht nicht, auch nicht mit Hilfe der Parteien, gelingt, das berufene ausländische Recht festzustellen, wendet es dasjenige Recht an, auf das mit Hilfe anderer Anknüpfungsmerkmale verwiesen wird, welche eventuell für denselben Regelungsgegenstand vorgesehen sind. Fehlen solche, so wendet es das italienische Recht an.

161 Siehe dazu *Sangiovanni*, IPRax 2005, 513, 514, insbesondere unter Fn. 5.

162 Corte di Cassazione (Cass), Urt. Nr. 115822 v. 11. 11. 2002, Riv. dir. int. priv. proc. 2003, 978 ff.; Cass. Urt. Nr. 2791 v. 26. 2. 2002, Riv. dir. int. 2002, 463; Cass. Urt. Nr. 12538 v. 12. 11. 1999, Riv. dir. int. priv. proc. 2001, 651 ff.

b. *Ermittlung ausländischen Rechts*

Art. 14 Abs. 1 itIPRG spricht nur von *l'accertamento* des ausländischen Rechts. Aber auch die Ermittlung erfolgt durch das Gericht von Amts wegen. Aus S. 2 wird deutlich, dass auch die Ermittlung des ausländischen Rechts gemeint ist, indem auf den Zweck des Absatzes 1 rekurriert wird. Danach können sich italienische Gerichte einerseits auf Hilfsmittel in völkerrechtlichen Übereinkommen stützen,[163] zudem aber auch Auskünfte durch das Justizministerium einholen lassen, sowie Sachverständige und spezielle Institutionen einschalten. Hinzu kommt aber eine Verpflichtung der Parteien, die die Klage begründenden rechtlichen Elemente vorzutragen, Art. 163 Abs. 3 Nr. 4 der italienischen Zivilprozessordnung (c.p.c.). Dazu zählen auch solche Elemente, die unter Umständen einen Auslandsbezug begründen. Dieser Vortrag entwickelt allerdings für den Richter keinerlei Verbindlichkeit.[164]

c. *Subsidiäres Recht bei Nichtermittelbarkeit*

Für den Fall der Nichtermittelbarkeit des ausländischen Rechts findet sich eine Regelung in Art. 14 Abs. 2 itIPRG. Demzufolge ist nach S. 1 ersatzweise primär das Recht anzuwenden, auf welches mit Hilfe anderer Anknüpfungsmerkmale verwiesen wird. Andere Anknüpfungsmerkmale sind solche, die ebenfalls für den konkreten Sachverhalt vorgesehen sind. Auf italienisches Recht als lex fori soll nach S. 2 erst zurückgegriffen werden, wenn es an einer alternativen Anknüpfungsmöglichkeit fehlt.

4. Belgien

Belgien hat in Europa eines der neuesten Gesetze auf dem Gebietet des Internationalen Privatrechts. Das jüngst im Jahre 2004 erlassene Gesetz zum Internationalen Privatrecht[165] stellt die erste belgische Gesamtkodifikation des Internationalen Privatrechts dar, welches zuvor nur vereinzelt geregelt war und vor allem durch Richterrecht geprägt wurde.[166]

---

163 Italien ist Mitgliedstaat des Londoner Rechtsauskunftsübereinkommens von 1968.

164 *Sangiovanni*, IPRax 2006, 513.

165 Loi du 16 juillet 2004 portant le Code de droit international privé, Mon. belge vom 27. Juli 2004, S. 57344–57374, abgedruckt in englischer Übersetzung in RabelsZ 70 (2006) 358 mit Aufsatz *Francq*, 235.

166 *Francq*, RabelsZ 70 (2006) 235, 236 f.

a. Anwendung ausländischen Rechts

Nach Art. 15 belgIPRG[167] ist es Aufgabe des Richters, den Inhalt des ausländischen Rechts zu ermitteln. Eine ausdrückliche Verpflichtung des Richters, dieses Recht auch von Amts wegen anzuwenden, findet sich in dieser Vorschrift aber nicht. Jedoch wird aus der Ermittlungspflicht des Gerichts auch eine vorgeschaltete Pflicht zur amtswegigen Anwendung des ausländischen Rechts schlussfolgern müssen.[168]

b. Ermittlung ausländischen Rechts

Wie bereits dargelegt, ermittelt das Gericht das ausländische Recht. Dabei soll nach S. 2 vor allem auf die Handhabung des Rechts in der ausländischen Rechtsordnung geachtet werden. Nach Art. 15 § 2 belgIPRG kann das Gericht sich dabei der Mitwirkung der Parteien bedienen.

c. Subsidiäres Recht bei Nichtermittelbarkeit

Wenn der Inhalt ausländischen Recht nicht oder nicht rechtzeitig ermittelt kann, wird nach Art. 15 § 2 S. 2 belgIPRG ersatzweise belgisches Recht zur Anwendung berufen.

II. Keine Geltung des Grundsatzes *iura novit curia*: Vereinigtes Königreich

Neben der Geltung des Grundsatzes *iura novit curia* auch für das ausländische Recht findet sich aber in den Rechtsordnungen des *common law* die gegensätzliche Regelung. In der Europäischen Union dient das Vereinigte Königreich als Paradebeispiel für die Behandlung ausländischen Rechts als Tatsache.[169]

---

167 Art. 15. Application du droit étranger

§ 1. Le contenu du droit étranger désigné par la présente loi est établi par le juge. Le droit étranger est appliqué selon l'interprétation reçue à l'étranger.

§ 2. Lorsque le juge ne peut pas établir ce contenu, il peut requérir la collaboration des parties. Lorsqu'il est manifestement impossible d'établir le contenu du droit étranger en temps utile, il est fait application du droit belge.

168 Ähnlich die deutsche Vorschrift, die sich explizit ebenfalls nur auf die Ermittlung bezieht, siehe oben unter A.I.1.a.(1).

169 Zur historischen Entwicklung der *fact doctrine*, siehe *Ost*, EVÜ und fact doctrine, S. 41–55.

1. Anwendung ausländischen Rechts

Hinsichtlich der Frage der Anwendung ausländischen Rechts gilt im Vereinigten Königreich grundsätzlich der Beibringungsgrundsatz:[170] Im Unterschied zur Mehrzahl der meisten kontinentaleuropäischen Rechtsordnungen wird ausländisches Recht nicht als Recht, sondern vielmehr als Tatsache behandelt (*question of fact*).[171] Der Grundsatz *iura novit curia* gilt hier hinsichtlich des ausländischen Rechts nicht.[172] Dies resultiert aus der Fakultativität des gesamten englischen Kollisionsrechts.[173] Daraus folgt, dass es Aufgabe der Parteien und nicht des Richters ist, die Anwendung ausländischen Rechts einerseits in ihren *pleadings*[174] zu verlangen, andererseits aber auch dessen Inhalt darzulegen.[175] Selbst bei ausdrücklicher Rechtswahlklausel in einem Vertrag zugunsten einer ausländischen Rechtsordnung kommt es zur Anwendung des englischen Rechts als lex fori, wenn keine der Parteien das gewählte Recht in den Prozess einbringt und ermittelt.[176] Daraus folgt, dass der Sachverhalt als rein nationaler Fall behandelt wird.[177] Jedoch unterliegt auch die Behandlung ausländischen Rechts als Tatsache einigen Besonderheiten. Im Unterschied zu reinen Tatsachen erfolgt die Überprüfung in höherer Instanz durch die Rechtsmittelgerichte bzw. das Gericht. Geprägt hat sich aus diesem Grund die Bezeichnung des ausländischen Rechts als *a question of fact of a peculiar kind.*[178]

---

170 Section 4(4) des Civil Evidence Act 1972.

171 *Dicey/Morris/Collins*, The Conflict Of Laws, 9-001; *Hood*, J.Pr.I.L. 2 (2006) 181, 182 f.

172 *Fremoult v. Dedire* (1718) 1 P. Wms. 429; *Mostyn v. Fabrigas* (1774) 1 Cowp. 161, 174; *Nelson v. Bridport* (1845) 8 Beav. 527; aus jüngerer Zeit *Glencore Ascherberg v. Casa Musicale Sonzogno* (1971) 1 W.L.R. 1128, C.A.; *International AG v. Metro Trading International Inc.* (2001) 1 Lloyd's Rep. 284; *Dicey/Morris/Collins*, The Conflict of Laws, 9-001.

173 *Fentiman*, LQR 108 (1992) 142, 143.

174 *Hood*, J.Pr.I.L. 2 (2006) 181, 183. Pleadings sind die Schriftsätze zwischen den Parteien zur Darlegung der strittigen Tatsachen.

175 So zum Beispiel im Fall *Fremoult v. Dedire* (1718) 1 P. Wms. 429 sowie *Ascherberg v. Casa Musicale Sonzogno* (1971) 1 W.L.R. 173, 1128, C.A. Zur Ermittlung siehe unter A.II.2.

176 *Aluminium Industry Vaasen B.V. v. Romalpa Aluminium Ltd.* (1976), 1 W.L.R. 676 C.A.

177 *Dicey/Morris/Collins*, The Conflict of Laws, 9-002.

178 *Parkasho v. Singh* (1968) L.R. (P) 233, 250.

Problematisch und diskutiert wird die Geltung des Beibringungsgrundsatzes dann, wenn vereinheitlichtes Kollisionsrecht in Frage steht, insbesondere also bei der Anwendung bzw. Anwendbarkeit des EVÜ. Mit der Annahme, dass die englischen Kollisionsregeln nur fakultativ sind, und das EVÜ als völkerrechtlicher Vertrag auf dem Gebiet des Kollisionsrechts mit seiner Ratifizierung Bestandteil der englischen Rechtsordnung wird, würde grundsätzlich das Resultat einhergehen, dass weder die Kollisionsnormen des EVÜ noch das dadurch zur Anwendung berufene ausländische Recht von Amts wegen beachtet werden müssen.[179] Ansonsten ist die Handhabung der europäischen Verordnungen zum Internationalen Privatrecht durch die englischen Gerichte bisher weitgehend ungeklärt. Bejaht wird die Anwendung des EVÜ *ex officio* von *Kaye*, der diesbezüglich auf die Einhaltung völkerrechtlicher Verpflichtungen verweist.[180] Die Skepsis des Vereinigten Königreichs gegenüber der unionsrechtlichen Harmonisierung zeigt sich schon an der fehlenden Akzeptanz der Zuständigkeit der EU im Bereich der justiziellen Zusammenarbeit in Zivilsachen und der damit verbundenen Nichtteilnahme an erlassenen Verordnungen, allerdings zumindest verbunden mit der Möglichkeit des *opt-in*. Eine Fortführung des bisherigen Vorgehens führt zur Nichtbeachtung des Rechtsanwendungsbefehls des europäischen Gesetzgebers.

Einen ersten Hinweis könnte hier Art. 12 der Europäischen Bagatellverordnung (EuBagatellVO)[181] geben; an dieser Verordnung nimmt das Vereinigte Königreich durch sein *opt-in* teil.[182] Nach Art. 12 EuBagatellVO obliegt die rechtliche Würdigung dem Gericht.[183] Fraglich ist demzufolge, ob der Begriff des „Rechts" autonom oder nach der lex fori zu bestimmen ist. Folgt man der englischen *fact doctrine* fällt ausländisches Recht schon gar nicht in den Anwendungsbereich des Art. 12 EuBagatellVO. Ausgehend von einer autonomen Begriffsauslegung wird man mit der Mehrzahl der EU-Mitgliedstaaten davon

179 In diesem Sinne deshalb auch *Dicey/Morris/Collins*, The Conflict of Laws, 9-011.

180 *Kaye*, New Private International Law of Contract, S. 97 f., der zur Beeinflussung des anwendbaren Rechts zudem auf die Möglichkeit der Rechtswahl nach Art. 3 Abs. 2 EVÜ verweist.

181 Verordnung (EG) Nr. 861/2007 des Europäischen Parlaments und des Rates zur Einführung eines europäischen Verfahrens für geringfügige Forderungen vom 11. Juli 2007, ABl. EU 2007 L 199/1.

182 Art. 3 des Protokolls über die Position des Vereinigten Königreichs und Irlands i.V.m. Erwägungsgrund 37 der EuBagatellVO.

183 Eingehend zu dieser Vorschrift in Kapitel 3 unter B.II.1.b.(3).

ausgehen können, dass ausländisches Recht zumindest wie Recht zu behandeln ist, so dass es dem Gericht obläge, dieses zu würdigen. Inwieweit sich diesbezüglich aber eine autonome Auslegung hinsichtlich der Behandlung ausländischen Rechts als Recht auch vor den Gerichten des Vereinigten Königreichs durchsetzen wird oder es einer Entscheidung des EuGH im Rahmen des Vorlageverfahrens nach Art. 267 AEUV (ex-Art. 234 EG) bedarf, bleibt abzuwarten.

2. Ermittlung ausländischen Rechts

Die Geltung des Beibringungsgrundsatzes hat auch Auswirkungen auf die Ebene der Ermittlung ausländischen Rechts.

a. Grundsatz: Beibringungsgrundsatz

Die Behandlung des ausländischen Rechts als Tatsache führt dazu, dass es einzig und allein den Parteien obliegt, den Beweis über den Inhalt des ausländischen Rechts zu erbringen.[184] Beweispflichtig ist die Partei, die sich auf die Anwendung des ausländischen Rechts beruft.[185] Der Beweis des ausländischen Rechts erfolgt dabei in der Regel durch Sachverständigengutachten.[186] Diese Möglichkeit ergibt sich aus Section 4(1) des Civil Evidence Act (1972).[187]

Selbst wenn das ausländische Recht von einer der Parteien fehlerhaft vorgetragen, von der anderen Partei aber nicht bestritten wird, wird nur dieses ermittelte Recht dem Sachverhalt zugrunde gelegt.[188] Unberücksichtigt bleiben dabei eigene Kenntnisse und Recherchen des Richters, maßgeblich ist vielmehr einzig und allein, was die Parteien vortragen.[189] Im Unterschied zu anderen Rechtsordnungen, die das ausländische Recht als Tatsache einordnen, ist es dem Richter

---

184 *Dicey/Morris/Collins*, The Conflict of Laws, 9-003.

185 *Dynamit A.C. v. Rio Tinto Co.* (1918) A.C. 260, 301; *Guaranty Trust Co. of New York v. Hannay* (1918) 2 K.B. 623, 655; so auch *Hartley*, ICLQ 45 (1996) 271, 283; *Layton/Mercer*, European Civil Practice, Vol. I, Rn. 8.006.

186 *Hartley*, ICLQ 45 (1996) 271, 283.

187 S.4(1) lautet: It is hereby declared that in civil proceedings a person who is suitably qualified to do so on account of his knowledge or experience is competent to give expert evidence as to the law of any country or territory outside the United Kingdom, or of any part of the United Kingdom other than England and Wales, irrespective of whether he has acted or is entitled to act as a legal practitioner there.

188 *Moulis v. Owen* (1907) 1 K.B. 746 C.A.

189 *Fentiman*, LQR 108 (1992) 142, 144.

im Vereinigten Königreich aber sogar untersagt, selbst Ermittlungen hinsichtlich des Inhalts des ausländischen Rechts anzustellen.[190] Im Falle des Fehlens von Ermittlungen durch die Parteien legt das Gericht englisches Recht als lex fori zugrunde.[191]

b. Ausnahmen vom Beibringungsgrundsatz

Diese Handhabung des Beibringungsgrundsatzes bringt auch einige Ausnahmen mit sich.[192] Im Falle der gesetzlichen Anordnung einer *judicial notice* erfolgt eine Anwendung von Amts wegen.[193] Aber auch für den Fall, dass der Inhalt des fremden Rechts als „gerichtsbekannt" gilt, obliegt es nicht mehr allein den Parteien für die Ermittlung und Darlegung des ausländischen Rechts zu sorgen. So werden als weithin bekannt angenommene Rechtsregeln dennoch angewendet.[194] Diese Ausnahme resultiert insbesondere aus der Rechtssache *Saxby v. Fulton.* Als gerichtsbekannt wurde in diesem Fall die Tatsache unterstellt, dass das Roulette-Spiel in Monte Carlo bzw. Monaco nicht illegal sei. Als weitere Ausnahme vom Beibringungsgrundsatz ist der Fall der nachgebildeten oder ähnlichen Rechtsordnung anerkannt. So werden das schottische und nordirische Recht vom Supreme Court of the United Kingdom, nicht aber von den unterinstanzlichen Gerichten angewendet, ohne dass sich eine der Parteien darauf beruft.[195]

3. Subsidiäres Recht bei Nichtermittelbarkeit

Die Bestimmung eines subsidiären Rechts wird im Vereinigten Königreich schon dann relevant, wenn es der sich auf das ausländische Recht berufenden Partei nicht gelingt, dessen Inhalt glaubwürdig darzulegen. In diesem Fall wird

---

190 *El Ajou v Dollar Land Holdings plc* (1993) 3 All ER 717, 736.

191 *Dicey/Morris/Collins*, The Conflict of Laws, 9-003.

192 Zu diesen Ausnahmen, siehe ferner *Dicey/Morris/Collins*, The Conflict of Laws, 9-005 ff.

193 So z. B. Section 22(2) des Maintenance Orders Act v. 1950; Section 4(2) des Civil Evidence Act v. 1972; vgl. dazu *Dicey/Morris/Collins*, The Conflict of Laws, 9-005.

194 *Re Turner* (1906) W.N. 27; *Saxby v. Fulton* (1909) 2 K.B. 208 C.A.; verneint wurde eine solche Annahme in *Hartmann v. König* (1933) 50 T.L.R. 114, 117 im Hinblick auf die Tatsache, dass in den kontinentaleuropäischen Rechtsordnungen die Auslegung von Dokumenten liberaler sei.

195 *De Thoeren v. Att-Gen* (1876) 1 App. Cas. 686; *Elliot v. Joicey* (1935) A.C. 209, 236; *Mac-Shannon v. Rockware Glass Ltd.* (1978) A.C. 795, 815, 821.

englisches Recht angewandt.[196] Grundlage der Anwendung englischen Rechts ist dann eine Vermutung der Identität des ausländischen mit dem nationalen Recht.[197]

III. Weitere Modelle

Neben diesen beiden Extremen der uneingeschränkten Geltung des Satzes *iura novit curia* auch für das ausländische Recht und der völligen Parteidisposition, gilt es nun diejenigen europäischen Rechtsordnungen zu betrachten, die keiner dieser beiden Strömungen folgen, sondern vielmehr eine jeweils eigene Regelung haben, die aber Elemente beider Extreme vereint.

1. Frankreich

Im französischen Recht ist der Bereich des Internationalen Zivilverfahrensrechts geprägt durch Richterrecht.

a. Anwendung ausländischen Rechts

Art. 12 des Code de Procédure Civile (CPC) enthält die Regelung, dass es Aufgabe des Richters sei, den Rechtsstreit im Einklang mit dem auf den Rechtsstreit anzuwendenden Recht zu lösen.[198] Daraus kann zwar der Schluss gezogen werden, dass der französische Richter kodifiziertes Kollisionsrecht anwenden muss, jedoch lässt sich daraus direkt keine Aussage darüber ableiten, ob eine Pflicht des Richters besteht, ausländische Normen auch von Amts wegen anzuwenden. Eine Lösung dieser Frage der Anwendung und Ermittlung des ausländischen Rechts blieb somit der Rechtsprechung vorbehalten.[199]

---

196 *Macmillan Inc v Bishopsgate Investment Trust plc (No 4)* (1999) CLC 417; *El Ajou v Dollar Land Holdings plc* (1993) 3 All ER 717, 736; *Kuwait Oil Tanker Co SAK v Al Bader* (2000) 2 All ER (Comm) 271, 336; *Al-Wazir v Islamic Press Agency Inc* (2001) EWCA Civ 1276, 20, 42–43, (2000), Lloyd's Rep 410; *Societé Eram Shipping Co Ltd. v. Compagnie Internationale de Navigation* (2001) EWCA Civ 1317, 45, (2001), Lloyd's Rep 627. Aus der älteren Rechtsprechung siehe nur *Lloyd v. Guibert* (1865) L.R. 1 Q.B. 115, 129; *Nouvelle Banque de l'Union v. Ayton* (1891) 7 T.L.R. 377.

197 Dies wird aber vielfach kritisiert, so z.B. *Layton/Mercer*, European Civil Practice, Vol. I, Rn. 8.005 insbesondere im Hinblick auf die EuGVVO und das EVÜ.

198 Art. 12 Abs. 1 CPC lautet: „Le juge doit trancher le litige conformément aux règles de droit qui lui sont applicables.“

199 Einen Überblick zu den Begriffen des französischen Rechts im Zusammenhang mit der Behandlung ausländischen Rechts bietet *De Vareilles-Sommières*, Glossaire, S. 485 ff.

(1) Entwicklung bis 1998

In der französischen Rechtsprechung zeigte sich schon recht früh eine gewisse Skepsis und Antipathie gegenüber ausländischem Recht. Für die französische Rechtsordnung treffend formulierte es Richter *Denis* in einer Entscheidung der Cour de Cassation aus dem Jahre 1910, wenn er zugibt, sein eigenes französisches Recht als vorzugswürdig zu betrachten und das französische Recht vor ausländischem Recht zu bevorzugen. Er geht zudem soweit, französische Gerichte anzuhalten, soweit möglich, stets auch französisches Recht anzuwenden.[200] Diese Aussage bestätigte sich in Frankreich durch die Geltung des Beibringungsgrundsatzes.[201]

Bedeutend war in diesem Zusammenhang die Entscheidung *Bisbal* der Cour de Cassation aus dem Jahre 1959.[202] In dieser Entscheidung ging es um einen Antrag auf Scheidung eines Ehepaares mit spanischer Staatsangehörigkeit. Das spanische Recht erlaubte zu diesem Zeitpunkt allerdings noch nicht die Scheidung der Ehe. Die Anwendung französischen Rechts – und somit auch die Scheidung der Ehe – durch das erstinstanzliche Gericht wurde von der Cour de Cassation bestätigt. Danach seien die Bestimmungen des französischen Kollisionsrechts nicht als Regeln des *ordre public* anzusehen. Daraus resultiere, dass es Sache der Parteien sei, die Anwendung ausländischen Rechts zu verlangen.[203] Eine Nichtbeachtung des ausländischen Rechts könne dem erstinstanzlichen Gericht nicht vorgeworfen werden.[204] Dieser Rekurs auf die Einstufung der Kollisionsnormen als nicht zum *ordre public* gehörend, beruht darauf, dass schon vor dem Jahre 1959 Rechtsfragen vom Gericht dann von Amts wegen geprüft wer-

---

200 Note zu Cass req 1. März 1910, D.P. 1912.I.262, 264.

201 Siehe dazu nur die Entscheidungen CCass – *Lautour*, JCP 1984.II.20295 und CCass – *Thinet*, Clunet 1984, 874 m. Anm. Bischoff = Rev. crit. dip 1985, 89 m. Anm. Lagarde; für eine Anwendbarkeit des ausländischen Rechts von Amts wegen schon sehr früh: *Motulsky* und *Bellet*, Rev. crit. dip 1965, 135. Zur früheren Entwicklung siehe auch *Ferrand*, ZEuP 1994, 126 ff.; *Herzfelder*, RIW 1990, 354 ff.; *Mélin*, Connaissance, § 1 Rn. 146 ff.

202 CCass – *Bisbal*, Clunet 1960, 810 m. Anm. *Sialelli* = Rev. crit. dip 1960, 62 m. Anm. *Battifol*.

203 "Les règles françaises de conflit de lois, en tant du moins qu´elles prescrivent l´application d´une loi étrangère, n´ont pas un caractère d´ordre public, en ce sens qu´il appartient aux parties d´en reclamer l´application..." In diesem Sinne zuvor auch schon ähnlich CCass – *Lautour*, JCP 1984.II.20295; CCass – *Thinet*, Clunet 1984, 874.

204 CCass – *Bisbal*, Clunet 1960, 810.

den mussten, wenn der *ordre public* betroffen war.[205] In einer nur kurze Zeit später ergangenen Entscheidung, ebenfalls der Cour de Cassation in der Sache *C.A.C.B.*, stellte diese wiederum fest, dass den Richter zwar keine amtswegige Verpflichtung treffe. Er sei aber dennoch zur Anwendung und Ermittlung des ausländischen Rechts befugt. [206] Wann das französische Gericht von diesem Ermessen Gebrauch macht, ist aber nur schwer nachzuvollziehen.[207]

Einen Wendepunkt in der französischen Rechtsprechung markierten zwei neuere Entscheidungen der Cour de Cassation aus dem Jahre 1988 in den Rechtssachen *Rebouh c. Bennour*[208] und *Schule c. Philippe*[209]. In diesen Entscheidungen distanzierte sich die Cour de Cassation von ihrer vorherigen Rechtsprechung, indem sie eine Verpflichtung des Richters statuierte, ausländisches Recht anzuwenden. Sie hob in beiden Entscheidungen die Berufungsentscheidungen wegen Rechtsverletzung (*violation de la loi*) auf, da das anwendbare algerische[210] bzw. schweizerische[211] Recht nicht geprüft worden sei. Dabei stellte die Cour de Cassation auf den nunmehr erlassenen Art. 12 Abs. 1 CPC ab.[212] Die aus diesem Artikel resultierende richterliche Verpflichtung bestehe nicht nur allein hinsichtlich des französischen Rechts, sondern auch hinsichtlich des französischen internationalen Privatrechts und internationaler Übereinkommen.[213]

Ab dem Jahre 1990 schränkte die Cour de Cassation diese Rechtsprechung in weiteren Entscheidungen – unter anderem in der Rechtssache *Societé Coveco*

---

205 *Körner*, Fakultatives Kollisionsrecht, S. 7.

206 CCass – *C.A.C.B.*, Rev. crit. dip 1960, 97. Streitgegenstand war in der zugrunde liegenden Entscheidung die Vollstreckbarerklärung eines libanesischen Versäumnisurteils.

207 *Kahn*, Clunet 95 (1968) 355.

208 CCass – *Rebouh c. Bennour*, Rev. crit. dip 1989, 368 = JCP 1989, II, 21327; dazu auch *Lequette*, Rev. crit. dip 1989, 277.

209 CCass – *Schule c. Philippe*, Rev. crit. dip 1989, 369 m. Anm. *Alexandre*; dazu auch *Lequette*, Rev. crit. 1989, 277.

210 CCass Rev. crit. dip 1989, 368, Gegenstand dieser Entscheidung war das Ersuchen einer algerischen Mutter auf Feststellung der Vaterschaft gegen einen möglichen algerischen Vater.

211 CCass Rev. crit. dip 1989, 369, Gegenstand dieser Entscheidung war die Wirksamkeit einer Schenkung eines Schweizers an seine Geliebte, die von der Tochter des mittlerweile verstorbenen Schweizers angefochten wurde.

212 Siehe zum Wortlaut dieser Vorschrift Fn. 198.

213 CCass. 11.10.1988, Rev. crit. dip 1989, 368.

–[214] aber wiederum ein. Sie beschränkte diese Verpflichtung des Richters auf zwei Fallgruppen.[215] Einerseits sollte der Richter nur dann ausländisches Recht anwenden müssen, wenn eine Kollisionsnorm auf Grundlage staatsvertraglicher Vereinbarung ins nationale Recht übernommen bzw. Wirkung entfalten würde.[216] Andererseits bestehe diese Verpflichtung aber auch dann, wenn eine Kollisionsnorm sich auf zwingendes Recht bezieht, im Umkehrschluss bestehe eine Verpflichtung des Richters dann nicht, wenn dispositive Rechte der Parteien betroffen seien.[217]

(2) Aktuelle Situation

In ihren neueren Entscheidungen lässt die Cour de Cassation eine klare Tendenz hin zu einer Anwendung des ausländischen Rechts von Amts wegen noch vermissen. In einer 1999 ergangenen Entscheidung in der Sache *Mutuelles du Mans* stellte sie fest, dass allein die Anwendbarkeit eines völkervertraglichen Übereinkommens (im konkreten Fall des Haager Kaufrechtsübereinkommens[218]) nicht ausreichen könne, um zu einer amtswegigen Verpflichtung des Richters zur Anwendung ausländischen Rechts zu kommen.[219] Damit wurde der erste Anwendungsbereich der amtswegigen Anwendung ausländischen Rechts, wie er in der Rechtssache *Societé Coveco* begründet wurde, revidiert. Der zweite Anwendungsbereich, die nicht dispositiven Rechte der Parteien waren wiederum Gegenstand einer weiteren Entscheidung vom selben Tag in der Sache *Mme Elkhbizi.*[220] In dieser Entscheidung wurde wiederum eine Anwendung des ausländischen Rechts von Amts wegen verlangt. Begründet wurde diese Anwen-

214 CCass.– *Sté Coveco*, Clunet 1991, 373 m. Anm. *Bureau*; Rev. crit. dip 1991, 558, m. Anm. *Niboyet-Hoegy*; weiterhin in den nachfolgenden Urteilen CCass.– *Menegatti*, JCP 1992.II.21824; CCass.– *Sarkis*, Rev. crit. dip 1992, 346 m. Anm. *Muir-Watt*.

215 CCass, 10.12.1991, abgedr. in Rev. crit. dip 1992, 316 m. Anm. *Muir Watt*.

216 CCass. – *Sté Coveco*, Clunet 1991, 371 m. Anm. *Bureau*, Rev. crit. dip 1991, 558, m. Anm. *Niboyet-Hoegy*; CCass. 18.12.1990 – Sardis, JCP 1992, II, 21824 m. Anm. *Ammar*; CCass. 10.12.1991, Rev. crit. dip 1992, 346 m. Anm. *Muir-Watt*.

217 So auch CCass – *M. A / Mme B*, Rev. crit. dip 1998, 60; dazu auch *Lequette*, Rev. crit. dip 1989, 336.

218 Haager Übereinkommen betreffend das auf internationale Kaufverträge über bewegliche körperliche Sachen anzuwendende Recht vom 15. Juni 1955, abrufbar unter www.hcch.e-vision.nl/index_en.php?act=conventions.text&cid=31.

219 Cass – *Mutuelles du Mans*, Rev. crit. dip 1999, 707 m. Anm. *Muir Watt*.

220 Cass – *Mme Elkhbizi*, Rev. crit. dip 1999, 707 m. Anm. *Muir Watt*.

dung gerade damit, dass es sich um einen Fall handelte, in dem nicht-dispositives Recht in Frage stand.[221] Zu den klassischen französischen Materien des dispositiven Rechts, in denen eben eine amtswegige Verpflichtung zur Anwendung und Ermittlung des ausländischen Rechts nicht besteht, zählen das Vertrags-, Delikts- und Sachenrecht.[222] Dennoch bestehen auch in diesen Gebieten Ausnahmen, so im Bereich des Personalstatuts und der Rechts- und Geschäftsfähigkeit.[223] Eine genaue Abgrenzung zwischen dispositiven und nicht-dispositiven Rechten bietet aber weder die französische Rechtsordnung, noch die Rechtsprechung. Vielfach wird dann auf französisches Recht zurückgegriffen, wenn ein so genannter Fall der *équivalence* vorliegt, wenn also die lex causae ohnehin zum selben Ergebnis führt wie die lex fori.[224]

Aus dieser dargestellten Rechtsprechung zeigt sich noch keine eindeutige Tendenz der höchstrichterlichen Rechtsprechung, den Gerichten die Verpflichtung aufzuerlegen, die im konkreten Fall einschlägigen Kollisionsnormen selbst zu ermitteln.[225] Zumindest in der Literatur ist aber eine die *ex officio*-Anwendung begrüßende Strömung festzustellen.[226] Ob sich diese Verpflichtung auch auf die Anwendbarkeit dispositiven Rechts bezieht, bleibt weiter fraglich, wurde aber bereits vereinzelt angenommen.[227]

Inwieweit sich die Rechtsprechung zu dispositiven Vorschriften, wonach es Sache der Partei, die sich auf die Anwendung der Norm beruft ist, deren Inhalt

---

221 Kritisch zur Bestimmung des Begriffs nicht dispositiver Rechte *Fauvarque-Cosson*, Dalloz/Chroniques 2000, 125, 128. Diese Unterscheidung zwischen dispositivem und zwingendem Recht wurde von der Cour de Cassation im Jahre 2006 erneut bestätigt, CCass 28.11.2006, Bull. civ. no. 522, 462.

222 *Lagarde*, Rev. crit. dip 1994, 337; *Mégnin*, IPRax 2005, 459, 460.

223 *Mégnin*, IPRax 2005, 459, 460.

224 Jüngst CCass 11.01.2005, Rev. crit. dip 2006, 85 m. Anm. *Scherer*. Weitere Entscheidungsnachweise zur théorie de l'équivalence finden sich in der Anmerkung auf S. 87 unter 2.

225 CCass 01.1998, JCP 1998.II.10098 m. Anm. *Muir Watt*; CCass Rev. crit. dip 1999. 88 f. m. Anm. *Ancel*.

226 *Mayer/Heuzé*, Rn. 179; *Loussuarn/Bourel*, Droit international privé, Rn. 239.

227 CCass – *Sté D J Sporting c. SA Orchape*, Bull. civ. I Nr. 2 = Clunet 2003, 107 m. Anm. *Péroz* = D. 2003, doctr., 1513 m. Anm. *Lardeux*. Siehe dazu auch *Mégnin*, IPRax 2005, 459. In diese Richtung auch CCass 20.06.2006, Clunet 2007, 125 m. Anm. *Gaudemet-Tallon*.

auch darzulegen,[228] weiter halten kann, ist demzufolge sehr fraglich.[229] Zumindest die vorherrschende Ansicht in der Literatur verlangt die Aufgabe dieser Unterscheidung und eine konsequente amtswegige Anwendung des ausländischen Rechts.[230]

(3) Zusammenfassung

Zusammenfassend lässt sich die französische Position wie folgt darstellen: das ausländische Recht wird von den französischen Gerichten immer dann angewandt, wenn es von einer der Parteien in das Verfahren eingeführt und auch ermittelt wird. Soweit sich keine der Parteien auf das ausländische Recht beruft, so kann der Richter, wenn es sich um dispositive Rechte der Parteien handelt, nach seinem Ermessen entscheiden, ob er ausländisches Recht anwendet oder nicht. Im Rahmen nicht-dispositiven Rechts kann insbesondere eine amtswegige Verpflichtung dann bestehen, wenn die anzuwendenden Normen aus einem völkerrechtlichen Übereinkommen, dessen Mitglied Frankreich ist, oder einer EU-Norm entstammen. In diesem Bereich besteht aber eine Rechtswahlmöglichkeit der Parteien zugunsten der lex fori. Inwieweit die neueste Rechtsprechung hier schon als gefestigt anzusehen ist, bleibt abzuwarten. Festzustellen ist aber die überwiegend positive Resonanz aus der französischen Literatur.[231]

b. Ermittlung ausländischen Rechts

Nicht nur die Frage der Anwendung, sondern auch die der Ermittlung des ausländischen Rechts hat im Laufe der letzten Jahrzehnte unterschiedliche Ausprägungen erfahren. Mit Begründung der Rechtsprechung *Bisbal* war es Aufgabe der Parteien das ausländische Recht zu ermitteln.[232] Dabei war es aber nicht

---

228 CCass, 8.12.1998, Rev. crit. dip 1999, 88 f.; CCass, 2.3.1999, Rev. crit. dip 1999, 305 m. Anm. *Rémery*; so auch *Ancel*, Anm. zu CCass, Rev. crit. dip 1999, 90.

229 Die Anwendung der lex fori im internationalen Deliktsrecht unter Zugrundelegung einer konkludenten stillschweigenden Rechtswahl ist nach französischem Recht bisher nicht möglich. Dies könnte sich aber durch das Inkrafttreten der Rom II-VO ändern. Art. 14 Rom II-VO ermöglicht die nachträgliche Rechtswahl durch die Parteien, für Unternehmer auch eine Rechtswahl vor Entstehung der Streitigkeit.

230 *Audit*, Droit international privé, Rn. 258; *Battifol/Lagarde*, Traité de droit international privé, Bd. 1, Rn. 330; *Fauvarque-Cosson*, Dalloz/Chroniques 2000, 125, 128 f.; *Lardeux*, Dalloz/Doctrine 2003, 1513; *Mégnin*, IPRax 2005, 459, 461; *Loussouarn/Bourel*, Droit international privé, Rn. 242.

231 Siehe dazu die Nachweise in Fn. 230.

232 *Audit*, Droit international privé, Rn. 262.

zwingend Aufgabe derjenigen Partei, die sich auf die Anwendung des ausländischen Rechts berief, sondern vielmehr derjenigen, deren Anspruch sich auf das ausländische Recht stützte. Nach den Entscheidungen der Cour de Cassation im Jahre 1988 wurde aus der Anwendung des ausländischen Rechts auch eine damit einhergehende Ermittlungslast des Gerichts gefolgert.[233]

Mit der heutigen Unterscheidung zwischen dispositiven und nicht-dispositiven Rechten geht auch eine divergierende Ermittlungslast einher. Im Falle einer amtswegigen Verpflichtung des Richters zur Anwendung ausländischen Rechts obliegt er auch einer Ermittlungslast, bei deren Erfüllung er sich aber der Mithilfe der Parteien bedienen kann.[234] Im gegenteiligen Fall der fehlenden *ex officio*-Anwendung des ausländischen Rechts ist es Aufgabe der Partei, die sich auf die Anwendung des ausländischen Rechts beruft, dessen Inhalt auch darzulegen.[235] Wendet der Richter hingegen aus eigenem Ermessen das ausländische Recht an, ist es wiederum auch seine Aufgabe, dessen Inhalt zu ermitteln.

Fraglich ist aber, inwieweit die neuesten Entwicklungen im Bereich der Rechtsprechung der Cour de Cassation nicht auch hier zu einem Umdenken veranlassen müssen: In der bereits oben zitierten Entscheidung in der Rechtssache *Sté D J Sporting c. SA Orchape* verpflichtete die Cour de Cassation den Tatrichter zur Ermittlung des ausländischen Rechts, obwohl es nur um dispositives Recht ging.[236]

c. *Subsidiäres Recht bei Nichtermittelbarkeit*

Unabhängig davon, ob ein Bereich dispositiver oder indispositiver Rechte in Frage steht, wenden französische Gerichte im Falle der Nichtermittelbarkeit des ausländischen Rechts das französische Recht als lex fori an.[237]

---

233 Siehe zu den Entscheidungen die Nachweise in Fn. 210 und 211. Eine gerichtliche Ermittlungspflicht bejaht auch *Herzfelder*, RIW 1990, 354, 357; *Lequette*, Rev. crit. dip 1989, 330 ff.

234 CCass 01.07.1997, Rev. crit. dip 1998, 61 m. Anm. *Mayer*; CCass 28.06.2005, Rev. crit. dip 2005, 645 m. Anm. *Ancel/Muir Watt*; *Fauvarque-Cosson*, Dalloz/Chroniques 2000, 125, 129.

235 CCass com 16.11.1993 – *Amerford*, Rev. crit. dip 1994, 332 m. Anm. *Lagarde*.

236 Cass. civ. – *Sté D J Sporting c. SA Orchape*, Bull. civ. I Nr. 2 = Clunet 2003, 107 m. Anm. *Péroz* = D. 2003, doctr., S. 1513 m. Anm. *Lardeux*. Siehe dazu auch *Mégnin*, IPRax 2005, 459, 460 f.

237 *Audit*, Droit international privé, Rn. 269.

2. Skandinavische Rechtsordnungen

Auch in den skandinavischen Rechtsordnungen ist eine konsequente Zuordnung zum Modell *iura novit curia* oder zur Geltung des strengen Beibringungsgrundsatzes nicht erkennbar. Ebenso wie in Frankreich fehlt es an positivrechtlichen Vorschriften,[238] so dass auch hier diese Materie der Rechtsprechung vorbehalten bleibt.

a. Anwendung ausländischen Rechts

Die Handhabung der Ermittlung und Anwendung ausländischen Rechts in den skandinavischen Rechtsordnungen ist vergleichbar mit der französischen. Die Anwendung ausländischen Rechts durch die Gerichte hängt davon ab, ob sich die Beurteilung nach zwingendem oder dispositivem Recht richtet.[239] Stehen nicht-dispositive Rechte der Parteien in Frage, wenden die Gerichte das ausländische Recht von Amts wegen an.[240] In Verfahren, die nicht der Disposition der Parteien unterstehen, ist die Situation uneinheitlich: Die Mehrzahl der Autoren geht davon aus, dass ausländisches Recht nur auf Antrag der Parteien angewendet werden muss.[241] In den skandinavischen Rechtsordnungen existieren jedoch überwiegend unilaterale Kollisionsregeln hinsichtlich der Rechtswahl, so dass sich die Problematik der Anwendung ausländischen Rechts nur in vereinzelten Fällen stellt.[242]

b. Ermittlung ausländischen Rechts

In den skandinavischen Rechtsordnungen findet sich die Unterscheidung nach der Dispositivität der in Frage stehenden Rechte auch auf Ebene der Ermittlung des ausländischen Rechts wieder. Grundsätzlich ist die Aufgabe der Ermittlung

---

238 *Lando*, Länderbericht Skandinavien, in: D. Müller (Hrsg.), Die Anwendung ausländischen Rechts, S. 128.

239 *Jänterä-Jareborg*, Rec. d. C. 304 (2003) 180, 277 ff.; *Lando*, Länderbericht Skandinavien, in: D. Müller (Hrsg.), Die Anwendung ausländischen Rechts, S. 128. In diesem Sinne auch der Nachweis im Europäischen Justiziellen Netz in Zivil- und Handelssachen zu Schweden.

240 *Lando*, Länderbericht Skandinavien, in: D. Müller (Hrsg.), Die Anwendung ausländischen Rechts, S. 128; *Jänterä-Jareborg*, Rec. d. C. 304 (2003) 180, 278.

241 *Lando*, Länderbericht Skandinavien, in: D. Müller (Hrsg.), Die Anwendung ausländischen Rechts, S. 128; *Jänterä-Jareborg*, Rec. d. C. 304 (2003) 180, 278, beide m.w.N.

242 In diesem Sinne auch *Lando*, Länderbericht Skandinavien, in: D. Müller (Hrsg.), Die Anwendung ausländischen Rechts, S. 129.

des ausländischen Rechts dem Richter als Zweckmäßigkeitsfrage überlassen.[243] Demzufolge kann er insbesondere bei nicht-dispositiven Streitgegenständen das fremde Recht selbst ermitteln. Er kann aber auch von einer oder den Parteien die Beibringung der relevanten Informationen zum ausländischen Recht verlangen.[244]

c. *Subsidiäres Recht bei Nichtermittelbarkeit*

In den skandinavischen Rechtsordnungen wird im Falle der Nichtermittelbarkeit des ausländischen Rechts subsidiär auf die lex fori zurückgegriffen.[245]

3. Spanien

Die Entwicklung der Behandlung ausländischen Rechts im spanischen Zivilprozess hat in jüngeren Jahren eine interessante Entwicklung erfahren. Erst jüngst im Januar 2001 trat die neue spanische Zivilprozessordnung (im Folgenden LEC) in Kraft.[246]

a. *Anwendung ausländischen Rechts*

Die traditionelle ständige Rechtsprechung des Tribunal Supremo, des obersten spanischen Gerichtshofes in Zivilsachen, ging von der Einordnung des ausländischen Rechts als Tatsache aus.[247] Demzufolge war es die Aufgabe der Parteien, die Anwendung und Ermittlung des ausländischen Rechts in den Prozess einzubringen. Mit der IPR-Reform in Spanien im Jahre 1974 sowie der ZPO-Reform 2001 statuiert Art. 12.6 des spanischen Zivilgesetzbuches (im Folgenden Cc.) nun die Pflicht des Gerichts zur amtswegigen Anwendung der Kollisionsnor-

---

243 So auch der Nachweis im Europäischen Justiziellen Netz in Zivil- und Handelssachen zu Schweden.

244 In Schweden regelt dies Kapitel 35,2 der Zivilprozessordnung, siehe dazu *Lando*, Länderbericht Skandinavien, in: D. Müller (Hrsg.), Die Anwendung ausländischen Rechts, S. 132.

245 *Lando*, Länderbericht Skandinavien, in: D. Müller (Hrsg.), Die Anwendung ausländischen Rechts, S. 135 ff. m.w.N.

246 Ley Orgánica 1/2000, de 7 de enero, de Enjuiciamiento Civil (LEC). Zur Entwicklung des spanischen Zivilprozessrechts und Internationalen Privatrechts zur Frage der Behandlung ausländischen Rechts siehe umfassend *Artz*, Kollisionsrecht und ausländisches Recht, S. 47 ff.

247 Siehe dazu die Nachweise der Rechtsprechung bei *Artz*, Kollisionsrecht und ausländisches Recht, S. 134 ff.

men.[248] Daneben findet sich seit 2001 nun auch eine ausdrückliche Regelung der Anwendung fremden Rechts in Art. 281.2 LEC. Danach unterliegt auch ausländisches Recht den allgemeinen Beweisregeln und muss somit bewiesen werden. Der Tribunal Supremo bleibt bei seiner traditionellen Linie, wonach es aber dennoch Aufgabe der Partei ist, die sich auf das ausländische Recht stützt, dieses zu beweisen.[249] Danach statuiert diese Regelung nur eine Befugnis des Richters, ausländisches Recht von Amts wegen anzuwenden.[250] Dennoch wird eine amtswegige Verpflichtung des Gerichts zur Anwendung des ausländischen Gerichts bejaht.[251]

b. Ermittlung ausländischen Rechts

Die Behandlung ausländischen Rechts durch spanische Gerichte als Recht spiegelt sich aber nicht konsequent in der Frage der Ermittlung wider. Die sich auf das ausländische Recht berufende Partei muss – soweit nichts anderes geregelt ist – dessen Inhalt nach den Beweisregeln des spanischen Rechts darlegen.[252] Dennoch ist es dem Richter nicht verwehrt, darüber hinaus eigene Nachforschungen über den Inhalt des ausländischen Rechts anzustellen.[253]

c. Subsidiäres Recht bei Nichtermittelbarkeit

Im Falle der Nichtermittelbarkeit des ausländischen Rechts wird auch vor spanischen Gerichten in der Mehrzahl der Fälle auf die lex fori zurückgegriffen.[254]

---

248 Dies bestätigen auch *Calvo-Caravaca/Carrascosa González*, IPRax 2005, 170, 172.

249 Siehe dazu *Palao Moreno*, ZZP int 13 (2008) 33, 34 in Fn. 3 m.w.N. aus der Rechtsprechung des Tribunal Supremo.

250 Die Reform des Bereichs der Behandlung fremden Rechts bezeichnet *Garau Sobrino*, Der Beweis des ausländischen Rechts, in: Aufbruch nach Europa, S. 685, 686, als „Chronik einer Ernüchterung".

251 Siehe dazu den Nachweis im Europäischen Justiziellen Netz in Zivil- und Handelssachen zu Spanien.

252 Unter Verweis auf Art. 282 LEC *Garau Sobrino*, Der Beweis des ausländischen Rechts, in: Aufbruch nach Europa, S. 685, 689.

253 Art. 12 Abs. 6 S. 2 CC.

254 *Palao Moreno*, ZZP int 13 (2008) 33, 41, kritisch in diesem Zusammenhang auch zur Möglichkeit der Klageabweisung auf S. 54.

B. Drittstaat: Schweiz

Zum Abschluss soll der Blick auf die Schweiz gerichtet werden, die zwar nicht der Europäischen Union angehört, deren Rechtssystem im Bereich der Behandlung ausländischen Rechts aber über eine interessante positivrechtliche Regelung verfügt. Grund für den Blick auf das Modell der Schweiz ist zudem deren geographische und rechtliche Nähe zur Europäischen Union.

I. Anwendung ausländischen Rechts

Im schweizerischen Recht findet sich seit 1987 eine Regelung in Art. 16 Abs. 1 S. 1 IPRG.[255] Nachdem zuvor nur einzelne kantonale Regelungen vorhanden waren, von denen nur wenige den Grundsatz *iura novit curia* hinsichtlich des ausländischen Rechts berücksichtigten, gibt es nun eine gesamtstaatliche Regelung.[256] Danach erfolgt zwar die Feststellung des Inhalts des ausländischen Rechts von Amts wegen, es wird aber keine explizite Aussage darüber getroffen, ob dem Richter die Verpflichtung obliegt, das ausländische Recht von Amts wegen anzuwenden. Dennoch wird genau dies sowohl in Rechtsprechung als auch Literatur aus dieser Regelung gefolgert.[257] Auch wenn keine der Parteien sich auf ausländisches Recht beruft, ist es dem Richter also nicht gestattet, das schweizerische Recht als lex fori anzuwenden.[258]

---

255 Gesetz über das Internationale Privatrecht vom 18. Dezember 1987, SR 291. Zur Rechtslage vor Erlass dieser Norm, siehe von *Overbeck*, Schweiz, in: Les problèmes actuels, S. 62 ff.

Art. 16 Abs. 1 IPRG lautet: Der Inhalt des anzuwendenden ausländischen Rechts ist von Amtes wegen festzustellen. Dazu kann die Mitwirkung der Parteien verlangt werden. Bei vermögensrechtlichen Ansprüchen kann der Nachweis den Parteien überbunden werden.

256 Allein Luzern und Wallis wendeten zuvor allein den Grundsatz *iura novit curia* auf das ausländische Recht an, vgl. *Keller/Girsberger*, in: Zürcher Kommentar zum IPRG, Art. 16 Rn. 1; *Schnyder*, Anwendung, S. 59 ff.

257 BGE 118 II 83 ff. 85; *Keller/Girsberger*, in: Zürcher Kommentar zum IPRG, Art. 16 Rn. 10 m.w.N.

258 *Walder*, S. 108, kritisch dazu aber *Schnyder*, Anwendung, S. 19 f. Auch *Sturm*, in: FS Moser, S. 5, befürwortet eine Regelung des fakultativen Kollisionsrechts.

II. Ermittlung ausländischen Rechts

Aus der Regelung des Art. 16 Abs. 1 S. 1 IPRG ergibt sich, dass es grundsätzlich auch dem Gericht obliegt, den Inhalt des ausländischen Rechts von Amts wegen festzustellen. Gemäß Art. 16 Abs. 1 S. 2 IPRG kann der Richter sich dabei aber der Mitwirkung der Parteien bedienen. Aus dieser Kooperationsmöglichkeit kann aber nicht gefolgert werden, dass der Richter von seiner amtswegigen Verpflichtung zur Ermittlung des ausländischen Rechts enthoben ist. Vielmehr kann der Richter zusätzlich die Parteien zur Mitwirkung verpflichten.[259] Davon ist insbesondere dann auszugehen, wenn eine der Parteien verbesserte Erkenntnismöglichkeiten zur Verfügung stehen.[260] Von diesem Grundsatz werden aber Ausnahmen gemacht. So findet sich in Art. 16 Abs. 1 S. 2 IPRG eine Sonderregel für vermögensrechtliche Streitigkeiten. Danach ist es in diesem Bereich Aufgabe der Parteien, das anwendbare ausländische Recht darzulegen. Dennoch geht die überwiegende Ansicht auch im Bereich vermögensrechtlicher Streitigkeiten von der uneingeschränkten Geltung des Grundsatzes *iura novit curia* aus.[261] Demzufolge kann der Richter in diesem Bereich entgegen dem Wortlaut der Vorschrift die Aufgabe der Ermittlung des ausländischen Rechts nicht allein den Parteien überlassen. Begründet wird dies mit dem zwingenden Charakter der Kollisionsnormen auch im Bereich vermögensrechtlicher Streitigkeiten und der internationalistischen Zielsetzung des internationalen Privatrechts.[262] Ein Unterschied zwischen vermögens- und nicht-vermögensrechtlichen Streitigkeiten wird aber hinsichtlich der Reichweite der Nachforschungspflicht gemacht: In vermögensrechtlichen Streitigkeiten ist die Ermittlungspflicht des Richters auf Grund der größeren Dispositionsbefugnis der Parteien auf diesem Gebiet als geringer einzuschätzen.[263]

---

259 *Keller/Girsberger*, in: Zürcher Kommentar zum IPRG, Art. 16 Rn. 19; die ex-officio-Anwendung ablehnend *Sturm*, in: FS Moser, S. 5.

260 So z.B. auf Grund ihres Wohnsitzes im Staat der lex causae, *Keller/Girsberger*, in: Zürcher Kommentar zum IPRG, Art. 16 Rn. 19.

261 BGE 128 III 346, 351 E 3.2.1.; *Keller/Girsberger* in: Zürcher Kommentar zum IPRG, Art. 16 Rn. 18.

262 *Keller/Girsberger*, in: Zürcher Kommentar zum IPRG, Art. 16 Rn. 18.

263 *Keller/Girsberger*, in: Zürcher Kommentar zum IPRG, Art. 16 Rn. 19.

III. Subsidiäres Recht bei Nichtermittelbarkeit

Nachdem unter Geltung der verschiedenen kantonalen Rechtsordnungen bereits überwiegend das schweizerische Recht als Ersatzrecht zum Zuge kam, findet sich nun eine ausdrückliche Regelung in Art. 16 Abs. 2 IPRG.[264] Demzufolge ist in diesem Fall subsidiär auf das schweizerische Recht, also die lex fori zurückzugreifen. Frühere Versuche, einen Rückgriff auf das nächstverwandte Recht gesetzlich festzulegen, scheiterten bereits am massiven Widerstand im Gesetzgebungsverfahren.[265] Die lex fori als Ersatzrecht soll aber nur unter strengen Voraussetzungen herangezogen werden. Erforderlich sind ernsthafte Zweifel am Ergebnis oder die Unmöglichkeit der Ermittlung des ausländischen Rechts.[266]

C. Zusammenfassung

Insgesamt zeigt sich, dass die nationalen Regelungen im Bereich der Europäischen Union noch weit voneinander entfernt sind. Grund dafür ist zunächst einmal die Verbindung zweier Rechtskreise: des *common law* und des *civil law*. Ausgehend von der unterschiedlichen Stellung von Richtern und Parteien und den Divergenzen im Beweisrecht ist diese Diskrepanz aber nicht verwunderlich.

Dennoch lässt sich zusammenfassend feststellen, dass das europäische Rechtsgebiet von drei Grundströmungen beherrscht wird: Einmal die uneingeschränkte Geltung des Grundsatzes *iura novit curia* auch für das ausländische Recht. Auf der anderen Seite steht die Disposition der Parteien über das ob und das wie der Anwendung ausländischen Rechts. Daneben finden sich verschiedene Regelungen, die sich nicht eindeutig einer dieser beiden Extreme zuordnen lassen, die aber Elemente daraus vereinen.

Hinsichtlich der Frage des Vorgehens im Falle der Nichtermittelbarkeit des ausländischen Rechts zeigt sich hingegen ein harmonischeres Bild. Grundsätzlich wird in allen Mitgliedstaaten – ebenso wie in der Schweiz – im Falle der

---

264 Art. 16 Abs. 2 IPRG: Ist der Inhalt des anzuwendenden ausländischen Rechts nicht feststellbar, so ist schweizerisches Recht anzuwenden.

In diesem Sinne auch BGE 128 III 346, 351 E 3.2.1.

265 Art. 15 des Vorschlages der Expertenkommission v. 1978, abgedruckt bei *Keller/Girsberger*, in: Zürcher Kommentar zum IPRG, Art. 16 Rn. 5.

266 *Keller/Girsberger*, in: Zürcher Kommentar zum IPRG, Art. 16 Rn. 60; für eine Anwendung des Art. 16 Abs. 2 IPRG insbesondere auch in Eil- und Bagatellsachen plädiert *Sturm*, in: FS Moser, S. 8.

Nichtermittelbarkeit auf die lex fori, also das Recht des angerufenen Gerichts zurückgegriffen. Inwieweit ein solches Vorgehen mit der Vereinheitlichung des internationalen Privatrechts auf europäischer Ebene vereinbart werden kann, soll im weiteren Verlauf dieser Arbeit näher beleuchtet werden.

Kapitel 3: Regelungsbedarf

Ein einheitliches materielles Recht, insbesondere ein gesamteuropäisches Zivil- und Wirtschaftsrecht, bedarf auf Dauer auch eines einheitlichen Verfahrensrechts.[267] Einzelne prozessuale Fragen werden auf Ebene der Europäischen Union aus diesem Grund bereits in Richtlinien beantwortet.[268] Daneben finden sich prozessuale Bestimmungen zu Abhilfeverfahren im Falle von Verstößen.[269] Eine Regelung der Behandlung ausländischen Rechts existiert jedoch noch nicht.

Im folgenden Kapitel wird deshalb aufgezeigt werden, ob und inwieweit auch eine Regelung auf europäischer Ebene zur Behandlung ausländischen Rechts unerlässlich ist. Dabei wird die Frage der Anwendung und die der Ermittlung ausländischen Rechts wegen ihres untrennbaren Regelungszusammenhangs und der gemeinsamen Grundlagen zusammen dargestellt.

Dazu werden zunächst die Anwendungsfälle ausländischen Rechts dargestellt. Im Blickpunkt steht dabei, wann ausländisches Recht überhaupt zur Anwendung gelangt (A.). Nachfolgend wird dann der Frage nachgegangen, inwieweit auf europäischer Ebene Regelungslücken hinsichtlich der Behandlung ausländischen Rechts bestehen (B.).

A. Anwendungsfälle ausländischen Rechts

Früher kam es in Fällen mit Auslandsberührung vor allem darauf an, das sachgerechte Gericht zu finden,[270] welches dann sein eigenes Recht anwandte. Mittlerweile hat sich die Praxis des internationalen Privatrechts dahingehend weiterentwickelt, dass die internationale Zuständigkeit des Gerichts und das anwend-

---

267 *Baur*, Schlusswort zu „Wege zu einem europäischen Zivilprozessrecht", Tübinger Symposium zum 80. Geburtstag von Fritz Baur, 1992, S. 147. Aus diesem Grund veröffentlichte *Storme* bereits 1993 im Auftrag der Kommission ein Regelwerk mit Leitlinien zum EU-Zivilprozessrecht, Text abgedruckt in ZZP 109 (1996) 345.

268 So beinhaltet die Unterlassungsklage-Richtlinie (Richtlinie 98/27/EG über Unterlassungsklagen zum Schutz der Verbraucherinteressen v. 19.5.1998, ABl. EG L 166/51 ff.) Möglichkeiten des kollektiven Rechtsschutzes im Verbraucherrecht in Form von Verfahren der Rechtsdurchsetzung.

269 Art. 22 der Richtlinie 95/46/EG über den Datenschutz, Art. 10 der Richtlinie 97/5/EG über Überweisungen, Art. 17 der Richtlinie 2000/31/EG über den E-Commerce.

270 Für einen historischen Überblick zur Berücksichtigung ausländischen Rechts, siehe *Heldrich*, Internationale Zuständigkeit und anwendbares Recht, S. 1 ff.

bare Recht unabhängig voneinander betrachtet werden. Allgemein wird das internationale Privatrecht zur Bestimmung des anwendbaren Rechts – unter Anwendung deutschen internationalen Privatrechts nach der Bestimmung des Art. 3 Abs. 1 EGBGB[271] – dann relevant, wenn ein Sachverhalt mit einer Verbindung zum Recht eines ausländischen Staates vorliegt. Das Internationale Zivilverfahrensrecht hingegen ist dann einschlägig, wenn es um Prozessrechtsverhältnisse mit ausländischen Elementen geht.[272] Relevant ist im vorliegenden Kontext insbesondere die internationale Zuständigkeit, also die Abgrenzung der Kompetenzen der Gerichte verschiedener Staaten. Ein grenzüberschreitender Bezug ergibt sich hier aus der Mehrzahl möglicher Gerichtsstände in verschiedenen Staaten. Hierbei wird zwischen der Erkenntnis- und der Anerkennungs- bzw. Vollstreckungszuständigkeit entschieden. Vorliegend soll der Begriff der internationalen Zuständigkeit aber vor allem die Erkenntniszuständigkeit betreffen. Entgegen dem Begriff der Internationalität handelt es sich aber bei beiden Materien um nationales Recht eines jeweiligen Staates.[273]

I. Zusammenhang zwischen internationaler Zuständigkeit und anwendbarem Recht

Die Zielsetzung des internationalen Privatrechts ist die Erreichung des internationalen Entscheidungseinklanges: Ein und dasselbe Recht soll anwendbar sein, unabhängig davon, welches Gericht angerufen wird. Dieser Leitgedanke wurde erstmals von *Savigny* formuliert[274] und ist auch die Idee, die sich die Europäische Union zum Ziel gesetzt hat.[275] Der dahinter stehende Zweck ist die Anerkennungsfähigkeit einer Entscheidung in anderen Staaten.[276] Dabei bedeutet in-

---

271 Kritisch zu dieser Definition *von Hoffmann/Thorn*, IPR, § 1 Rn. 15 ff.; *Nagel/Gottwald*, § 1 Rn. 39.

272 *Schack*, IZVR, Rn. 10. In diesem Sinne auch *Nagel/Gottwald*, § 1 Rn. 2.

273 *Schack*, IZVR, Rn. 2. Unter den Begriff des nationalen Rechts fallen dabei sowohl ratifizierte völkerrechtliche Übereinkommen als auch vereinheitlichtes EU-Recht.

274 *Savigny*, System des heutigen römischen Rechts, Bd. VIII, S. 27: wenn „die Rechtsverhältnisse, in Fällen einer Kollision der Gesetze, dieselbe Beurteilung zu erwarten haben, ohne Unterschied, ob in diesem oder jenem Staate das Urteil gesprochen wird."

275 Siehe dazu aus jüngerer Zeit jeweils Erwägungsgrund 6 der Rom I- sowie der Rom II-Verordnung.

276 *Schack*, IZVR, Rn. 209. Dies wird auch von Erwägungsgrund 4 Rom I- und Rom II-VOen bestätigt.

ternationaler Entscheidungseinklang aber nicht, dass gerichtliche Entscheidungen unabhängig vom angerufenen Gericht identisch sind, dies ist schon allein auf Grund der fehlenden Vereinheitlichung der nationalen Kollisionsnormen und materiellen Rechte nicht möglich; erreicht werden soll vielmehr eine Vergleichbarkeit der Entscheidungen.[277] Voraussetzung dafür ist zunächst ein einheitlicher Maßstab zur Bestimmung des anwendbaren Rechts. Hinzu kommen muss aber auch eine einheitliche Bestimmung des zur Entscheidung einer Rechtsstreitigkeit international zuständigen Gerichts. Demzufolge besteht eine gegenseitige Abhängigkeit von anwendbarem Recht und zuständigem Gericht.[278] Diese Abhängigkeit zeigt sich schon daran, dass das angerufene Gericht seine eigene lex fori zur Bestimmung des anwendbaren Rechts anwendet.[279]

Daraus entstehen aber auch Probleme, insbesondere ergibt sich die Möglichkeit mittels des angerufenen Gerichts mittelbar Einfluss auf das anwendbare Recht zu nehmen, sog. *forum shopping*.[280] Dieses *forum shopping* ist grundsätzlich als legitim zu werten: Besteht ein Gerichtsstand nach der EuGVVO oder nach autonomem Zivilverfahrensrecht, so ist gegen die Klage vor diesem zuständigen Gericht grundsätzlich kein Einwand zu erheben.[281] Anders kann dies aber dann zu bewerten sein, wenn deutlich wird, dass ein Missbrauch der Regeln des internationalen Zivilverfahrensrechts vorliegt. Dies ist insbesondere dann anzunehmen, wenn ein Gericht mit geringen Beziehungen zum Sachverhalt nur angerufen wurde, um zur Anwendung eines günstigen materiellen Rechts zu gelangen.[282] In diesem Falle ist es aber sehr problematisch, von dieser zulässigen Klageerhebung abzuweichen, die mit geltendem Recht im Einklang steht.[283] Aus diesem Grund kann einem solchen Missbrauch nur auf legislativer Ebene durch Missbrauchsschutzvorschriften begegnet werden. Direkt können die Parteien

---

277 In diesem Sinne *Schack*, IZVR, Rn. 209.

278 Siehe grundlegend zu diesen Zusammenhängen *Heldrich*, Internationale Zuständigkeit und anwendbares Recht.

279 Zur Anwendung der lex fori zur Bestimmung des anwendbaren Rechts *Geimer*, IZPR, Rn. 94, 1924; *von Hoffmann/Thorn*, IPR, § 1 Rn. 48.

280 *Geimer*, IZPR, Rn. 1095; *Hess*, EuZPR, § 1 Rn. 5; *von Hoffmann/Thorn*, IPR, § 1 Rn. 48; *Nagel/Gottwald*, IZPR, § 1 Rn. 81; § 3 Rn. 311; *Schack*, IZVR, Rn. 23, 221.

281 *Von Bar/Mankowski*, IPR I, § 5 Rn. 164; *Kropholler*, IPR, § 58 VI; *Nagel/Gottwald*, IZPR, § 3 Rn. 311; *Schack*, IZVR, Rn. 222.

282 *Von Hoffmann/Thorn*, IPR, § 3 Rn. 62 f. Dazu auch mit Beispielen *Schack*, IZVR, Rn. 223–227.

283 *Schack*, IZVR, Rn. 228.

diesem Problem aber durch Vereinbarung einer ausschließlich wirkenden Gerichtsstandsvereinbarung, zum Beispiel nach Art. 23 EuGVVO oder Art. 5 HGÜ[284], entgegentreten.[285] Die Korrelation von internationaler Zuständigkeit und anwendbarem Recht erklärt sich auch dadurch, dass beide Bereiche teilweise von derselben Grundidee geleitet sind. Maßgeblich ist bei beiden Bereichen die Nähe des Sachverhaltes zur Bestimmung der Zuständigkeit bzw. des anwendbaren Rechts.

Dennoch legen beide Bereiche in weiten Teilen auch unterschiedliche Grundsätze zugrunde. Das internationale Privatrecht ist grundsätzlich darauf bedacht, das Recht zu bestimmen, welches die engste Verbindung zum Sachverhalt aufweist.[286] Dabei kann es ausgehend vom Superlativ nur eine engste Verbindung geben, Ziel des IPR ist es also nur ein anwendbares Recht zu bestimmen.[287] Im Unterschied dazu geht es im internationalen Zivilverfahrensrecht vielmehr um das sachnächste Gericht, ausgeschlossen ist dabei aber nicht, dass eine Vielzahl von Gerichtsständen einschlägig ist.[288] Diese Zuständigkeit wird geleitet von der Notwendigkeit nach Klarheit und Eindeutigkeit sowie Beweisnähe.[289]

Auch die vorherrschenden Anknüpfungsmomente unterscheiden sich: Während das moderne IPR langsam von der Anknüpfung an die Staatsangehörigkeit zu der an den gewöhnlichen Aufenthalt übergeht, herrscht im internationalen Zivilverfahrensrecht eine Anknüpfung an den Wohnsitz vor.[290] So findet sich die Anknüpfung an den gewöhnlichen Aufenthalt unter anderem in Art. 16 Rom IV-VOE. Demgegenüber sehen zum Beispiel Art. 2 Abs. 1 iVm. Artt. 59, 60

---

284 Haager Übereinkommen über Gerichtsstandsvereinbarungen vom 30. Juni 2005, abrufbar unter www.hcch.net. Das Übereinkommen ist bisher nicht in Kraft getreten. Zu weiteren Nachweisen siehe Fn. 401.

285 So auch *Schack*, IZVR, Rn. 231.

286 Begründet wurde dies von *Savigny*, System des heutigen römischen Rechts, Bd. VIII, S. 28, 108; heute allgemeine Auffassung *Mankowski*, in: FS Heldrich, S. 868; *Heldrich*, Internationale Zuständigkeit und anwendbares Recht, S. 63, bezeichnet dies als „das dem Sachverhalt angemessenste Recht".

287 *Mankowski*, in: FS Heldrich, S. 869.

288 *Heldrich*, Internationale Zuständigkeit und anwendbares Recht, S. 63; *Mankowski*, in: FS Heldrich, S. 869.

289 In diesem Sinne *Mankowski*, in: FS Heldrich, S. 870; *Pfeiffer*, Internationale Zuständigkeit, S. 204 f.; *Schröder*, Internationale Zuständigkeit, S. 487 f.

290 So z.B. in Art. 2 Abs. 1, Art. 16 Abs. 1; Art. 20 Abs. 1 EuGVVO.

EuGVVO oder Artt. 16, 19 EUGVVO für Verbraucher- bzw. Arbeitnehmersachen den Wohnsitz als maßgebliches Kriterium zur Bestimmung der Zuständigkeit. Dies illustriert auch ein aktuelles Beispiel aus der neueren Gesetzgebung: Sowohl Art. 23 Rom II-VO und Art. 19 Rom I-VO als auch Art. 60 EuGVVO konkretisieren für ihren jeweiligen Anwendungsbereich den Begriff des gewöhnlichen Aufenthaltes bzw. des Wohnsitzes. Während für den Bereich des internationalen Privatrechts und somit den gewöhnlichen Aufenthalt nur eine Anknüpfung möglich ist, zeigt sich die Flexibilität des Internationalen Zivilverfahrensrechts: hier ist eine Anknüpfung an verschiedene Sitze möglich.[291] Jedoch ist auch diese Unterscheidung nicht konsequent durchführbar, so stellen Artt. 3 ff. EuEheGVO[292] wiederum primär auf den gewöhnlichen Aufenthalt ab.

Auch die Starrheit der Anknüpfung differiert zwischen beiden Bereichen: Das internationale Privatrecht sieht eine Fülle von alternativen Anknüpfungen – wie zum Beispiel in Art. 15 EGBGB –, aber auch Auflockerungen – so insbesondere in Art. 4 Abs. 3 Rom II-VO oder Art. 4 Abs. 3 Rom I-VO – vor. Daneben gibt es die Möglichkeit der dépeçage (Teilrechtswahl), vor allem im internationalen Vertragsrecht, aber auch im deutschen internationalen Erbrecht, Art. 25 Abs. 2 EGBGB[293]. Demgegenüber sind Auflockerungsmöglichkeiten im internationalen Zivilverfahrensrecht nicht zu erkennen.[294]

Ein weiterer Unterschied dieser Bereiche zeigt sich in der Wandelbarkeit der Anknüpfung: Während das internationale Zivilverfahrensrecht grundsätzlich für alle maßgeblichen Punkte auf den Zeitpunkt der Verfahrenseinleitung abstellt, zeichnet sich das Internationale Privatrecht vor allem durch die Wandelbarkeit der Anknüpfung in Form eines Statutenwechsels aus: Bei einer Veränderung zuständigkeitsbegründender Momente gilt der Grundsatz der *perpetuatio fori*, das einmal im Zeitpunkt der Anrufung zuständige Gericht bleibt weiterhin zu-

---

291 So auch *Lein*, YbPIL 10 (2008) 177, 191.

292 Verordnung (EG) Nr. 2201/2003 des Rates über die Zuständigkeit und die Anerkennung und Vollstreckung von Entscheidungen in Ehesachen und in Verfahren betreffend die elterliche Verantwortung und zur Aufhebung der Verordnung (EG) Nr. 1347/2000 v. 27. November 2003, ABl. EG 2003 L 338/1.

293 Art. 17 Rom IV-VOE sieht hingegen nur eine Rechtswahl hinsichtlich des gesamten Nachlasses vor, KOM (2009) 154 endg., siehe dazu auch die Begründung auf S. 7.

294 Die Lehre des *forum non conveniens* wird für den Anwendungsbereich der EuGVVO abgelehnt, siehe dazu die Entscheidung des EuGH, Rs. C-281/02 – *Owusu/Jackson*, Slg. 2005, I-1383 sowie in Kapitel 5 unter B.I.2.

ständig.[295] Dieser aus dem autonomen Recht stammende Grundsatz[296] wird auch auf den Bereich der internationalen Zuständigkeit übertragen.[297] Dies gilt insbesondere auch im Falle eines Wohnsitzwechsels des Beklagten, zum Beispiel bei der Zuständigkeit nach Art. 2 Abs. 1 EuGVVO. Zudem können im allgemeinen Beklagtengerichtsstand alle Ansprüche, gleich welcher rechtlicher Natur geltend, gemacht werden. Im internationalen Privatrecht hingegen können mehrere Rechte auf einen Sachverhalt Anwendung finden, sowohl in zeitlicher Hinsicht (Statutenwechsel) als auch im Rahmen einer Vor- oder Erstfrage.

Diese Unterschiede der Grundlagen von internationalem Privat- und Verfahrensrecht sind aber begründet: Das Verfahrensrecht dient der Bestimmung des zuständigen Gerichts, es soll den Interessen beider Parteien gerecht werden, das sachlich nächste Gericht vorhersehbar und eindeutig bestimmen. Zu diesen Parteiinteressen kommt noch der Aspekt der Beweisnähe hinzu, zeit- und auch kostenintensive und schwierige Verfahren sollen vermieden werden.[298] Um auch hier allen Parteiinteressen gerecht werden zu können, bestehen in einigen Fällen, in denen die Abweichung vom *actor sequitur forum rei*-Prinzip geboten erscheint, mehrere Gerichtsstände nebeneinander, so insbesondere in Versicherungs-, Verbraucher- und Arbeitnehmersachen nach Artt. 9 ff., 15 ff., 18 ff. EuGVVO. Diese Frage der internationalen Zuständigkeit wird aber grundsätzlich dahingehend erörtert, ob ein bestimmtes, bereits angerufenes Gericht zuständig ist. Im Unterschied dazu stellt das Internationale Privatrecht nicht die Frage, ob ein bestimmtes Recht Anwendung findet, sondern vielmehr, welches Recht von den Kollisionsnormen der lex fori berufen wird, es bestehen also Alternativen. Dabei wird das Recht berufen, welches die engste Verbindung zum Sachverhalt aufweist. Schon der Begriff der engsten Verbindung zeigt, dass hier keine starre Orientierung an festen Maßstäben erfolgen kann, sondern es vielmehr auf eine einzelfallbezogene Entscheidung ankommt. Aus diesem Grund kennt das Internationale Privatrecht die Möglichkeit von Ausweichklauseln und dépeçage, um eine starre Anknüpfung zu vermeiden.

---

295 *Schack*, IZVR, Rn. 392.

296 Im deutschen autonomen Recht findet sich eine dahingehende Vorschrift in § 261 Abs. 3 Nr. 2 ZPO.

297 BGH NJW 1996, 2096; *Geimer*, IZPR, Rn. 1830–1937; *von Hoffmann/Thorn*, IPR, § 3 Rn. 70.

298 *Mankowski*, in: FS Heldrich, S. 873.

1. Gleichlaufprinzip/Auseinanderfallen von lex fori und lex causae

Grundsätzlich ist es Ziel des internationalen Privat- und Verfahrensrechts, einen Entscheidungseinklang herzustellen. Wünschenswert ist es dabei im Hinblick auf die Einsparung von Zeit und Kosten aber auch, einen Gleichlauf zu erreichen: Das international zuständige Gericht beruft sein eigenes Recht zur Anwendung, also die lex fori. Dies ist gerade dann der Punkt, dass das Internationale Privatrecht als Rechtsmaterie überhaupt seinen eigentlichen Anwendungsbereich erhält.[299] Dabei kann ein solcher Gleichlauf auf verschiedene Arten hergestellt werden: einerseits kann sich aus der Zuständigkeit des angerufenen Gerichts die Anwendung der lex fori ergeben (*lex fori in foro proprio*), andererseits kann aus dem anwendbaren Recht ein Rückschluss auf das zuständige Gericht gezogen werden (*forum legis*). Daneben kann ein solcher Gleichlauf aber auch dadurch erreicht werden, dass für die Bestimmung der Zuständigkeit und des anwendbaren Rechts identische Anknüpfungsmomente verwendet werden.[300] Insbesondere aus der letzten Fallgruppe zeigt sich, dass ein stetiger Gleichlauf zwischen internationaler Zuständigkeit und anwendbarem Recht dann nicht realisierbar ist, wenn die unterschiedlichen Regelungsziele zu divergierenden Anknüpfungen gelangen. Grundsätzlich dient es aber der einfacheren Rechtsfindung und der Kostenreduzierung, wenn anwendbares Recht und lex fori identisch sind.[301] In der Praxis kommt es deshalb häufig vor, dass Gerichtsstandsvereinbarung und Rechtswahl parallel laufen, aber auch dass sich objektiver Gerichtsstand und anwendbares Recht auf das gleiche Anknüpfungsmoment stützen.

Ein strikter Gleichlauf kann nur dann hergestellt werden, wenn eine ausschließliche Zuständigkeit besteht und Abweichungen vom kollisionsrechtlich berufenen Recht nicht möglich sind, insbesondere die Rechtswahl ausgeschlossen ist.[302] Im Bereich des Rechts der Europäischen Union, welches in den letzten Jahren durch Tendenzen der Vereinheitlichung geprägt ist, wurde ebenfalls

---

299 *Flessner*, Das ausländische Recht im Zivilprozess, S. 36 spricht von der „höchste(n) Bestimmung" und vom „stärksten Auftritt" des IPR.

300 *Heldrich*, Internationale Zuständigkeit und anwendbares Recht, S. 62.

301 Dieses Ziel der Kostenreduktion spiegelt sich auch in Erwägungsgrund 6 der Rom I- bzw. Rom II-VO wider.

302 *Heldrich*, Internationale Zuständigkeit und anwendbares Recht, S. 62; *Schack*, IZVR, Rn. 217.

durch diese Methoden versucht, einen Gleichlauf zwischen internationaler Zuständigkeit und anwendbarem Recht zu erreichen oder zumindest zu fördern.

Nachfolgend werden deshalb verschiedene Fallgruppen, die einen Gleichlauf begünstigen oder verhindern, anhand aktueller Entwicklungen im internationalen Privat- und Verfahrensrechts dargestellt. Diese Darstellung der unterschiedlichen zivilverfahrens- und kollisionsrechtlichen Vorschriften lässt die Möglichkeit der Vereinbarung eines Gerichtsstandes und einer Rechtswahl zunächst außer Betracht. Der Parteiautonomie wird im Anschluss unter 2. ein eigener Abschnitt gewidmet.

a. Vereinheitlichung auf europäischer und internationaler Ebene

Dabei ist für den Bereich des internationalen Zivilverfahrensrechts in diesem Zusammenhang insbesondere auf die EuGVVO aus dem Jahre 2002 und die jüngst erlassenen Verordnungen Rom I und Rom II für die Ermittlung des anwendbaren Rechts im Bereich der vertraglichen und außervertraglichen Schuldverhältnisse einzugehen. Anschließend wird überblicksartig auf die Regelungen des Familien- und Erbrechts eingegangen.

(1) EuGVVO und Rom I-VO

Zunächst werden die vertraglichen Gerichtsstände der EuGVVO sowie der allgemeine Beklagtengerichtsstand des Art. 2 Abs. 1 EuGVVO und die Rom I-VO im Hinblick auf die Herstellung eines Gleichlaufs zwischen internationaler Zuständigkeit und anwendbarem Recht untersucht.

(a) Art. 2 Abs. 1 EuGVVO und Art. 4 Rom I-VO

Art. 2 Abs. 1 EuGVVO kodifiziert das Prinzip des *actor sequitur forum rei*: Der Beklagte ist grundsätzlich an seinem Wohnsitz zu verklagen. Der Wohnsitz natürlicher Personen bestimmt sich nach Art. 59 EUGVVO nach der lex fori, der Wohnsitz juristischer Personen wird in Art. 60 Abs. 1 EuGVVO dahingehend konkretisiert, dass entweder der satzungsmäßige Sitz (lit. a), die Hauptverwaltung (lit. b) oder die Hauptniederlassung (lit. c) maßgeblich sind.

Die Rom I-VO knüpft für Verträge allgemein – wie auch schon das EVÜ als Vorgängerregelwerk – an den Sitz des Erbringers der vertragscharakteristischen Leistung an. Diese Anknüpfung wird für eine Mehrzahl von Verträgen in Art. 4 Abs. 1 litt. a–h Rom I-VO konkretisiert.

Für einen Gleichlauf bedeutet dies, dass dieser vorliegt, wenn der Erbringer der vertragscharakteristischen Leistung gleichzeitig auch der Beklagte ist, soweit denn der Wohnsitz mit dem gewöhnlichen Aufenthalt zusammenfällt. Klagt hingegen der Erbringer der vertragscharakteristischen Leistung am Beklagtenwohnsitz, so ist ein Auseinanderfallen von lex fori und lex causae nicht unwahrscheinlich.

(b) Vertrag, Art. 5 Nr. 1 EuGVVO und Art. 4 Abs. 1 Rom I-VO

Neben dem allgemeinen Gerichtsstand des Art. 2 Abs. 1 EuGVVO findet sich in Art. 5 Nr. 1 EuGVVO der besondere Gerichtsstand für vertragliche Streitigkeiten. Eine vertragliche Verpflichtung in diesem Sinne liegt nach der autonomen Definition des EuGH dann vor, wenn die Parteien freiwillig eine Verpflichtung eingegangen sind.[303] Ist eine solche Verpflichtung zu bejahen, sind die Gerichte am Erfüllungsort der Verpflichtung zuständig.[304] Dieser Erfüllungsort wird für die Fälle des lit. b, den Kauf beweglicher Sachen und die Erbringung von Dienstleistungen, autonom bestimmt. Ist lit. b nicht einschlägig, verweist lit. c auf lit. a. Danach ist der Erfüllungsort, der Ort, an dem die Verpflichtung erfüllt wurde bzw. hätte erfüllt werden müssen. Der Erfüllungsort bestimmt sich dann nach der lex causae. Dabei ist auf die konkret streitige Verpflichtung abzustellen.[305]

Dem steht für die Frage des anwendbaren Rechts wiederum die allgemeine Vorschrift des Art. 4 Rom I-VO gegenüber, die Anknüpfung an den Erbringer der vertragscharakteristischen Leistung.

Daraus resultiert, dass ein Gleichlauf dann bejaht werden kann, wenn der Erbringer der vertragscharakteristischen Leistung auch der Beklagte ist. Handelt es sich hingegen bei der anderen Vertragspartei um den Beklagten, so wendet das Gericht seine lex fori nur dann an, wenn der Erfüllungsort nach lit. b am Sitz dieser Partei anzusiedeln ist, in den Fällen des lit. a nur, soweit der Erfüllungsort der streitigen Verpflichtung[306] ebenfalls am Sitz dieser Vertragspartei belegen ist.

---

303 EuGH Rs. C-51/97 – *Réunion européenne/Spliethoff's Bevrachtingskantoor*, Slg. 1998, I-6511.

304 Siehe dazu jüngst auch die Entscheidung des EuGH, Rs. C-19/09 – *Wood Floor Solutions/Silva Trade*, Slg. 2010, i.E. = NJW 2010, 1189.

305 EuGH Rs. 14/76 – *de Bloos*, Slg. 1976, 1497 Rn. 9, 12; EuGH Rs. C-440/97 – *GIE Groupe Concorde*, Slg. 1999, I-6307 Rn. 32; a.A. *Piltz*, NJW 1981, 1876, 1877; *Pocar*, RabelsZ 42 (1978) 405, 416.

306 In diesem Fall grundsätzlich die Zahlungsverpflichtung, diese bestimmt sich dann vorrangig nach dem CISG, ansonsten nach den Vorschriften der Rom I-VO. Nach deut-

(c) Verbrauchersache, Artt. 15 ff. EuGVVO und Art. 6 Rom I-VO

Der Schutz des Verbrauchers hat sich in den letzten Jahren immer weiter verstärkt.[307] Sowohl in der EuGVVO als auch der Rom I-VO finden sich spezielle Vorschriften für Verbrauchersachen. Artt. 15 ff. EUGVVO verringert die Zahl der möglichen Gerichtsstände eines Vertragspartners des Verbrauchers, vermehrt aber die Gerichtsstände für den klagenden Verbraucher. So kann der Verbraucher – vorausgesetzt der Anwendungsbereich des Art. 15 EuGVVO ist eröffnet – gemäß Art. 16 Abs. 1 EuGVVO sowohl am Wohnsitz des Beklagten (so schon nach Art. 2 Abs. 1 EuGVVO),[308] aber auch abweichend davon vor den Gerichten seines eigenen Wohnsitzes Klage erheben.[309] Klagen gegen den Verbraucher können ausschließlich vor den Gerichten dessen Wohnsitzes erhoben werden,[310] auch durch Gerichtsstandsvereinbarungen kann hiervon nicht zu Lasten des Verbrauchers abgewichen werden, Artt. 23 Abs. 5, 17 EuGVVO.

Die Frage des auf Verbraucherverträge anwendbaren Rechts wird von Art. 6 Rom I-VO beantwortet. Hinsichtlich des Anwendungsbereiches der Vorschrift ergeben sich zahlreiche Überschneidungen zu Art. 15 Abs. 1 EuGVVO. Dies erklärt Erwägungsgrund 7 Rom I-VO, der einen Einklang zwischen EuGVVO, Rom I- und Rom II-VO hinsichtlich des Anwendungsbereiches und der Bestimmungen vorsieht. Insbesondere der bei Verbraucherverträgen nicht eindeutig geklärte Begriff des Ausrichtens im Sinne des Art. 15 Abs. 1 lit. c/Art. 6 Abs. 1 lit. b Rom I-VO soll nach Erwägungsgrund 24 Rom -VO einheitlich ausgelegt werden.[311] Anwendbar ist bei Verbraucherverträgen grundsätzlich das Recht am gewöhnlichen Aufenthalt des Verbrauchers.

---

schem Recht liegt der Erfüllungsort der Zahlungsverpflichtung am Sitz des Schuldners, § 269 Abs. 4 i.V.m. § 271 Abs. 1 BGB.

307 Maßgeblich ist dabei das Ziel des Schutzes der schwächeren Vertragspartei, vgl. dazu auch Erwägungsgrund 13 EuGVVO.

308 Insoweit wird nur die internationale Zuständigkeit bestimmt.

309 Für diese Klagen wird neben der internationalen auch die örtliche Zuständigkeit geregelt.

310 Insoweit wird allein die internationale Zuständigkeit festgelegt.

311 Zu einer Konkretisierung des Begriffs des Ausrichtens im elektronischen Geschäftsverkehr, siehe jüngst EuGH Rs. C-585/08 – *Pammer/Reederei Karl Schlüter*, Slg. 2010, i.E. = NJW 2011, 505. Zu den verschiedenen vertretenen Ansichten hinsichtlich der Auslegung dieses Begriffs, siehe für eine enge Auslegung des Begriffes *von Hein*, IPRax 2006, 16, 19; Rauscher/*Staudinger*, Art. 15 Brüssel I-VO Rn. 14; für eine weite Auslegung hingegen OLG Dresden, IPRax 2006, 44, 45; *Mankowski*, VuR 2006; 289 ff.

Daraus ergibt sich ein Gleichlauf für den Fall, dass am Wohnsitz des Verbrauchers, soweit dieser – was in der überwiegenden Mehrzahl der Fälle zu bejahen sein wird – mit dem gewöhnlichen Aufenthalt übereinstimmt, Klage erhoben wird. Zwingend ist dieser Gleichlauf – mit Ausnahme des Vorliegens einer Rechtswahl – folglich bei Klagen gegen den Verbraucher. Hingegen ist im Falle der Klage eines Verbrauchers gegen seinen Vertragspartner ein Auseinanderfallen von lex fori und lex causae sehr viel wahrscheinlicher, insbesondere wenn der Verbraucher vor den Gerichten des Beklagtenwohnsitzes Klage erhebt, aber das Recht seines eigenen gewöhnlichen Aufenthaltes zur Anwendung berufen wird.[312]

(2) EuGVVO und Rom II-VO

Für den von der Rom II-VO erfassten Bereich der außervertraglichen Schuldverhältnisse findet sich eine Parallelvorschrift zur internationalen Zuständigkeit in Art. 5 Nr. 3 EuGVVO.

(a) Art. 2 Abs. 1 EuGVVO und Art. 4 Rom II-VO

Art. 2 Abs. 1 EuGVVO bestimmt die Gerichte am Wohnsitz des Beklagten als international zuständig.

312 Parallel zu den Verbrauchersachen ist auch der Bereich der individuellen Arbeitsverträge in Artt. 18 ff. EuGVVO geregelt. Der Arbeitnehmer kann allein vor den Gerichten seines Mitgliedstaates verklagt werden, Art. 20 Abs. 1 EuGVVO. Gegen den Arbeitgeber hingegen kann sowohl vor den Gerichten seines Wohnsitzstaates, Nr. 1 als auch am Ort der gewöhnlichen Arbeitsverrichtung des Arbeitnehmers (Nr. 2 lit. a) oder am Ort der den Arbeitnehmer einstellenden Niederlassung (Nr. 2 lit. b) geklagt werden. Das anwendbare Recht richtet sich nach Art. 8 Rom I-VO. Nach Art. 8 Abs. 2 S. 1 Rom I-VO ist grundsätzlich das Recht am Ort der gewöhnlichen Verrichtung durch den Arbeitnehmer anwendbar. In Art. 8 Abs. 4 Rom I-VO findet sich eine Ausweichklausel zugunsten einer engeren Verbindung. Ein Gleichlauf wird somit erreicht, wenn der Arbeitnehmer seinen Arbeitgeber nach Art. 20 Abs. 1 Nr. 2 lit. b EuGVVO am Ort der gewöhnlichen Verrichtung der Arbeit verklagt. In allen anderen Fällen, insbesondere bei Klagen gegen den Arbeitnehmer besteht ein Gleichlauf nur dann, wenn der Ort der gewöhnlichen Verrichtung der Arbeit auch mit dem Wohnsitz zusammenfällt. Ansonsten, insbesondere im Falle einer Klage des Arbeitgebers gegen den Arbeitnehmer an dessen Wohnsitz oder einer Klage des Arbeitsnehmers an seinem eigenen Wohnsitz fallen internationale Zuständigkeit und anwendbares Recht, soweit die Arbeit in einem anderen Staat verrichtet wird, aber auseinander.

Das anwendbare Recht regelt seit 11. Januar 2009 die Rom II-Verordnung.[313] Die allgemeine Kollisionsnorm für unerlaubte Handlungen in Art. 4 Abs. 1 Rom II-VO bestimmt das Recht des Staates des Schadenseintrittes für anwendbar. Maßgeblich ist in diesem Fall somit allein der Erfolgsort.[314] Daneben findet sich in Art. 4 Abs. 2 Rom II-VO eine vorrangige Regelung zugunsten eines gemeinsamen gewöhnlichen Aufenthalts von Geschädigtem und Schädiger. Sowohl das Recht nach Abs. 1 als auch nach Abs. 2 kann aber gemäß Art. 4 Abs. 3 Rom II-VO durch eine engere Verbindung zu einem anderen Staat verdrängt werden.

Ein Gleichlauf besteht somit dann, wenn der Erfolgsort am Wohnsitz des Beklagten liegt oder sich das anwendbare Recht nach Art. 4 Abs. 2 Rom II-VO richtet.

(b) Art. 5 Nr. 3 EuGVVO und Art. 4 Rom II-VO

Art. 5 Nr. 3 EuGVVO erfasst den Bereich der unerlaubten Handlungen. Dieser Begriff ist autonom auszulegen und ist in Abgrenzung zu Art. 5 Nr. 1 EuGVVO dann einschlägig, wenn eine freiwillig eingegangene Verpflichtung der Parteien zu verneinen ist.[315] International zuständig ist dann das Gericht an dem Ort, an dem das schädigende Ereignis eingetreten ist. Den Ort des Eintritts des schädigenden Ereignisses konkretisiert der EuGH für Distanzdelikte seit der Entscheidung in der Rechtssache *Bier/Mines de Potasse* sowohl als den Handlungs- als auch den Erfolgsort.[316] Erfolgsort ist in diesem Sinne der Ort, an dem der Scha-

---

313 Für einen allgemeinen Überblick siehe z.B. *von Hein*, ZEuP 2009, 6 ff.; *Hohloch*, Yb PIL 9 (2007) 1 ff.; *Junker*, NJW 2007, 3675 ff.; *Kadner Graziano*, RabelsZ 73 (2009) 1 ff.; *Leible/Lehmann*, RIW 2007, 721 ff.; *G. Wagner*, IPRax 2008, 1 ff.

314 Zu den Gründen für diese starre Anknüpfung siehe Calliess/*von Hein*, Art. 4 Rome II Regulation Rn. 5.

315 Siehe nur EuGH Rs. 189/87 – *Kalfelis/Schröder u. a.*, Slg. 1988, 5565 Rn. 18; EuGH Rs. 51/97 – *Réunion européenne/Spliethoffs Bevrachtingskantoor*, Slg. 1998, I-6511 Rn. 22 und EuGH Rs. C-167/00 – *Verein für Konsumenteninformation/Henkel*, Slg. 2002, I-8111 Rn. 36, alle jeweils noch zum EuGVÜ.

316 EuGH, Rs. 21/76 – *Bier/Mines de Potasse d'Alsace*, Slg. 1976, 1735.

den eingetreten ist, Handlungsort der Ort der schädigenden Handlung.[317] Der Geschädigte kann nach seiner Wahl an einem dieser beiden Orte klagen.[318]

Die allgemeine Kollisionsnorm für unerlaubte Handlungen in Art. 4 Abs. 1 Rom II-VO beruft das Recht des Erfolgsorts bzw. des gemeinsamen gewöhnlichen Aufenthalts von Geschädigtem und Schädiger, soweit eine dieser Rechtsordnungen nicht durch eine engere Verbindung gemäß Abs. 3 verdrängt werden.

Für das Gleichlaufprinzip ergibt sich ein sehr differenziertes Bild: Im Falle von Platzdelikten – also solchen Delikten, bei denen Handlungs- und Erfolgsort in ein- und demselben Mitgliedstaat zu verorten sind – wendet das Gericht, soweit Art. 4 Abs. 2 und 3 Rom II-VO nicht anwendbar sind, sein eigenes Recht, also die lex fori an. Handelt es sich aber um ein Distanzdelikt, ist die Herstellung eines Gleichlaufes schwieriger. Klagt der Geschädigte am Handlungsort, so muss das Gericht grundsätzlich nach Art. 4 Abs. 1 Rom II-VO das Recht am Erfolgsort anwenden – wiederum unter der Voraussetzung, dass sich aus Absätzen 2 und 3 nicht die Anwendbarkeit eines anderen Rechts ergibt. Nur wenn der Geschädigte am Erfolgsort klagt, ist ein Gleichlauf zu bejahen. Ein Gleichlauf kann sich aber auch daraus ergeben, dass der Geschädigte zwar am Handlungsort klagt, das Gericht aber, wenn Art. 4 Abs. 2 oder Abs. 3 Rom II-VO einschlägig ist, dennoch die lex fori anwenden kann. Daraus ergibt sich aber wiederum, dass auch im Falle einer Klageerhebung am Erfolgsort die Anwendung der lex fori durch Art. 4 Abs. 2 oder Abs. 3 Rom II-VO verdrängt werden kann. Es besteht aber weiterhin die Möglichkeit, im Falle einer Klage am Handlungsort über Art. 4 Abs. 3 Rom II-VO auch das Recht des Handlungsortes anzuwenden.[319]

Für den Bereich der allgemeinen Kollisionsnorm der unerlaubten Handlung lässt sich somit festhalten, dass der Gleichlauf einerseits wegen der – im Unterschied zu Art. 5 Nr. 3 EuGVVO – starren Anknüpfung an den Erfolgsort nach Art. 4 Abs. 1 Rom II-VO, andererseits wegen der Abweichungsmöglichkeiten nach Art. 4 Abs. 2 oder Abs. 3 Rom II-VO nie sichergestellt ist. Die Fälle eines Auseinanderfallens von internationaler Zuständigkeit und anwendbarem Recht

---

317 EuGH, Rs. 21/76 – *Bier/Mines de Potasse d'Alsace*, Slg. 1976, 1735 Rn. 15/19; EuGH Rs. C-68/93 – *Shevill/Press Alliance*, Slg. 1995, I-415 Rn. 20; EuGH Rs. C-168/02 – *Kronhofer/Maier u. a.*, Slg. 2004, I-6009 Rn. 16.

318 EuGH, Rs. 21/76 – *Bier/Mines de Potasse d'Alsace*, Slg. 1976, 1735 Rn. 15/19.

319 Palandt/*Thorn*, Art. 4 Rom II-VO Rn. 2. Dies sollte aber nicht allein aus dem Ziel der Kostenreduktion (vgl. Erwägungsgrund 6 Rom II-VO) heraus angestrengt werden.

werden folglich in diesem Bereich weiterhin verstärkt zu finden sein.[320] Die Rom II-VO wurde auch nicht mit dem primären Ziel der Herstellung eines Gleichlaufs erlassen.[321] Bei einer Klage am Wohnsitz des Schädigers nach Art. 2 Abs. 1 EuGVVO kann eventuell über Art. 4 Abs. 2 Rom II-VO ein Gleichlauf hergestellt werden, wenn beide Parteien einen gemeinsamen gewöhnlichen Aufenthalt vorweisen können.

(c) Art. 5 Nr. 3 EuGVVO und Art. 5 Rom II-VO

Neben der allgemeinen Kollisionsnorm des Art. 4 Rom II-VO finden sich in der Rom II-VO – im Unterschied zum autonomen Recht des EGBGB – spezielle Vorschriften zu besonderen unerlaubten Handlungen.

Im Bereich der Produkthaftung wird im Rahmen des Art. 5 Nr. 3 EuGVVO folgendermaßen unterschieden: Handlungsort ist der Ort des den Schaden verursachenden Ereignisses,[322] also der Ort des Inverkehrbringens durch den Herstel-

---

320 Dies gilt auch für den international-privatrechtlich bisher nicht vereinheitlichten Bereichs der Persönlichkeitsrechtsverletzungen (vgl. Art. 1 Abs. 2 lit. g Rom II-VO). Handlungsort im Rahmen der internationalen Zuständigkeit ist bei Persönlichkeitsrechtsverletzungen durch Presseerzeugnisse der Verlagssitz bzw. der Ort der Niederlassung des Herausgebers des Presseerzeugnisses. Erfolgsort ist der Ort, an dem die Persönlichkeitsrechtsverletzung eingetreten ist, also überall dort, wo das Presseerzeugnis in Umlauf gebracht wurde. Jedoch kann an jedem Erfolgsort nur der Schaden eingeklagt werden, der auch in diesem Staat eingetreten ist. (EuGH, Rs. C-68/93 – *Shevill v. Press Alliance S.A.*, Slg. 1995, I-415). Insbesondere die Übertragung der *Shevill*-Rechtsprechung auf die Rom II-Verordnung würde aber einen Gleichlauf zwischen international zuständigem Gericht und anwendbarem Recht fördern.

321 Calliess/*von Hein*, Art. 4 Rome II Regulation Rn. 8; Palandt/*Thorn*, Art. 4 Rom II-VO Rn. 2. Eine weitere Fallgruppe des Auseinanderfallens von lex fori und lex causae im Bereich des Art. 4 Rom II-VO ist die Klageerhebung eines durch einen Verkehrsunfall Geschädigten gegen den Haftpflichtversicherer des Schädigers am Wohnsitz des Klägers bei einem Verkehrsunfall im Ausland. Nach der Rechtsprechung des EuGH in der Rechtssache *Odenbreit* (Rs. C-463/06 – *FBTO Schadeverzekeringen NV/Jack Odenbreit*, Slg. 2007, I-11321) kann der Geschädigte seine Klage auf Ersatz seiner Ansprüche aus einem Verkehrsunfall, der sich im Ausland abgespielt hat, auch am inländischen Sitz seiner Versicherung geltend machen. Grundsätzlich ist aber weiterhin das Erfolgsortrecht nach Art. 4 Abs. 1 Rom II-VO anwendbar (zum Verhältnis des Art. 4 Rom II-VO zu Verkehrsunfällen siehe auch *von Hein*, Article 4 and Traffic Accidents, in Ahern/Binchy (Hrsg), The Rome II Regulation, S. 153 ff.). Dazu jüngst auch OLG München, IPRspr. 2008 Nr. 1.

322 EuGH Rs. C-189/08 – *Zuid-Chemie BV/Philippo's Mineralenfabriek NV/SA*, Slg. 2009, I-6917 Rn. 25.

ler als Grundlage für die spätere Schädigung.[323] Der Erfolgsort ist der Ort, an dem das auslösende Ereignis seine schädigende Wirkung entfaltet, d. h. der Ort, an dem sich der durch das fehlerhafte Erzeugnis verursachte Schaden konkret zeigt.[324] Reine Vermögensschäden bleiben unberücksichtigt.[325]

Hinsichtlich des anwendbaren Rechts findet sich in der Spezialregel des Art. 5 Rom II-VO eine Reihe verschiedener Anknüpfungspunkte mit unterschiedlicher normativer Gewichtung.[326] Maßgeblich für die Bestimmung des anwendbaren Rechts ist demnach grundsätzlich der Ort des Inverkehrbringens des Produktes. Hinzu treten muss aber noch eines der weiteren Anknüpfungsmomente: Vorrangig bedarf es an diesem Ort zudem des gewöhnlichen Aufenthaltes der geschädigten Person (lit. a). Subsidiär muss das Produkt hier erworben worden sein (lit. b) und an letzter Stelle kann der Ort des Schadenseintritts hinzukommen (lit. c). War der Ort des Inverkehrbringens des Produktes nicht vorherzusehen, so ist das Recht am gewöhnlichen Aufenthalt des Schädigers anwendbar, Art. 5 Abs. 1 lit. c S. 2 Rom II-VO. Inwiefern noch eine Angleichung der Vorschriften des Art. 5 Rom I-VO und Art. 5 Nr. 3 EuGVVO nach Erlass des Urteils in der Rechtssache *Zuid Chemie* im Hinblick auf die Produkthaftung vorgenommen werden muss – der EuGH geht in seiner Entscheidung an keiner Stelle auf die Regelung des Art. 5 Rom I-VO ein –[327] wird sich noch zeigen.[328]

Für einen Gleichlauf bedeutet dies, dass ein solcher erreicht wird, wenn einer der Anknüpfungsmomente des Art. 5 Abs. 1 Rom II-VO mit dem Handlungs- oder Erfolgsort zusammenfällt und der Geschädigte auch dementsprechend seine Klage erhebt. Ansonsten bestehen viele Möglichkeiten, dass anwendbares Recht und lex fori auseinanderfallen. Dies hat auch die Rechtssache *Zuid Chemie* gezeigt, in der unter Zugrundelegung der Rom II-VO belgisches

---

323 Rauscher/*Leible*, Art. 5 Brüssel I-VO Rn. 88; *Spickhoff*, in: FS Kropholler, S. 677 f.

324 EuGH Rs. C-189/08 – *Zuid-Chemie BV/Philippo's Mineralenfabriek NV/SA*, Slg. 2009, I-6917 Rn. 27.

325 Rauscher/*Leible*, Art. 5 Brüssel I-VO Rn. 86.

326 Siehe dazu und im Vergleich mit dem Haager Übereinkommen über das auf die Produkthaftung anwendbare Recht *von Hein*, ZEuP 2009, 6, 25 f. Zur Produkthaftung jüngst auch *Huber/Illmer*, YbPIL 9 (2007) 31 ff.

327 Dies bedauert *Mankowski*, EWiR 2009, 569, 570.

328 Dies befürwortet auch *von Hein*, IPRax 2010, 330, 335 ff. Für einen Rückgriff auf Art. 5 Rom II-VO im Bereich des Art. 5 Nr. 3 EuGVVO siehe *Spickhoff*, in: FS Kropholler, S. 678.

Recht, von einem niederländischen Gericht am Erfolgsort aber auf Grund der Geltung und des Vorrangs des HPÜ nach Art. 28 Rom II-VO niederländisches Recht anzuwenden gewesen wäre.

(d) Art. 5 Nr. 3 EuGVVO und Art. 7 Rom II-VO

Auch für den Bereich der Umweltdelikte findet sich in Art. 7 Rom II-VO eine explizite Regelung.[329] Eine Definition des Umweltschadens findet sich in Erwägungsgrund 24 Rom II-VO. Die internationale Zuständigkeit richtet sich aber wiederum nach Art. 5 Nr. 3 EuGVVO. In Anwendung des Ubiquitätsprinzips ist der Handlungsort der Ort der Vornahme der Umweltschädigung, der Erfolgsort ist der Ort, an dem der Umweltschaden eintritt.[330]

In der kollisionsrechtlichen Regelung des Art. 7 Rom II-VO lässt sich das Ubiquitätsprinzip – wie es auch in Art. 40 Abs. 1 EGBGB verankert ist – wiedererkennen. Demzufolge ist grundsätzlich der Erfolgsort nach Maßgabe des Art. 4 Rom II-VO maßgeblich, der Geschädigte kann aber nach seiner Wahl das Recht am Handlungsort zur Anwendung berufen. Die Ausübung dieser Wahl richtet sich nach der lex fori.[331] Für das deutsche Recht findet sich eine Vorschrift in Art. 46a EGBGB. Dieses Wahlrecht ist ein kollisionsrechtliches Gestaltungsrecht. Daraus folgt, dass der gesamte Schaden nach dem anwendbaren Recht zu liquidieren ist.[332]

Somit herrscht das Ubiquitätsprinzip im Bereich der Umweltdelikte sowohl im Internationalen Zivilverfahrens- als auch internationalen Privatrecht vor. Für einen Gleichlauf ergibt sich damit folgendes: Klagt der Geschädigte am Handlungsort, so kann er auch sein Wahlrecht zugunsten der lex fori ausüben. Tut er dies nicht, muss das Gericht am Handlungsort das Erfolgsortrecht anwenden. Erhebt der Geschädigte hingegen am Erfolgsort Klage, so ist grundsätzlich auch die lex fori anwendbar. Dies gilt nur dann nicht, wenn der Geschädigte wiederum sein Wahlrecht zugunsten des Handlungsortsrechts ausübt. Folglich ergibt sich für den Bereich der Umweltdelikte ein gemischtes Bild: Nach Wahl des Ge-

---

329 Zur endgültigen Fassung des Art. 7 Rom II-VO siehe *Kadner Graziano*, YbPIL 9 (2007) 71 ff.

330 So auch in der grundlegenden Entscheidung des EuGH zum EuGVÜ in Rs. 21/76 – *Bier/Mines de Potasse d'Alsace*, Slg 1976, 1735.

331 Erwägungsgrund 24 S. 2 Rom II-VO.

332 Begründung der Bundesregierung zum Gesetzesentwurf für ein Gesetz zur Anpassung der Vorschriften des Internationalen Privatrechts an die Verordnung (EG) Nr. 864/2007; so auch *von Hein*, ZEuP 2009, 6, 30; *R. Wagner*, IPRax 2008, 314, 318.

schädigten kann dieser einen Gleichlauf entweder durch Klageerhebung oder durch Ausübung seines Wahlrechts herbeiführen, muss dies aber nicht. Die Anwendbarkeit eines ausländischen Rechts als Recht des Handlungsortes kann für den Geschädigten bei einer Klage an seinem Wohnsitz als Erfolgsort unter Umständen dann vorteilhaft sein, wenn das ausländische Recht höhere Umweltschutzstandards vorsieht als die lex fori. Damit bleibt festzuhalten, dass im Bereich der Umweltschädigungen zugunsten der Ersparnis von Zeit und Kosten vielfach ein Gleichlauf angeregt werden wird, entweder am Erfolgs- oder am Handlungsort. Fälle, in denen das zuständige Gericht aber ausländisches Recht anwenden muss, werden weiterhin bestehen. Dies wird vor allem durch die unterschiedlichen Umweltstandards in den verschiedenen Mitgliedstaaten, aber auch im Verhältnis zu Drittstaaten gefördert.

(e) Art. 5 Nr. 3 EuGVVO und Art. 12 Rom II-VO

Die culpa in contrahendo (c.i.c.) wird im internationalen Zivilverfahrensrecht von Art. 5 Nr. 3 EuGVVO erfasst.[333] In der grundlegenden Entscheidung des EuGH in der Rechtssache *Tacconi* ging es um den Abbruch von Vertragsverhandlungen: Es stellte sich die Frage, ob die Klage am Gerichtsstand des Erfüllungsortes nach Art. 5 Nr. 1 EuGVVO, der unerlaubten Handlung nach Art. 5 Nr. 3 EuGVVO oder nur am allgemeinen Gerichtsstand nach Art. 2 EuGVVO zulässig war. Begründet wurde die Einschlägigkeit des Art. 5 Nr. 3 EuGVVO damit, dass eine autonome Auslegung der c.i.c. dazu führe, dass es an einer für Art. 5 Nr. 1 EuGVVO erforderlichen freiwillig eingegangenen Verpflichtung fehle. Aus diesem Grund greife nur der Deliktsgerichtsstand des Art. 5 Nr. 3 EuGVVO.[334] Zuständig im Sinne des Art. 5 Nr.3 EuGVVO ist somit das Gericht am Ort des Eintritts des schädigenden Ereignisses. Auch hier ist bei Distanzdelikten wiederum zwischen Handlungs- und Erfolgsort zu unterscheiden.[335]

Diese deliktische Qualifikation wurde nun auch für den Bereich des internationalen Privatrechts übernommen. Gemäß Art. 2 Abs. 1 Rom II-VO fällt die

---

333 EuGH Rs. C 334/00 – *Tacconi/Wagner*, Slg. 2002, I-7357 Rn. 24. Zur c.i.c. auch *Fischer*, in: FS Kühne, S. 689 ff.; *Lüttringhaus*, RIW 2008, 193.

334 EuGH Rs. C 334/00 – *Tacconi/Wagner*, Slg. 2002, I-7357. Grund für diese Einschränkung des Gerichtsstandes am Erfüllungsort ist das Bestreben des EuGH, den Beklagten vor einem unvorhersehbaren Gerichtsstand zu schützen, so *von Hein*, Stichwort Culpa in contrahendo, in: Basedow/Hopt/Zimmermann (Hrsg.), Handwörterbuch des Europäischen Privatrechts.

335 EuGH Rs. 21/76 – *Bier/Mines de Potasse d'Alsace*, Slg. 1976, 1735.

c.i.c. in den Anwendungsbereich der Rom II-Verordnung. Eine Regelung des auf die c.i.c. anwendbaren Rechts findet sich nun in Art. 12 Rom II-VO. Auch hier wird die c.i.c. – entgegen dem deutschen Rechtsverständnis –[336] als außervertragliches Schuldverhältnis eingeordnet. Auch Art. 1 Abs. 1 lit. j Rom I-VO nimmt diesen Bereich ausdrücklich vom Anwendungsbereich dieser Verordnung aus und verweist zudem in Erwägungsgrund 10 auf die Rom II-VO.[337] Dennoch bleibt die Nähe zum Vertragsrecht auch hier weiterhin deutlich: Art. 12 Abs. 1 Rom II-VO knüpft zur Bestimmung des anwendbaren Rechts wiederum an das bestehende oder hypothetische Vertragsstatut an. Damit verweist die Rom II-VO auf die Vorschriften der Artt. 3 ff. Rom I-VO. Zudem wird davon ausgegangen, dass im Falle der Verletzung von Integritätsschäden nicht Art. 12 Rom II-VO, sondern vielmehr Art. 4 Rom II-VO als allgemeine Kollisionsnorm eingreifen soll.[338] Daneben bestehen nach Abs. 2 subsidiäre Möglichkeiten der Anknüpfung an den Ort des Schadenseintritts (lit. a), an das Recht am Ort des gemeinsamen gewöhnlichen Aufenthalts der Parteien (lit. b) oder das Recht der engsten Verbindung (lit. c). Diese deliktische oder zumindest deliktsnahe Einordnung entspricht auch der Mehrzahl der europäischen Rechtsordnungen.[339]

Für einen Gleichlauf zwischen internationaler Zuständigkeit und anwendbarem Recht ergibt sich somit folgendes Bild: Zuständig ist bei Platzdelikten das Gericht am Ort des Schadenseintritts. Anwendbar ist – ausgehend vom objektiven Vertragsstatut – nach Art. 4 Rom I-VO das Recht am Ort des gewöhnlichen Aufenthalts des Erbringers der vertragscharakteristischen Leistung. Zuständiges Gericht und lex fori stimmen also nur dann überein, wenn es sich bei dem Schä-

---

336 Dies zeigt sich schon an der schuldrechtlichen Einordnung in § 311 Abs. 2, 3 BGB seit der Schuldrechtsreform im Jahre 2001. Zuvor befürworteten einige Autoren die Einordnung der Haftung für Integritätsschaden als deliktisch. Klarer ist aber die vertragsnahe Einordnung für die Fälle des Abbruchs von Vertragsverhandlungen sowie die Verletzung vorvertraglicher Informationspflichten. Vgl. zur c.i.c. *von Hein*, Stichwort Culpa in contrahendo, in: Basedow/Hopt/Zimmermann (Hrsg.), Handwörterbuch des Europäischen Privatrechts.

337 Inwiefern hier für bestimmte Formen der c.i.c. des deutschen Rechts dennoch die Anwendung der Rom I-VO in Betracht kommt, bleibt den weiteren Entwicklungen in Rechtsprechung und Literatur überlassen.

338 Vgl. dazu Erwägungsgrund 30 Rom II-VO. So auch *Lüttringhaus*, RIW 2008, 193, 197.

339 So erfolgt eine deliktische Qualifikation in Frankreich, anwendbar ist hier Art. 1382 C. civ., vgl. CCass 5.10.1994, Bull. civ. I, Nr. 276. Dem deutschen Verständnis entspricht aber z.B. das österreichische ABGB, vgl. *von Bar*, Gemeineuropäisches Deliktsrecht, Bd. 2, Rn. 495 ff.

diger um den Erbringer der vertragscharakteristischen Leistung handelt, sowie in dem Fall, dass die engste Verbindung nach Art. 4 Abs. 3 Rom I-VO auf die lex fori verweist.

(3) Art. 5 Nr. 2 EuGVVO/EuUntVO und HUP

Neben Vertrags- und Deliktsrecht, welche jüngst gerade durch die international-privatrechtliche Vereinheitlichung geprägt sind, soll ein Blick auf die ebenfalls neu erlassenen Vorschriften zum internationalen Unterhaltsrecht geworfen werden. Nach der Rechtsprechung des EuGH liegt eine Unterhaltssache dann vor, wenn es um Ansprüche geht, die sich zumindest auch wesentlich an der Bedürftigkeit des Berechtigten und der Leistungsfähigkeit des Verpflichteten orientieren.[340]

Im Bereich der Unterhaltssachen findet sich eine Regelung zur internationalen Zuständigkeit in Art. 5 Nr. 2 EuGVVO. Danach ist das Gericht am Wohnsitz oder am Ort des gewöhnlichen Aufenthalts des Unterhaltsberechtigten zuständig. Handelt es sich um eine Statussache, wird auf die lex causae der Statussache zur Bestimmung des zuständigen Gerichts verwiesen. Unterhaltsentscheidungen dürfen als Nebenentscheidungen zu Statusangelegenheiten von dem Gericht erlassen werden, das mit der Statusfrage befasst und nach seinem Recht dafür zuständig ist. Eine Ausnahme gilt nur dann, wenn die Zuständigkeit an die Staatsangehörigkeit einer der Parteien gebunden ist. Diese Regelung sollte den Gleichlauf mit den Haager Übereinkommen aus den Jahren 1958[341] und 1973[342] sichern.

Mit Inkrafttreten der EuUntVO[343] und deren Anwendbarkeit, frühestens am 18. Juni 2011, spätestens mit Inkrafttreten des Haager Protokolls über das auf Unterhaltspflichten anzuwendende Recht aus dem Jahre 2007 (im Folgenden

340 *Hausmann*, IPRax 1990, 382 ff.

341 Haager Übereinkommen vom 15. April 1958 über die Anerkennung und Vollstreckung von Entscheidungen auf dem Gebiet der Unterhaltspflicht gegenüber Kindern, BGBl. 1961 II, 1006.

342 Haager Übereinkommen über die Anerkennung und Vollstreckung von Unterhaltsentscheidungen vom 2. Oktober 1973, BGBl. 1986 II, 826.

343 Verordnung (EG) Nr. 4/2009 des Rates über die Zuständigkeit, das anwendbare Recht, die Anerkennung und Vollstreckung von Entscheidungen und die Zusammenarbeit in Unterhaltssachen vom 18. Dezember 2008, ABl. EU 2009 L 7/1.

HUP)[344], wird Art. 5 Nr. 2 EuGVVO durch diese verdrängt.[345] Die Frage des international zuständigen Gerichts für Unterhaltssachen richtet sich dann nach den Artt. 3 ff. EuUntVO. Art. 3 EuUntVO sieht vier unterschiedliche Anknüpfungen für die Zuständigkeit vor: Nach lit. a das Gericht am gewöhnlichen Aufenthalt des Beklagten, grundsätzlich also des Unterhaltsschuldners oder nach lit. b des Klägers, grundsätzlich des Unterhaltsgläubigers. Lit. c entspricht der vorherigen Regelung des Art. 5 Nr. 2 EuGVVO in Bezug auf Statussachen, auch hier aber nur soweit diese Zuständigkeit für die Statussache nicht an die Staatsangehörigkeit anknüpft. Im Unterschied zu Art. 5 Nr. 2 EuGVVO findet sich eine weitere akzessorische Anknüpfung der Zuständigkeit in lit. d hinsichtlich eines Verfahrens betreffend die elterliche Verantwortung. Subsidiär sind die Gerichte der gemeinsamen Staatsangehörigkeit der Parteien zuständig, wenn sich aus den vorhergehenden Vorschriften der Verordnung keine Zuständigkeit der Gerichte eines Mitgliedstaates ergibt, Art. 6 EuUntVO. Daneben besteht die Notzuständigkeit der mitgliedstaatlichen Gerichte für Verfahren, die in einem Drittstaat unmöglich oder zumindest unzumutbar sind nach Art. 7 EuUntVO.

Das auf Unterhaltssachen anwendbare Recht bestimmt sich nur hinsichtlich der Anerkennung und Vollstreckung nach der EuUntVO. Für das Erkenntnisverfahren gilt hingegen gemäß Art. 15 EuUntVO das Haager Protokoll. Dieses Haager Protokoll wurde zusammen mit einem Haager Übereinkommen erlassen.[346] Die Trennung beider Regelwerke beruht auf der Möglichkeit einer getrennten Ratifizierung und einer damit einhergehenden Erhöhung der Beitrittsbereitschaft. Das Haager Protokoll wurde für die Mitgliedstaaten am 8. April 2010 von der EU ratifiziert.[347]

---

344 Haager Protokoll über das auf Unterhaltspflichten anzuwendende Recht (HUP) vom 23. November 2007, abrufbar unter www.hcch.net. Eine offizielle deutsche Übersetzung ist unter http://www.hcch.net/upload/german.html abrufbar. Speziell zu diesem Protokoll siehe *Bonomi*, Yb PIL 10 (2008) 331.

345 Vgl. Art. 76 EuUntVO i.V.m. Art. 68 Abs. 1 EuUntVO.

346 Haager Übereinkommen über die internationale Geltendmachung der Unterhaltsansprüche von Kindern und anderen Familienangehörigen vom 23. November 2007, abrufbar unter www.hcch.net, Eine offizielle deutsche Übersetzung findet sich unter http://www.hcch.net/upload/german.html. Dazu siehe auch *Bonomi*, Yb PIL 10 (2008) 333; *Duncan*, Yb PIL 10 (2008) 313; *Janzen*, FPR 2008, 218.

347 Siehe dazu die Statustabelle auf der Internetseite der Haager Konferenz, abrufbar unter http://www.hcch.net/index_en.php?act=conventions.status&cid=133.

Anwendbar ist das HUP nach Art. 1 auf alle familiären Unterhaltspflichten. Maßgeblicher Anknüpfungspunkt zur Bestimmung des anwendbaren Rechts ist nach Art. 3 Abs. 1 HUP der gewöhnliche Aufenthalt der berechtigten Person, also des Unterhaltsgläubigers. Mit Wechsel des gewöhnlichen Aufenthaltes tritt ein Statutenwechsel ein, Art. 3 Abs. 2 HUP. Im Eltern-Kind-Verhältnis findet sich eine Sondervorschrift in Art. 4 HUP zugunsten der lex fori, soweit nach dem in Art. 3 HUP bezeichneten Recht kein Ersatzanspruch besteht, Abs. 1, oder bei einer Klage am gewöhnlichen Aufenthalt des Unterhaltsschuldners, Abs. 2.

Daraus ergibt sich für einen Gleichlauf zwischen internationaler Zuständigkeit und anwendbarem Recht folgendes Bild: Ein Gleichlauf besteht, wenn der Unterhaltsberechtigte seine Klage vor den Gerichten des Ortes seines gewöhnlichen Aufenthalts erhebt. Erhebt er die Klage am Ort des gewöhnlichen Aufenthalts des Beklagten, also des Unterhaltsschuldners, ist auf Grund der Regelung des Art. 4 Abs. 3 HUP ebenfalls die lex fori anwendbar. Ist aber ein Gericht auf Grundlage der Art. 6, 7 EuUntVO zuständig, so scheidet ein Gleichlauf aus. Wenn eine der Verbundzuständigkeiten nach Art. 3 litt. c, d EuUntVO eingreift, kann es zu einem Auseinanderfallen von zuständigem Gericht und anwendbarem Recht kommen. Daraus zeigt sich, dass ein Gleichlauf grundsätzlich erreicht werden kann. Durch die aktuellen Neuregelungen beider Bereiche wurde dem Ziel der Förderung eines Gleichlaufs somit Rechnung getragen.

(4) Artt. 5, 13 ErwSÜ

Eines der jüngsten Übereinkommen auf dem Gebiet des internationalen Privatrechts stellt das sog. Haager Erwachsenenschutzübereinkommen (ErwSÜ)[348] dar. Dieses von der Haager Konferenz für Internationales Privatecht ausgearbeitete Übereinkommen trat für Deutschland im Verhältnis zu Schottland und Frankreich zum 1. Januar 2009 in Kraft.[349] Nach Art. 5 ErwSÜ sind grundsätzlich die Behörden des Vertragsstaates am gewöhnlichen Aufenthalt des schutzbedürftigen Erwachsenen international zuständig. Daneben enthalten die Artt. 6 ff. ErwSÜ weitere die Zuständigkeit begründende Vorschriften. Zur Herstellung eines Gleichlaufes bestimmt Art. 13 ErwSÜ, dass die tätigen Behörden

---

348 Haager Übereinkommen über den internationalen Schutz von Erwachsenen v. 13. Januar 2000, BGBl. 2007 II, 323. Siehe dazu auch die Kommentierung des ErwSÜ bei Staudinger/*von Hein*, Vorbem Art. 24 EGBGB Rn. 12 ff. sowie *Jayme*, in: FS Spellenberg, S. 203 ff.

349 Seit dem 1. August 2009 ist auch die Schweiz Vertragsstaat.

ihr eigenes Recht anwenden. Nur ausnahmsweise kann daneben oder subsidiär ein Recht, welches eine engere Verbindung zum Sachverhalt aufweist, zur Anwendung kommen.

An dieser Neuregelung zeigt sich, dass hier das Ziel des Gleichlaufes besonders hervorgehoben wird, da ein solcher direkt in Art. 13 ErwSÜ statuiert wird. Im Grundsatz wendet das zuständige Gericht somit in Sachen des Erwachsenenschutzes sein eigenes Recht an, soweit nicht eine der Ausnahmen des ErwSÜ eingreift.[350]

(5) Rom IV-VOE

Nachdem die Arbeiten zu einem Instrument im Bereich des Erb- und Testamentsrechts mit dem Erlass des Grünbuchs ihren Anfang nahmen,[351] erließ die Kommission jüngst einen Vorschlag für eine Verordnung auf diesem Gebiet.[352] Dieser als Rom IV bezeichnete Vorschlag, der gemeinhin unter der Bezeichnung kursiert, behandelt sowohl die Frage der internationalen Zuständigkeit und Anerkennung und Vollstreckung, aber auch des in Erbsachen anzuwendenden Rechts.

Hinsichtlich des international zuständigen Gerichts enthält Art. 4 Rom IV-VOE eine Grundanknüpfung zugunsten der Gerichte des Mitgliedstaates am letzten gewöhnlichen Aufenthaltsort des Erblassers.[353] Daneben enthalten die

350 Auch im internationalen Kindschaftsrecht findet sich ein Gleichlauf von internationaler Zuständigkeit und anwendbarem Recht. Das Kinderschutzübereinkommen (KSÜ, Haager Übereinkommen über die Zuständigkeit, das anzuwendende Recht, die Anerkennung, Vollstreckung und Zusammenarbeit auf dem Gebiet der elterlichen Verantwortung und der Maßnahmen zum Schutz von Kindern v. 19. Oktober 1996, abgedruckt bei *Jayme/Hausmann*, Internationales Privat- und Verfahrensrecht, Nr. 54) bestimmt in Artt. 5 ff. i.V.m. Art. 15 KSÜ, dass die zuständigen Behörden ihr eigenes Recht anwenden.

351 Grünbuch Erb- und Testamentsrecht vom 1.März 2005, KOM (2005) 65 endg.

352 Vorschlag für eine Verordnung des Europäischen Parlaments und des Rates über die Zuständigkeit, das anzuwendende Recht, die Anerkennung und die Vollstreckung von Entscheidungen und öffentlichen Urkunden in Erbsachen sowie zur Einführung eines Europäischen Nachlasszeugnisses, KOM (2009), 154 endg. Dazu *Schurig*, in: FS Spellenberg, S. 343 ff.

353 Es stellt sich die Frage, warum hier nicht auch die örtliche Zuständigkeit – vergleichbar Art. 5 EuGVVO – mit geregelt wurde, da eine zusätzliche nationale Regelung zur örtlichen Zuständigkeit hier möglicherweise zu widersprechenden Ergebnisse führen könnte.

Artt. 5–9 Rom IV-VOE weitere besondere Zuständigkeitsvorschriften: so enthält zum Beispiel Art. 5 Rom IV-VOE eine der *forum non conveniens*-Doktrin vergleichbare Zuständigkeit zugunsten der Gerichte des gewählten Erbstatuts,[354] sowie der Zuständigkeit zugunsten der Belegenheit von Nachlassgegenständen nach Artt. 6, 9 Rom IV-VOE.

Artt. 16 ff. Rom IV-VOE enthalten Kollisionsnormen. Nach der allgemeinen Kollisionsnorm des Art. 16 Rom IV-VOE ist das Recht am letzten Ort des gewöhnlichen Aufenthalts des Erblassers anwendbar.[355]

Für einen Gleichlauf zwischen internationaler Zuständigkeit und anwendbarem Recht bedeutet dies Folgendes: Der Rom IV-Vorschlag geht grundsätzlich von einem Gleichlauf insofern aus, dass das Gericht am letzten gewöhnlichen Aufenthaltsort des Erblassers sein eigenes Recht anwendet bzw. das Gericht des gewählten Rechts zuständig wird.

b. Regelungen auf nationaler Ebene

Auch in den nationalen Rechtsordnungen der Mitgliedstaaten finden sich Vorschriften, in denen das Gleichlaufprinzip kodifiziert oder zumindest gefördert wurde.

(1) Internationales Erbrecht

Das Gleichlaufprinzip spielte bisher im nationalen Recht vor allem im deutschen internationalen Erbrecht eine große Rolle. Eine positivrechtliche Regelung der internationalen Zuständigkeit existierte nicht.[356] Nach überwiegender Ansicht waren deutsche Gerichte aber dann für die Abwicklung eines Nachlasses international zuständig, wenn auf die die Erbfolge deutsches Recht anwendbar war (*forum legis*).[357] Die Anwendbarkeit deutschen Rechts ergibt sich aus Art. 25 EGBGB, nach Abs. 1 ist grundsätzlich das Recht der Staatsangehörigkeit des Erblassers anwendbar, nach Abs. 2 besteht aber – soweit man die Norm allseitig ausbaut – die Möglichkeit einer Rechtswahl zugunsten des Lageortes des unbe-

354 Dazu näher in Kapitel 5 unterB.I.2.a.

355 Daneben sieht Art. 17 Rom IV-VOE die Möglichkeit der Rechtswahl vor, auf die an späterer Stelle eingegangen werden soll, dazu näher unten A.I.2.a.(1)(c).

356 Eine Ausnahme besteht nur für die Erteilung des Erbscheins nach § 2369 BGB.

357 Staudinger/*Dörner* (2007), Art. 25 EGBGB Rn. 835 mit zahlreichen Nachweisen aus der Rechtsprechung.

weglichen Vermögens.[358] Unterlag die Erbfolge einer ausländischen Rechtsordnung, fehlte es auch an der internationalen Zuständigkeit deutscher Gerichte.[359] Auf diesem Weg wurde ein Gleichlauf über das materielle Recht zum Verfahrensrecht hergestellt.[360] Dieser Gleichlauf wurde gerade im Erbrecht mit dem engen Zusammenhang dieser beiden Materien begründet.[361] Zudem sollte auf diese Weise der internationale Entscheidungseinklang hergestellt werden.[362]

Mit Erlass des FamFG existiert nun eine positivrechtliche Regelung in § 105 FamFG. Danach ist ein deutsches Gericht international zuständig, wenn es auch örtlich zuständig ist. Maßgeblich für Erbschaftssachen sind demzufolge §§ 343, 344 FamFG. Damit geht eine Absage an das bisher geltende Gleichlaufprinzip einher.[363] Daraus zeigt sich, dass das Gleichlaufprinzip auch im nationalen Recht nicht mehr dominierend ist.

(2) Internationales Sachenrecht

Das Internationale Sachenrecht richtet sich – bis auf einzelne in Übereinkommen geregelte Fragen –[364] nach dem autonomen Recht der Mitgliedstaaten. Hier ist der Grundsatz der lex rei sitae aber allgemein anerkannt, anwendbar ist demzufolge das Recht am Belegenheitsort der Sache.[365] Dieser – bis dahin gewohn-

---

358 Sollte es zum Erlass der Rom IV-VO für den Bereich des Internationalen Erbrechts kommen, wird zumindest für die Fälle, die vom Anwendungsbereich der Verordnung erfasst sind, diese nationale Regelung obsolet sein. In Abweichung zum deutschen EGBGB herrscht hier die Anknüpfung an den gewöhnlichen Aufenthalt vor.

359 Staudinger/*Dörner* (2007), Art. 25 EGBGB Rn. 838.

360 Zu den Möglichkeiten der Durchbrechung dieses Gleichlaufprinzips siehe auch Staudinger/*Dörner* (2007), Art. 25 EGBGB Rn. 839 insbesondere im Hinblick auf die Vorschrift des § 2369 BGB.

361 Staudinger/*Dörner* (2007), Art. 25 EGBGB Rn. 835; *von Bar*, IPR II, Rn. 389 f.

362 So z.B. OLG Frankfurt a.M., OLGZ 1977, 183; OLG Zweibrücken, OLGZ 1985, 415. Ebenso Staudinger/*Dörner* (2007), Art. 25 EGBGB Rn. 835.

363 BT-Ds. 16/6308 S. 221 f., 348. In diesem Sinne auch *Hau*, FamRZ 2009, 821, 823.

364 So z.B. das Haager Übereinkommen vom 5. Juli 2006 über die auf bestimmte Rechte an Intermediär-verwahrten Wertpapieren anzuwendende Rechtsordnung, abrufbar unter http://www.hcch.net/index_de.php?act=conventions.text&cid=72.

365 Siehe dazu die Nachweise bei Staudinger/*Stoll*, Int. Sachenrecht (1996), Rn. 21 ff.

heitsrechtlich anerkannte – Grundsatz wurde mit der IPR-Reform aus dem Jahre 1999 ins deutsche Recht in Art. 43 EGBGB aufgenommen.[366]

Die Frage des zuständigen Gerichts ist weder in der EuGVVO noch in der ZPO besonders geregelt. Allerdings findet sich in Art. 22 Nr. 1 S. 1 Alt. 1 EuGVVO eine ausschließliche Zuständigkeit zugunsten der Gerichte am Belegenheitsort einer unbeweglichen Sache, soweit es um dingliche Rechte an ebendieser geht. Daneben besteht die Zuständigkeit der Gerichte am Wohnsitz des Beklagten nach Art. 2 Abs. 1 EuGVVO bzw. § 12 ZPO.[367] Dieser wird dementsprechend vor allem bei beweglichen Sachen relevant. Ein Rückgriff auf autonomes Recht, insbesondere auf § 23 ZPO für den Vermögensgerichtsstand ist nach Art. 3 Abs. 1 EuGVVO nur möglich, wenn der Beklagte keinen Gerichtsstand in einem Mitgliedstaat hat.[368]

Daraus ergibt sich, dass ein Gleichlauf dann erreicht werden kann, wenn die Regelung des Art. 22 Nr. 1 EuGVVO einschlägig ist. Diese vergleichsweise neue Regelung passt sich der verbreiteten Geltung des Grundsatzes der lex rei sitae an. Für die nicht erfassten Bereiche der Miete und Pacht, sowie der beweglichen Gegenstände ist ein Gleichlauf nur dann zu bejahen, wenn die Sache sich am Wohnsitz des Beklagten befindet.

Demzufolge wird in der Mehrzahl der Fälle der Gleichlauf gewahrt, nur im Falle eines Auseinanderfallens von Wohnsitz des Beklagten und Belegenheit einer beweglichen Sache, Miete oder Pacht muss das Gericht eine ausländische Rechtsordnung anwenden.[369]

---

366 Gesetz zum IPR für außervertragliche Schuldverhältnisse und Sachen v. 21. Mai 1999, BGBl. I, 1026.

367 Bamberger/Roth/*Spickhoff*, Art. 43 EGBGB Rn. 20.

368 Zu rechtspolitischen Bedenken gegen den weit gefassten § 23 ZPO und dessen Begrenzung siehe *Pfeiffer*, Internationale Zuständigkeit und prozessuale Gerechtigkeit, S. 523 ff.

369 Dies insbesondere deshalb, weil eine Rechtswahl im internationalen Sachenrecht von der überwiegenden Ansicht aus Gründen des Verkehrsschutzes abgelehnt wird, siehe nur BGH NJW 1997, 461, 462; *Kegel/Schurig*, IPR, S. 766; *von Hoffmann/Thorn*, IPR, § 12 Rn. 10. A.A. z.B. *Weber*, RabelsZ 44 (1980) 510, der sich für eine beschränkte Rechtswahl ausspricht.

2. Parteiautonomie

Eine weitere Möglichkeit, die zu einem Gleichlauf zwischen internationaler Zuständigkeit und anwendbarem Recht führt, ist die Vereinbarung eines Gerichtsstandes in Verbindung mit einer Rechtswahl zugunsten der lex fori. Voraussetzung für einen solchen Gleichlauf ist zunächst einmal die Eröffnung einer Rechtswahlmöglichkeit für die Parteien.

Auch eine Rechtswahl der Parteien kann aber zu einer Divergenz von lex fori und anwendbarem Recht führen. Die Möglichkeit einer Rechtswahl, gestützt auf den Grundsatz der Parteiautonomie, ist eine weit verbreitete Option der Parteien, das anwendbare Recht und somit den Ausgang potentieller Rechtsstreitigkeit vorhersehbarer und berechenbarer zu machen. Aus diesem Grund gewähren sowohl das nationale als auch das internationale Recht verstärkt die Möglichkeit, das auf eine Rechtsstreitigkeit anwendbare Recht zu wählen. Auch wenn gleichzeitig die Möglichkeit einer Gerichtsstandvereinbarung besteht, so unterliegen die Parteien keiner Verpflichtung, einen Gleichlauf herzustellen. Die Rechtswahl unterschiedet sich hinsichtlich der wählbaren Rechtsordnung dahingehend, dass zum *Teil* die Möglichkeit einer unbeschränkten, zum Teil aber nur die Möglichkeit der Wahl einer bestimmten bzw. von bestimmten Rechtsordnungen besteht.

a. Unbeschränkte Parteiautonomie

Hinsichtlich der Möglichkeiten einer unbeschränkten Rechtswahl gilt es zwischen dem autonomen deutschen Recht und dem vereinheitlichten Recht auf EU-Ebene zu unterscheiden.

(1) Im EU-Recht

Zunächst werden die in EU-Verordnungen verankerten Rechtswahlmöglichkeiten näher untersucht.

(a) Art. 3 Rom I-VO

Der Bereich des internationalen Schuldvertragsrechts wird seit dem 17. Dezember 2009 maßgeblich durch die Rom I-VO bestimmt. Mit Erlass des Anpassungsgesetzes zur Rom I-VO wurden die Vorschriften der Artt. 27 ff. EGBGB, die der Umsetzung des EVÜ dienten, abgeschafft.[370] Der Grundsatz der freien

370 Gesetz zur Anpassung der Vorschriften des Internationalen Privatrechts an die Verordnung (EG) Nr. 593/2008, BGBl. 2009, I 1574.

Rechtswahl findet sich nun in Art. 3 Abs. 1 S. 1 Rom I-VO. Am Inhalt der Vorschrift hat sich aber im Vergleich zum EVÜ – trotz zahlreicher Kontroversen im Rahmen des Gesetzgebungsverfahrens[371] – nicht viel geändert.[372] Es besteht weiterhin die Möglichkeit einer konkludenten, sowie einer Teilrechtswahl, Art. 3 Abs. 1 S. 1, 2 Rom I-VO. Auch an der Regelung der Rechtswahl bei reinen Inlandssachverhalten, die nicht die Geltung zwingender Bestimmungen berührt, hat sich nichts geändert, Art. 3 Abs. 3 Rom I-VO. Zustandekommen und Wirksamkeit der Rechtswahl beurteilen sich gemäß Art. 3 Abs. 5 Rom I-VO nach den Artt. 10, 11 und 13 Rom I-VO. Maßgeblich ist demnach – wie auch schon unter Geltung des EVÜ – das gewählte Recht.

Im Unterschied zum vorhergehenden Entwurf der Kommission aus dem Jahre 2005 findet sich in der endgültigen Fassung des Art. 3 Rom I-VO aber nicht mehr die Möglichkeit der Wahl nichtstaatlichen Rechts.[373] Diese Möglichkeit hätte die Privatautonomie erweitert, fraglich ist aber, ob sie sie auch wirklich gestärkt hätte. Kritisiert wurde an der Regelung einerseits, dass sie zu Rechtsunsicherheit führe, da aus dem Kommissionsvorschlag nicht hervorging, was genau unter die Begriffe der „auf internationaler oder Gemeinschaftsebene anerkannte Grundsätze und Regeln des materiellen Vertragsrechts“ zu fassen sei.[374] Daneben wurden die Lückenhaftigkeit und der damit einhergehende Rückgriff auf staatliches Recht kritisiert.[375]

An der Beibehaltung der Regelung des EVÜ zeigt sich, dass sich der Grundsatz der Parteiautonomie auch im Recht der Europäischen Union bewährt hat und als fundamental für einen liberal organisierten Binnenmarkt angesehen wird.[376] Somit besteht im Bereich des internationalen Schuldvertragsrechts eine

371 Siehe hierzu Rauscher/*von Hein*, Art. 3 Rom I-VO Rn. 5 ff.

372 Insbesondere ist die endgültige Fassung näher am EVÜ als der Kommissionsvorschlag von 2005, so auch *Garcimartín Alférez*, EuLF 2008, I-61, I-66 f.

373 Nach Art. 3 Abs. 2 Rom I-VOE (2005) „können [die Parteien] als anzuwendendes Recht auch auf internationaler oder Gemeinschaftsebene anerkannte Grundsätze und Regeln des materiellen Vertragsrechts wählen."

374 *Lagarde*, Rev. crit. dip 2006, 331, 336; *Mankowski*, IPRax 2006, 101, 102.

375 *Garcimartín Alférez*, EuLF 2008, I-67; *Kropholler*, IPR, § 52 II 3 e; *Martiny*, ZEuP 2008, 88.

376 *Mankowski*, IHR 2008, 133, 134.

weitgehende Rechtswahl für die Parteien, die sich insbesondere auch auf die lex fori beziehen kann.[377]

(b) Art. 14 Rom II-VO

Die Materie der außervertraglichen Schuldverhältnisse ist ebenfalls stark geprägt durch die Vereinheitlichung bzw. Harmonisierung auf Ebene der EU. Seit dem 11. Januar 2009 regelt nun Art. 14 Rom II-VO den Bereich der Rechtswahl im internationalen Deliktsrecht im Rahmen des Anwendungsbereiches der Verordnung. Die Regelung des Art. 14 Rom II-VO weicht von der nationalen Regelung des Art. 42 EGBGB jedoch ab: Art. 14 Rom II-VO ermöglicht neben der Rechtswahl nach Eintritt des schadensbegründenden Ereignisses, Art. 14 Abs. 1 lit. a, auch eine vorherige Rechtswahl, also bereits vor Eintritt des schadensbegründenden Ereignisses. Dies gilt jedoch nur dann, wenn es sich bei den Parteien ausschließlich um Unternehmer handelt, Art. 14 Abs. 1 lit. b Rom II-VO. Hinsichtlich der wählbaren Rechtsordnungen ist aber sowohl die nachträgliche als auch die vorherige Rechtswahl unbeschränkt.

(2) Im autonomen Recht

Eine Möglichkeit einer unbeschränkten Rechtswahl bietet sich im internationalen Deliktsrecht gemäß Art. 42 EGBGB. Beschränkt wird diese Wahlmöglichkeit nur in zeitlicher Hinsicht, vorgesehen ist diese Wahl nur nach Eintritt des schadensbegründenden Ereignisses. Hinsichtlich der wählbaren Rechtsordnungen ist sie aber unbeschränkt.

b. Beschränkte Parteiautonomie

In einigen Bereichen wird die Parteiautonomie zum Schutz der schwächeren Vertragspartei auf die Wahl bestimmter – vorhersehbarer – Rechtsordnungen beschränkt.

(1) Im EU-Recht

Im EU-Recht finden sich ebenfalls Möglichkeiten einer nur beschränkten Rechtswahl.

---

377 Zum Zusammenhang zwischen Gerichtsstandsvereinbarung und Rechtswahl siehe sogleich unter A.I.4.

(a) Art. 5 Abs. 2 Rom I-VO

Art. 5 Rom I-VO regelt das auf Beförderungsverträge anzuwendende Recht.[378] Dabei wird unterschieden zwischen der Güter- und der Personenbeförderung. Für die Rechtswahl hinsichtlich der Beförderung von Gütern gilt die Grundregel des Art. 3 Rom I-VO, eine Rechtswahl ist somit unbeschränkt möglich.[379] Im Falle der Beförderung von Personen sieht Art. 5 Abs. 2 Rom I-VO eine spezielle Regelung für die Rechtswahl vor. Danach wird die Rechtswahl in Unterabsatz 2 auf fünf Rechtsordnungen in Form des gewöhnlichen Aufenthalts von Beförderer und Beförderterm, des Abgangs- und Bestimmungsortes der Beförderung sowie der Hauptverwaltung des Beförderers beschränkt. Diese Beschränkung der Rechtswahl soll sowohl dem Schutz des Beförderten als der typischerweise schwächeren Partei als auch dem Schutz des Beförderers dienen,[380] führt aber keineswegs zu einem strengen Gleichlauf von anwendbarem Recht und internationaler Zuständigkeit, soweit keine Gerichtsstandsvereinbarung vorliegt, insbesondere weil das zuständige Gericht unbeschränkt vereinbart werden kann.[381] Außerhalb einer Gerichtsstandsvereinbarung richtet sich das zuständige Gericht nach Art. 5 Nr. 1 lit. b 2. Spiegelstrich EuGVVO.[382] Maßgeblich ist demzufolge der Ort der Verrichtung der Dienstleistung im Sinne des Ziels der Beförderung.[383] Daneben kann aber auch am Ort des Ausgangs der Beförderung Klage erhoben werden.[384]

Demzufolge stehen bei Personenbeförderungsverträgen eine Mehrzahl von Gerichtsständen sowie anwendbaren bzw. wählbaren Rechtsordnungen zur Ver-

---

378 Zu dieser Regelung des Art. 5 Rom I-VO weitergehend *Mankowski*, TranspR 2008, 339; *R. Wagner*, TranspR 2008, 221.

379 Vgl dazu auch MüKoBGB/*Martiny*, Art. 5 Rom I-VO Rn. 12; *R. Wagner*, TranspR 2008, 221, 223.

380 Hierzu *R. Wagner*, TranspR 2008, 221, 222.

381 Eine Ausnahme gilt für die Schutzvorschriften zugunsten der schwächeren Vertragspartei nach Art. 23 Abs. 5 EuGVVO.

382 Rauscher/*Leible*, Art. 5 Brüssel I-VO Rn. 50.

383 In diesem Sinne jüngst EuGH Rs. C-204/08 – *Peter Rehder gegen Air Baltic Corporation*, Slg. 2009, I-6073 Rn. 41. Maßgeblich ist der Ort der tatsächlichen Erbringung der Dienstleistung, Rauscher/*Leible*, Art. 5 Brüssel I-VO Rn. 51.

384 EuGH Rs. C-204/08 – *Peter Rehder gegen Air Baltic Corporation*, Slg. 2009, I-6073 Rn. 41.

fügung, die häufig zu einem Auseinanderfallen von lex causae und lex fori führen können.

(b) Art. 7 Abs. 3 Rom I-VO

In Art. 7 Rom I-VO findet sich eine Regelung hinsichtlich des auf Versicherungsverträge anzuwendenden Rechts.[385] Auch in dieser Vorschrift wird je nach Regelungsgegenstand unterschieden, ob ein Vertrag der unbeschränkten Rechtswahl nach Art. 3 Rom I-VO oder der beschränkten Rechtswahl nach Art. 7 Abs. 3 Rom I-VO unterliegt. Unbeschränkt ist die Rechtswahl im Bereich der Versicherungsverträge über Großrisiken nach Art. 7 Abs. 2 Rom I-VO möglich.[386] Für die Fälle der Versicherungsverträge über Massenrisiken sieht Abs. 3 zum Schutz des grundsätzlich schwächeren Versicherungsnehmers eine Beschränkung der Rechtswahl hinsichtlich verschiedener Rechtsordnungen vor, die eine Nähebeziehung zum versicherten Risiko bzw. Versicherer oder Versicherungsnehmer aufweisen.[387] Die Rechtswahl wird nach Art. 7 Abs. 3 S. 2 Rom I-VO aber wiederum für den Fall erweitert, dass die nach litt. a, b oder e berufenen Staaten eine größere Rechtswahlfreiheit einräumen.[388]

Die internationale Zuständigkeit der Versicherungsverträge richtet sich nach Artt. 8 ff. EuGVVO. Nach Art. 9 Abs. 1 litt. a–c EuGVVO kann der Versicherungsnehmer den Versicherer an dessen Wohnsitz, an seinem eigenen Wohnsitz oder im Falle der Klage eines Mitversicherers am Sitz des federführenden Versicherers verklagen. Art. 11 EuGVVO erweitert die Möglichkeiten der Klageer-

385 Mit Ausnahme des Gebiets der betrieblichen Altersvorsorge, Kranken- und Unfallversicherung gemäß Art. 1 Abs. 2 lit. j Rom I-VO ist die Verordnung – im Unterschied zur Vorgängerregelung des EVÜ – auf nahezu alle Arten von Versicherungsverträgen anwendbar.

386 So auch schon nach der deutschen Vorgängerregelung in Art. 10 Abs. 1 EGVVG a.F. Der Begriff der Großrisiken wird in Art. 5 d der RL 73/239/EWG (Erste Schadensversicherungsrichtlinie) definiert.

387 Siehe dazu auch *Fricke*, VersR 2008, 443, 448; *Looschelders/Smarowos*, VersR 2010, 1, 5. Namentlich das Recht der Risikobelegenheit zum Zeitpunkt des Vertragsschlusses (lit. a), das Recht am gewöhnlichen Aufenthalt des Versicherungsnehmers (lit. b), bei Lebensversicherungen: Recht der Staatsangehörigkeit des Versicherungsnehmers (lit. c), das Recht am Ort des Eintritts des versicherten Risikos (lit. d) und zuletzt bei einem unternehmerischen Versicherungsnehmer mit Risikobelegenheit in verschiedenen Staaten (lit. e) das Recht eines der Staaten der Risikobelegenheit oder das Recht am gewöhnlichen Aufenthalt des Versicherungsnehmers.

388 Dabei handelt es sich um eine Gesamtverweisung.

hebung bei der Haftpflichtversicherung auf eine Klage vor dem Gericht nach Art. 9 Abs. 1 EuGVVO.

Demzufolge ergibt sich hier hinsichtlich eines Gleichlaufes ein ähnliches Bild wie bei den Beförderungsverträgen: Auch im Bereich der Versicherungsverträge bestehen weiterhin verschiedene Möglichkeiten des Auseinanderfallens von lex fori und lex causae durch Klageerhebung vor einem Gericht nach Art. 9 Abs. 1 EuGVVO verbunden mit einem von dessen Recht abweichender Rechtswahl. Insbesondere die Möglichkeit der Klageerhebung nach Art. 11 EuGVVO kann im Falle der Klage am Sitz des Haftpflichtversicherten nach Art. 9 Abs. 1 lit. b EuGVVO häufig zur Anwendung ausländischen Rechts führen.[389] Dies wird durch die Entscheidung des EuGH in der Rechtssache *Odenbreit* weiter begünstigt.[390] Danach kann der Geschädigte seine Klage auf Ersatz seiner Ansprüche gegen seine Versicherung aus einem Verkehrsunfall, der sich im Ausland abgespielt hat, auch vor den Gerichten des Ortes seines inländischen Wohnsitzes geltend machen.[391] Unter dem Aspekt der Beweisnähe sowie hinsichtlich der Zeit und der entstehenden Kosten erscheint diese Entscheidung zweifelhaft, die Anwendungsfälle ausländischen Rechts werden damit aber sicherlich erhöht.

(c) Art. 17 Rom IV-VOE

Art. 17 des Kommissionsvorschlags für eine Verordnung in Erbsachen (Rom IV-VOE) enthält ebenfalls die Möglichkeit für den Erblasser das auf seine Rechtsnachfolge anwendbare Recht zu bestimmen. Wählbar ist danach allein das Recht der Staatsangehörigkeit des Erblassers.

Daraus ergibt sich im Zusammenhang mit der Vorschrift des Art. 5 Rom IV-VOE, die eine Weiterleitung des Verfahrens an das Gericht des nach Art. 17 gewählten Rechts – unter näher spezifizierten Voraussetzungen – vorsieht, dass auch hier das Prinzip des Gleichlaufs gewahrt werden soll, soweit dies den Interessen der beteiligten Personen entspricht. Dennoch steht dieser Gleichlauf einerseits unter der Voraussetzung eines Antrags einer der Parteien, andererseits

---

389 Siehe dazu jüngst auch OLG München, IPRspr. 2008 Nr. 1.

390 Siehe dazu nur die Entscheidung des EuGH in der Rechtssache C-463/06 – *FBTO Schadeverzekeringen NV/Jack Odenbreit*, Slg. 2007, I-11321.

391 Dies gilt unter der weiteren Einschränkung, dass eine unmittelbare Klage gegen die Versicherung zulässig ist und die Versicherung in einem EU-Mitgliedstaat ansässig ist, vgl. EuGH, Rs. C-463/06 – *FBTO Schadeverzekeringen NV/Jack Odenbreit*, Slg. 2007, I-11321.

muss zuerst das Gericht nach Art. 4 Rom IV-VOE angerufen werden, welches dann eine Weiterleitung an ein besser geeigneteres Gericht veranlassen kann. Dies steht aber wiederum unter dem Vorbehalt, dass überhaupt das Gericht nach Art. 4 Rom IV-VOE angerufen wird. Ist aber vielmehr das Gericht am Belegenheitsort von Nachlassgegenständen zuständig, kommt eine Weiterleitung nicht in Betracht. In diesem Fall ist ein Auseinanderfallen von zuständigem Gericht und anwendbarem Recht nicht unwahrscheinlich.

(d) Artt. 7, 8 HUP

Im Bereich des Internationalen Unterhaltsrechts finden sich Möglichkeiten der Rechtswahl in Artt. 7 und 8 HUP.[392] Nach Art. 7 HUP kann das Recht des Staates gewählt werden, in dem ein bestimmtes Verfahren stattfindet, allerdings beschränkt auf dieses eine Verfahren. Daneben sieht Art. 8 die Wahl verschiedener Rechte vor: nach lit. a kann das Heimatrecht einer der Parteien gewählt werden, nach lit. b das Recht am gewöhnlichen Aufenthalt einer der Parteien, nach lit. c wird angeknüpft an den gewählten oder objektiv bestimmten Güterstand der Parteien und nach lit. d besteht die Möglichkeit der Wahl des gewählten oder objektiven Scheidungsstatuts.[393] Diese Rechtswahlmöglichkeit besteht aber dann nicht, wenn die Unterhaltspflichten eine Person betreffen, die das 18. Lebensjahr noch nicht vollendet hat.

Verglichen mit der Regelung zur internationalen Zuständigkeit in Artt. 3 ff. EuUntVO,[394] finden nahezu alle Rechtswahlmöglichkeiten Parallelen im Rahmen der internationalen Zuständigkeit, insbesondere im Verhältnis von Art. 8 lit. b HUP zu Art. 3 litt. a, b EuUntVO. Damit wird der Gleichlauf von lex fori und lex causae gefördert. Durch die damit einhergehende Vielzahl abweichender Möglichkeiten der Klageerhebung und Rechtswahl ist ein Auseinanderfallen von lex fori und lex causae aber auch im Bereich des internationalen Unterhaltsrechts nicht unwahrscheinlich.

(2) Im autonomen Recht

Möglichkeiten einer nur beschränkten Rechtswahl finden sich vermehrt im Bereich des deutschen internationalen Familienrechts. Grund dafür ist die hier häu-

---

392 Zum HUP siehe bereits zuvor unter A.I.1.a.3.

393 Nach Art. 7 Abs. 2 HUP bedarf es bei einer Rechtswahl vor Einleitung des Verfahrens der Schriftform, bei einer Rechtswahl nach Art. 8 HUP ist diese immer vorgeschrieben, Abs. 2.

394 Siehe dazu oben unter A.I.1.a.3.

figere Berührung der Interessen Dritter. Eine solche beschränkte Rechtswahl sieht zum Beispiel Art. 14 Abs. 2 EGBGB vor. Dieser gewährt den Ehegatten hinsichtlich ihrer allgemeinen Ehewirkungen die Wahl zugunsten eines gemeinsamen Heimatrechts. In Bezug auf Fragen des Güterstandes gewährt Art. 15 Abs. 2 Nr. 1–3 EGBGB den Ehegatten ebenfalls eine, wenn auch nur beschränkte Rechtswahlmöglichkeit. Wählbar sind das Heimatrecht (Nr. 1) oder das Aufenthaltsrecht (Nr. 2) eines der Ehegatten, oder im Falle von unbeweglichem Vermögen das Recht dessen Lageortes (Nr. 3). Im Bereich des Scheidungsrechts werden die Regeln der Allgemeinen Ehewirkungen für anwendbar erklärt, Art. 17 Abs. 1 EGBGB. Demzufolge besteht hier die Möglichkeit einer Rechtswahl nach Artt. 17 Abs. 1, 14 Abs. 2 EGBGB beschränkt auf ein gemeinsames Heimatrecht der Ehegatten.

Ebenfalls eine nur beschränkte Rechtswahl gewährt Art. 25 Abs. 2 EGBGB im Bereich des noch nicht vereinheitlichten internationalen Erbrechts. Beschränkt wird diese Rechtswahl auf deutsches Recht für unbewegliches Vermögen zugunsten dessen Lageortes, soweit sich dieser in Deutschland befindet.

Das Internationale Namensrecht gemäß Art. 10 EGBGB gewährt ebenso nur die Möglichkeit einer beschränkten Rechtswahl. Diese Rechtswahlmöglichkeit für Ehegatten hinsichtlich ihres Ehenamens beschränkt sich auf das Heimatrecht eines der Ehegatten, unabhängig davon, ob es sich um die effektive Staatsangehörigkeit handelt, Art. 10 Abs. 2 Nr. 1 EGBGB, oder einseitig auf das deutsche Recht bei gewöhnlichem Aufenthalt eines Ehegatten in Deutschland, Art. 10 Abs. 2 Nr. 2 EGBGB. Auf diese Regelung des Art. 10 Abs. 2 EGBGB verweist auch Art. 17b Abs. 2 EGBGB für den Bereich der eingetragenen Lebenspartnerschaft und gewährt hier für die Namenswahl somit ebenso nur eine beschränkte Rechtswahl.

3. Möglichkeiten einer Gerichtsstandsvereinbarung

Neben der Möglichkeit der Beeinflussung des anwendbaren Rechts können die Parteien das zuständige Gericht mittels einer Gerichtsstandsvereinbarung wählen. In diesem Bereich der Gerichtsstandsvereinbarungen gibt es verschiedene Regelungsmodelle, die zwingend oder alternativ zur Anwendung gelangen und einen Gleichlauf entweder begünstigen oder verhindern können.

a. Art. 23 EuGVVO

Art. 23 EuGVVO[395] sieht die Möglichkeit vor, ein Gericht für international – und wenn auch nicht zwingend –[396] örtlich zuständig zu erklären. Diese Vereinbarung muss sich auf ein bestimmtes oder zumindest hinreichend bestimmbares Rechtsverhältnis beziehen.[397] Nicht erforderlich ist hingegen ein Bezug des Rechtsstreites oder der Parteien zu dem prorogierten Gericht, Voraussetzung ist nur, dass dieses prorogierte Gericht in einem der Mitgliedstaaten liegt.[398] Ausnahmen bestehen nach Art. 23 Abs. 5 EuGVVO aber wiederum im Falle von Verbraucher- (Art. 17 EuGVVO), Arbeitnehmer- (Art. 21 EuGVVO) und Versicherungssachen (Art. 13 EuGVVO). In ihrem Anwendungsbereich verdrängt die Vorschrift autonomes Zuständigkeitsrecht.[399]

In der Gesamtbewertung eröffnet Art. 23 EuGVVO ein liberales Regime zur Vereinbarung der gerichtlichen Zuständigkeit. Die Norm ist in ihrem persönlichen Anwendungsbereich nicht auf Unternehmer beschränkt, sondern sieht für nicht unternehmerisch handelnde Personen vielmehr Schutzvorschriften in Art. 23 Abs. 5 i.V.m. Artt. 13, 17 bzw. 21 EuGVVO vor. Räumlich wird die Vorschrift auf die Vereinbarung mitgliedstaatlicher Gerichte beschränkt. Durch diese Beschränkung wird der Anwendungsbereich der Norm zwar reduziert, in Anbetracht der mittlerweile 27 Mitgliedstaaten der Europäischen Union bleibt aber dennoch eine Vielzahl an möglichen Zuständigkeitsvereinbarungen. Entscheidend aber ist, dass der Rechtsstreit keinerlei Bezug zum prorogierten Mitgliedstaat haben muss.[400]

---

395 Eine entsprechende Vorschrift findet sich auch in Art. 23 LugÜ (2007).

396 Wird nur die internationale Zuständigkeit der Gerichte eines Mitgliedstaates vereinbart, richtet sich die örtliche Zuständigkeit nach dem autonomen Recht des prorogierten Staates, vgl. *Nagel/Gottwald*, IZPR, Rn. 133.

397 *Nagel/Gottwald*, IZPR, Rn. 133.

398 EuGH, Rs. 56/79 – *Zelger v. Salinitri*, Slg. 1980, 89.

399 BGHZ 82, 110, 114; *Geimer*/Schütze, EuZVR, Art. 23 EuGVO Rn. 69; *Kropholler*, EuZPR, Art. 23 EuGVO Rn. 16; MüKoZPO/*Patzina*, § 38 Rn. 25.

400 *Aull*, Geltungsanspruch, S. 125 ff.; *Geimer/Schütze*, EuZVR, Art. 23 EuGVO Rn. 177; *Kropholler*, EuZPR, Art. 23 EuGVO Rn. 86. Dem widerspricht aber wiederum die Möglichkeit der Rechtswahl, die sich nach den europäischen Verordnungen nicht auf die Mitgliedstaaten der EU beschränkt. Deren Vorschriften sind vielmehr als *lois uniformes* in dieser Hinsicht unbeschränkt ist.

Demzufolge bietet Art. 23 EuGVVO eine gute Möglichkeit mittels einer isolierten Gerichtsstandsvereinbarung ohne Rechtswahl ein Auseinanderfallen von lex fori und lex causae sowohl zu begünstigen als auch zu verhindern.

b. Artikel 4 EuUntVO

Auch die EuUntVO sieht in Art. 4 die Möglichkeit vor, im Bereich von Unterhaltssachen das zuständige Gericht zu wählen. Im Falle dieser Vorschrift sind die Gerichte, die vereinbart werden können, allerdings begrenzt durch Art. 4 Abs. 1 litt. a–c EuUntVO. Vereinbarungsfähig sind demnach die Gerichte des Mitgliedstaates am Ort des gewöhnlichen Aufenthalts einer der Parteien (lit. a), die mitgliedstaatlichen Gerichte des Heimatrechts einer der Parteien (lit. b) sowie im Falle des Ehegattenunterhalts die Gerichte, die für weitere Streitigkeiten der Parteien zuständig sind (lit. c i) oder des letzten gemeinsamen gewöhnlichen Aufenthaltes der Ehegatten (lit. c ii). Grund für diese Einschränkung der wählbaren Gerichte ist der Schutz des Unterhaltsgläubigers, der grundsätzlich als die schwächere Partei anzusehen ist.

c. § 38 ZPO

Im deutschen autonomen Recht findet sich eine Möglichkeit zur Vereinbarung eines Gerichtsstandes in § 38 ZPO. Danach können Kaufleute ein ursprünglich unzuständiges Gericht durch ausdrückliche oder stillschweigende Vereinbarung für zuständig erklären. Der Anwendungsbereich des § 38 ZPO, insbesondere Abs. 2 für Nicht-Kaufleute, beschränkt sich jedoch auf die Vereinbarung deutscher Gerichte.

d. Haager Gerichtsstandsübereinkommen

Neben diesen unmittelbar geltenden Vorschriften hat die Haager Konferenz für Internationales Privatrecht im Jahre 2005 ein Übereinkommen über Gerichtsstandsvereinbarungen verabschiedet.[401] Dieses Übereinkommen ist mit der Ratifizierung durch Mexiko und die Unterzeichnung durch die USA und die Europäische Union auf dem besten Weg bald in Kraft zu treten.[402] Beschränkt wird dieses Übereinkommen in seinem Anwendungsbereich aber auf so genannte

---

401 Haager Übereinkommen über Gerichtsstandsvereinbarungen vom 30. Juni 2005. Eine offizielle deutsche Übersetzung findet sich unter http://www.hcch.net/upload/text37d.pdf. Siehe dazu u.a. *Eichel*, RIW 2009, 287; *Schulz*, Yb PIL 7 (2005) 1; ausführlich *R. Wagner*, RabelsZ 73 (2009) 100.

402 Maßgeblicher Zeitpunkt für das Inkrafttreten des Übereinkommens ist die zweite Ratifizierung, Art. 31 Abs. 1 HGÜ.

B2B-Transaktionen, Verbrauchersachen unterfallen dem Übereinkommen somit nicht, Art. 2 Abs. 1 lit. a HGÜ. Zudem ist das HGÜ im Verhältnis zwischen den Mitgliedstaaten der EU nachrangig zur EuGVVO, soweit beide Parteien ihren Wohnsitz in einem Mitgliedstaat haben, Art. 26 Abs. 6 lit. a HGÜ. Hat aber eine der Parteien ihren Sitz in einem HGÜ-Staat, der kein EuGVVO-Staat ist, so findet wiederum allein das HGÜ Anwendung. Das Übereinkommen sieht keine Beschränkung auf bestimmte vereinbarungsfähige Gerichtsstände vor.[403]

Im internationalen Handelsverkehr zu Drittstaaten bietet das Übereinkommen – trotz seiner Beschränkung auf unternehmerisches Tätigwerden – eine gute Grundlage zur Vereinbarung von Gerichtsständen, insbesondere auch im Verhältnis zu den USA. Daraus geht zwar einerseits die Möglichkeit der Vereinbarung der lex causae, andererseits aber gerade auch die Möglichkeit eines davon abweichenden Gerichtsstandes hervor, so dass auch in diesem Bereich ein Gleichlauf zwar einerseits gefördert wird, andererseits aber auch verhindert werden kann.

4. Zusammenhang zwischen Gerichtsstandsvereinbarung und Rechtswahl

Die Anwendbarkeit ausländischen Rechts wird in einer Vielzahl von Fällen von den nationalen Gerichten konterkariert. Insbesondere auch die deutschen Gerichte schließen aus einer Gerichtsstandsvereinbarung zugunsten deutscher Gerichte konkludent auf die Wahl deutschen Rechts und umgehen so die Anwendung ausländischen Rechts.[404] Hinzu kommt, dass die Anwendbarkeit ausländischen Rechts von unterinstanzlichen Gerichten häufig ignoriert wird, im Gegenzug wird dann in der Rechtsmittelinstanz das unterinstanzliche Verfahren als konkludente Rechtswahl gewertet.[405]

Es stellt sich aber die Frage, inwieweit aus einer Gerichtsstandsvereinbarung überhaupt ein Rückschluss auf das anwendbare Recht gezogen werden kann und umgekehrt. Grundsätzlich gilt, dass aus der Wahl einer Rechtsordnung nicht auch auf die Prorogation der jeweiligen staatlichen Gerichte und aus einer Gerichtsstandsvereinbarung nicht auf eine damit einhergehende Wahl der lex fori

403 Im Haager Gerichtsstandsübereinkommen von 1965 war die Möglichkeit der Vereinbarung noch beschränkt auf bestimmte Gerichtsstaaten, dieses ist aber ohnehin nicht in Kraft getreten, da es allein von Israel gezeichnet wurde. Vgl. dazu die Statustabelle auf http://hcch.e-vision.nl/index_en.php?act=conventions.status&cid=77.

404 BGH IPRspr. 2004 Nr. 28, S. 66; OLG Frankfurt/Main, IPRspr. 1997, Nr. 33, S. 60.

405 *G. Wagner*, ZEuP 1999, 1, 6.

geschlussfolgert werden kann.[406] Dieser Grundsatz kommt auch in Erwägungsgrund 12 Rom I-VO dahingehend zum Ausdruck, dass allein die Gerichtsstandsvereinbarung nicht auch die Wahl der lex fori beinhalte. Die Gerichtsstandsvereinbarung ist aber ein Faktor, der dann zu berücksichtigen ist, wenn unklar ist, ob eine Rechtswahl überhaupt getroffen wurde. Dieser Erwägungsgrund fand sich bereits in ähnlicher Form in Art. 3 Abs. 1 S. 3 Rom I-VOE (2005).[407] Diese Regelung ging weiter als der jetzige Erwägungsgrund 12 Rom I-VO und statuierte eine Vermutung, dass im Falle einer Gerichtsstandsvereinbarung auch die lex fori mitbestimmt wurde. Diese Vermutungsregel sah sich aber einiger Kritik ausgesetzt, was dann auch zur Nichtberücksichtigung in der endgültigen Fassung führte.[408] Gegen diese Vermutung wurde zunächst einmal angeführt, dass die Parteien, wenn sie sich der Möglichkeit einer Gerichtsstandsvereinbarung bewusst sind, grundsätzlich auch über die Möglichkeit der Rechtswahl Kenntnis haben, so dass die unterlassene Rechtswahl in der Mehrzahl der Fälle gerade beabsichtigt wurde.[409] Grund für die unterlassene Rechtswahl kann vor allem ein fehlender Konsens der Parteien sein. Nur wenn die Parteien sich wirklich nicht ihrer Rechtswahlmöglichkeit bewusst waren, hätte die Vermutung des Art. 3 Abs. 1 S. 3 Rom I-VOE (2005) für das angerufene Gericht hilfreich sein können. Aber auch in diesem Fall wäre den Parteien ein Wille unterstellt worden, den sie in dieser Form überhaupt nicht gebildet hatten.[410] Diese Erwägungen führten dazu, dass die Gerichtsstandsvereinbarung nach Erwägungsgrund 12 der endgültigen Verordnung nunmehr nur noch als ein Faktor unter mehreren Berücksichtigung finden kann. Erwägungsgrund 12 Rom I-VO beschränkt sich aber auf Gerichtsstandsvereinbarungen zugunsten der Gerichte eines EU-Mitgliedstaates. Dies verwundert, da die Vorschriften der Rom I-Verordnung als *lois uniformes* auch Anwendung finden, wenn sie das Recht eines Drittstaates berufen.

406 *Geimer*, IZPR, Rn. 1674 ff.; Reithmann/Martiny/*Martiny*, Rn. 86.

407 Dieser Erwägungsgrund lautete: „Haben die Parteien vereinbart, dass über bereits entstandene oder künftige Streitigkeiten aus einem Vertrag ein Gericht oder die Gerichte eines Mitgliedstaates entscheiden sollen, wird vermutet, dass die Parteien damit auch das Recht dieses Mitgliedstaates gewählt haben."

408 *Lagarde*, Rev. crit. dip 2006, 331, 335; *Garcimartín Alférez*, EuLF 2008, I-61, I-67. Kritisch auch Reithmann/Martiny/*Martiny*, Rn. 116 („... zu weitgehend...").

409 *Lagarde*, Rev. crit. dip 2006, 331, 335; *Garcimartín Alférez*, EuLF 2008, I-61, I-67.

410 *Garcimartín Alférez*, EuLF 2008, I-61, I-67.

Umgekehrt darf auch aus einer Rechtswahlklausel nicht auf die Zuständigkeit der Gerichte des Staates des gewählten Rechts geschlossen werden bzw. darf nicht die Zuständigkeit eines Gerichts mittels einer Rechtswahlklausel als prorogiert angesehen werden.[411]

Folglich bleibt es für die Frage, inwieweit Gerichtsstands- und Rechtswahlklausel miteinander in Zusammenhang stehen, bei der Maßgeblichkeit des angerufenen Gerichts.[412] Nach deutscher lex fori hat die Wahl eines Gerichtsstandes nur Indizwirkung für eine konkludente Rechtswahl.[413] Lex fori und lex causae sind grundsätzlich strikt voneinander zu trennen.[414]

II. Zusammenfassung

Zusammenfassend lässt sich feststellen, dass ein Gleichlauf zwischen anwendbarem Recht und international zuständigem Gericht in einigen Bereichen bereits durch eine gesetzliche Regelung begünstigt wird. Daneben besteht in vielen Bereichen die Möglichkeit der Parteien, einen Gleichlauf auf Grund der ihnen zustehenden Parteiautonomie herzustellen. Dabei sollte aber nicht unberücksichtigt bleiben, dass ein solcher Gleichlauf auch nicht zwingend angestrebt werden sollte. So kann es in vielen Bereichen gerade erstrebenswert sein, einen solchen Gleichlauf auf Grund anderer Ziele, insbesondere der Erreichung eines internationalen Entscheidungseinklangs oder des Schutzes der schwächeren Vertragspartei, zurückstehen zu lassen.

Sowohl im Internationalen Privat- als auch Zivilverfahrensrecht ist der Schutz der schwächeren Partei als ein solches Ziel hervorzuheben. Hingewiesen sei dabei insbesondere auf die Schutzvorschriften in Artt. 9 ff., 15 ff. bzw. 18 ff.

---

411 *Geimer/Schütze*, EuZVR, Art. 23 EuGVVO Rn. 175; a.A. Reithmann/Martiny/*Hausmann*, Rn. 6354, dieser verlangt aber „größte Zurückhaltung".

412 *Geimer/Schütze*, EuZVR, Art. 23 EuGVVO Rn. 174; Reithmann/Martiny/*Hausmann*, Rn. 6354.

413 BGH IPRspr. 1991 Nr. 171; *Geimer/Schütze*, EuZVR, Art. 23 EuGVVO Rn. 174; Reithmann/Martiny/*Hausmann*, Rn. 6354. So auch das schweizerische BG AWD 1970, 130. Der Rückschluss von einer Gerichtsstandsvereinbarung auf die damit einhergehende Wahl der lex fori wird von den Gerichten, insbesondere zur Einsparung der Zeit und Kosten, die damit der Anwendung und Ermittlung ausländischen Rechts einhergehen, häufig praktiziert, BGHZ 104, 268; BGH IPRspr. 1989 Nr. 172; BGH IPRspr. 1991 Nr. 171; BGH IPRspr. 1996 Nr. 36.

414 *Geimer/Schütze*, EuZVR, Art. 23 EuGVVO Rn. 172; Reithmann/Martiny/*Hausmann*, Rn. 6354.

EuGVVO, sowie Artt. 6, 8 Rom I-VO. Hinter einem solchen Schutzzweck muss das Ziel der Herstellung eines Gleichlaufes unter Umständen zurückstehen. Daneben steht auch der Zweck der EuGVVO, das sachnächste Gericht zur Zuständigkeit zu berufen. Bestärkt wird dieses Ziel durch die Prozessökonomie, die ein schnelles und vor allem ein kostengünstiges Verfahren, insbesondere in Fällen mit einem geringen Streitwert, erfordert. Daneben steht das Ziel der Rechtssicherheit hinter den Gerichtsständen der EuGVVO. Diese Erwägungen und Ziele dürfen nicht zur Herstellung eines verstärkten Gleichlaufes unterlaufen werden.

B. Regelungslücken

Nachdem die Frage geklärt wurde, inwieweit ein Auseinanderfallen von lex fori und lex causae trotz der Vereinheitlichungstendenzen auf internationaler und europäischer Ebene weiterhin möglich ist, stellt sich die Folgefrage, inwieweit bestehende Regelungen die Anwendung und Ermittlung ausländischen Rechts bereits umfassend regeln. Dabei soll zunächst der Blick auf die internationale Ebene (I.), im Anschluss auf die europäische Ebene (II.) gerichtet werden.

I. Internationale Übereinkommen

Auf internationaler Ebene gilt es zunächst das multilaterale Rechtsauskunftsübereinkommen von 1968 (1.), einen von Deutschland mit Marokko geschlossenen bilateralen Vertrag (2.) sowie die bereits erwähnten Arbeiten der Haager Konferenz für Internationales Privatrecht (3.) zu betrachten.

1. Europäisches Rechtsauskunftsübereinkommen von 1968

Im Bereich der Anwendung und Ermittlung ausländischen Rechts existiert das Europäische Übereinkommen betreffend Auskünfte über ausländisches Recht (AuskÜ).[415] Dieses Übereinkommen wurde im Jahre 1968 beschlossen, für Deutschland ist es 1975 in Kraft getreten. Begleitet wurde das Übereinkommen von einem Ausführungsgesetz.[416] Im vorliegenden Zusammenhang stellt sich die

---

415 Londoner Europäisches Übereinkommen betreffend Auskünfte über ausländisches Recht v. 7. Juni 1968, BGBl. 1974 II, 938, für die BRD in Kraft getreten am 19. März 1975, abgedruckt in *Jayme/Hausmann*, Nr. 200.

416 Gesetz zur Ausführung des Europäischen Übereinkommens betreffend Auskünfte über ausländisches Recht und seines Zusatzprotokolls (Auslands-Rechtsauskunftsgesetz) v. 5. Juli 1974, BGBl. 1974 I, 1433. Später wurde das Übereinkommen mittels seines Zusatzprotokolls auch auf Strafsachen erweitert. Dieses Protokoll ist aber für Deutschland nicht verbindlich, BGBl. 1987 II, 58.

Frage, inwieweit das Londoner Rechtsauskunftsübereinkommen bereits eine hinreichende Regelung darstellt, die eine Neuregelung entbehrlich machen würde.

a. Darstellung des Übereinkommens

Das Übereinkommen regelt die Auskunft zugunsten der Gerichte eines Vertragsstaates hinsichtlich des Rechts eines anderen Vertragsstaates im Bereich des Zivil- und Handelsrechts sowie des Verfahrensrechts und der Gerichtsverfassung, Art. 1 AuskÜ. Beantwortet werden diese Anfragen von einer von den jeweiligen Staaten eingerichteten Empfangsstelle, Art. 2 AuskÜ.[417] Diese Empfangsstelle beantwortet ihr unterbreitete Anfragen entweder selbst oder leitet es an eine andere kompetente Stelle, staatlicher oder privater Natur, weiter, Art. 6 AuskÜ. Zudem besteht die Möglichkeit der Einsetzung einer Übermittlungsstelle im Inland, die inländische Anfragen entgegennimmt und der ausländischen Empfangsstelle weiterleitet. Fehlt eine solche Übermittlungsstelle kann die anfragende Stelle auch selbst die Weiterleitung übernehmen, Artt. 2 Abs. 2, 5 AuskÜ. Anfrageberechtigt sind allerdings allein Gerichte im Zuge eines laufenden Verfahrens. Urheber dieser Anfrage kann aber auch eine der Parteien sein.

Folge einer solchen Anfrage ist die Übermittlung der einschlägigen Rechtstexte. Die Antwort erfolgt in der Sprache des antwortenden Staates, Art. 14 Abs. 1 S. 1 AuskÜ. Diese Antwort entfaltet aber keine Bindungswirkung für das anfragende Gericht. Sie ist rein informatorisch, Art. 8 AuskÜ.

b. Bewertung des Übereinkommens

Positiv hervorgehoben wird das Übereinkommen unter dem Aspekt, dass Anfragen zügig und kostenlos erteilt werden.[418] Dennoch hat dieses Übereinkommen in der Praxis nur eine unbedeutende Rolle eingenommen.[419] Deutschland als

---

417 In Deutschland wird dies vom Ausführungsgesetz geregelt, welches den Inhalt einer Anfrage an eine ausländische Stelle, sowie die Erteilung einer Antwort auf Grund eines eingehenden Ersuchens näher konkretisiert.

418 *Rodger/van Doorn*, ILCQ 46 (1997) 151, 165; *Otto*, Jb Ital. R 7 (1994) 233, 238. Zustimmend auch *Weinkauff*, Ermittlung und Anwendung, S. 59 ff., die den Grundgedanken des Übereinkommens positiv hervorhebt.

419 Dazu *Jastrow*, IPRax 2004, 402, 405, Fn. 21; siehe auch *Schack*, IZVR, Rn. 632; *von Hoffmann/Thorn*, IPR, Rn. 138; *Geimer*, IZPR, Rn. 2623; a.A. *Otto*, Jb. ital. Recht 7 (1994) 233-238.

Vertragsstaat verzeichnet jährlich nicht mehr als ca. 20–50 Anfragen.[420] Als Grund für diesen Misserfolg des Übereinkommens wird einmal die nur beschränkte Mitgliederzahl genannt. Dem Übereinkommen gehören aktuell ca. 40 Staaten an. Im Bereich der Europäischen Union fehlen allerdings Portugal und Irland. Diese geringe Mitgliederzahl ist aber wohl darauf zurückzuführen, dass nach dem Übereinkommen nur die Möglichkeit besteht, abstrakte Rechtsfragen zu stellen (Art. 4 AuskÜ.).[421] Demzufolge fehlt es an einer hinreichenden Reichweite der Regelung.

Auch wenn dafür eine detaillierte Darstellung von Nöten ist, so führt dies dennoch nicht zur rechtlichen Klärung des Problems. Die erzielte Auskunft besteht allein aus einer Mitteilung des Wortlautes der einschlägigen Gesetze bzw. Entscheidungen, gegebenenfalls auch erläuternden Anmerkungen der ersuchten Stelle (Art. 7 AuskÜ). Das Übereinkommen eröffnet allerdings keinerlei Möglichkeit, eine Auskunft bezogen auf den konkreten Rechtsstreit zu erlangen.[422] Eine weit effizientere Auskunft in Form der Einholung von Gutachten ist danach ebenfalls nicht möglich. In der Praxis wird somit vorrangig auf Gutachten bekannter Institute zurückgegriffen.[423] Auch die Tatsache, dass die Anfrage in der Sprache des Empfangsstaates erfolgen soll, Art. 14 Abs. 1 S. 1 AuskÜ, und die Antwort allein in der Sprache der antwortenden Stelle erfolgt, ist für die Akzeptanz des Übereinkommens nicht förderlich.

Hinsichtlich der nationalen Bedeutung des Übereinkommens bietet aber auch eine Entscheidung des BGH aus dem Jahre 2001[424] Grund zu neuerlichen Zweifeln.[425] Dabei ging es um die Klage einer GmbH gegen eine Bank auf Zahlung von Zinsen. Der BGH hat die Entscheidung des OLG mit der Begründung aufgehoben, dass es ermessensfehlerhaft sei, wenn das Berufungsgericht seine Entscheidung allein auf Ausführungen des spanischen Justizministeriums zu der Geltendmachung gesetzlicher Zinsen gestützt habe. Zweifelhaft erscheint dies,

---

420 Eine europaweite Statistik bietet *Rodger/van Doorn*, ICLQ 46 (1997) 161, für Deutschland MüKoZPO/*Prütting*, § 293 Rn.46.

421 Zu der Handhabung durch die deutschen Gerichte MüKoZPO/*Prütting*, § 293 ZPO Rn. 35 ff., *Schellack*, S. 157 ff.

422 Vgl. dazu *Linke*, IZPR, Rn. 278; *Hüßtege*, IPRax 2002, 293.

423 Dies ebenfalls als vorzugswürdig erachten *Kegel*, in: FS Nipperdey, S. 467; *Kegel/Schurig*, IPR, § 15 IV (508); kritisch aber *Otto*, in: FS Firsching, S. 209.

424 BGH IPRax 2002, 302 m. Anm. *Hüßtege*, 293.

425 So auch *Trautmann*, ZEuP 2006, 283, 298.

da das unterinstanzliche Gericht zweimal beim spanischen Justizministerium zwecks Auskunft angefragt hatte. Daraufhin wurde dem Gericht die einschlägigen Vorschriften des spanischen Rechts mitgeteilt. Der BGH monierte dabei insbesondere, dass es an Informationen zur spanischen Rechtspraxis, insbesondere Rechtsprechung fehle. Mit dieser Entscheidung spricht der BGH dem Rechtsauskunftsübereinkommen einen Großteil seines Nutzens sowie seiner Effektivität ab. Da das Übereinkommen, wie dargestellt, nur die Weiterleitung der entscheidungserheblichen Rechtsvorschriften ermöglicht, diese aber im konkreten Fall nicht ausreichend und somit ermessensfehlerhaft waren, ist zu erwarten, dass in Zukunft direkt (teure) Rechtsgutachten zur konkreten Rechtssache eingeholt werden, um den Anforderungen des BGH gerecht zu werden.

Als weiterer Grund für die fehlende Anerkennung dieses Übereinkommens kann die begrenzte Auskunftsmöglichkeit angeführt werden. Allein Gerichte in einem anhängigen Verfahren haben die Möglichkeit, um Auskunft zu ersuchen.[426] Es besteht allerdings keinerlei Möglichkeit bereits im Vorfeld eines Verfahrens für eine Partei eine Auskunft einzuholen.

Hauptgrund dafür, dass dieses Übereinkommen das Problem der Behandlung ausländischen Rechts aber nicht lösen kann, ist die Tatsache, dass es zwar das „wie“, also die Ermittlung ausländischen Rechts behandelt. Nicht gelöst wird aber die Frage des „ob“, also der zwingenden Anwendung ausländischen Rechts. Soweit die beigetretenen Staaten keiner grundlegenden Verpflichtung unterliegen, ausländisches Recht überhaupt zu berücksichtigen, kann das Übereinkommen ohnehin nur die geringe Bedeutung erlangen, die es gerade hat. Demzufolge kann dieses Übereinkommen weder in räumlicher noch inhaltlicher Hinsicht dazu führen, dass eine Neuregelung entbehrlich wäre.[427]

Die mangelnde Akzeptanz des Übereinkommens beruht zudem darauf, dass ihm nur europäische Staaten angehören. Hinsichtlich des Rechts derjenigen Staaten, deren Recht aber am schwersten zu ermitteln sein wird,[428] kann das Übereinkommen aber keine Hilfe bieten.[429]

---

426 Diesen Nachteil betont auch *Sturm*, StAZ 1977, 215.

427 Skeptisch im Hinblick auf dieses Übereinkommen auch *Neuhaus*, Grundbegriffe, S. 331. In diesem Sinne auch *Luther*, RabelsZ 37 (1973) 660, 677 f.

428 *Lesage-Mathieu*, Dispositives Kollisionsrecht, S. 31 nennt hier beispielsweise Indien oder den Iran.

429 *Sturm*, StAZ 1977, 215.

2. Deutsch-marokkanischer Vertrag

Auf bilateraler Ebene hat Deutschland mit Marokko einen völkerrechtlichen Vertrag über Rechtshilfe und Rechtsauskunft aus dem Jahre 1985 abgeschlossen.[430] Dieses Übereinkommen kann im vorliegenden Kontext allerdings nicht hinreichend weiterhelfen, einerseits auf Grund seines bilateralen Charakters und des daraus resultierenden begrenzten Regelungsbereiches, andererseits wird auch – vergleichbar mit dem Rechtsauskunftsübereinkommen – nicht das „ob", sondern allenfalls das „wie", also nur die Ermittlung ausländischen Rechts geregelt.

3. Haager Konferenz für internationales Privatrecht

Im April 2006 beschloss die Haager Konferenz für Internationales Privatrecht eine Studie hinsichtlich der Ausarbeitung eines Rechtsinstrumentes zur Koordinierung der Ermittlung und Anwendung ausländischen Rechts.[431] Konkret ging es dabei darum, ob die Entwicklung eines neuen Rechtsinstrumentes zwischen den Mitgliedstaaten zur Regelung der Behandlung ausländischen Rechts Aussicht auf Erfolg bietet.[432] Es stellt sich die Frage, inwieweit dieser Fragebogen bzw. dessen Beantwortung Rückschluss auf ein europäisches Modell geben kann bzw. inwieweit auch eine Regelung auf völkerrechtlicher Ebene in Betracht gezogen werden sollte.

Die Haager Konferenz für Internationales Privatrecht (Hague Conference on Private International Law / Conférence de la Haye de Droit International Privé) ist eine internationale Organisation, die es sich zum Ziel gesetzt, internationale Übereinkommen, die den Anforderungen der Globalisierung genügen, auf den Bereichen des Internationalen Schutzes von Kindern, des Internationalen Familienrechts, der Internationalen Zusammenarbeit und des Internationalen Handels- und Finanzrechts zu entwickeln.[433] Grundlage der Konferenz ist ihr Statut,

---

430 Deutsch-marokkanischer Vertrag über Rechtshilfe und Rechtsauskunft vom 29.10.1985, BGBl. 1988 II, 1054, teilweise abgedruckt in *Jayme/Hausmann*, Nr. 201.

431 Prel. Doc. No 11 (Fn. 66).

432 Prel. Doc. No 11 (Fn. 66), S. 3, No 4.

433 Siehe dazu nur auf der Startseite unter www.hcch.net: „Since 1893, the Hague Conference on Private International Law, a melting pot of different legal traditions, develops and services Conventions which respond to global needs in the following areas: International Protection of Children, International Family and Family Property Relations, International Legal Co-operation and Litigation, International Commercial and Finance Law."

welches die Organisationsform der internationalen Organisation vorsieht.[434] Die Haager Konferenz für Internationales Privatrecht besteht seit 1893 und umfasst derzeit 72 Mitglieder.[435] Wichtigste Neuerung in den letzten Jahren im Bereich der Mitgliedstaaten ist der Beitritt der Europäischen Union zur Konferenz.[436] Nach dem Beschluss des Rates der Europäischen Union vom 26. Oktober 2006[437] erfolgte der Beitritt durch Hinterlegung der Beitrittsurkunde am 3. April 2007.[438] Demnach sind nun sowohl alle 27 Mitgliedstaaten der Europäischen Union als auch die Europäische Union selbst Mitglied des Statuts der Haager Konferenz. Möglich wurde dieser Beitritt der EU durch eine Änderung des Statuts im Jahre 1951, welches erstmals den Status der Haager Konferenz als internationale Organisation festlegte.[439] Erst diese Änderung kann den heutigen Gegebenheiten gerecht werden: Durch die Erweiterung der Kompetenzen der Europäischen Union speziell im Bereich des Internationalen Privat- und Verfahrensrechts, die mit dem Amsterdamer Vertrag 1997[440] einhergingen, tritt diese nun an die Stelle der einzelnen Mitgliedstaaten hinsichtlich der Ausarbeitung, Unterzeichnung und Ratifizierung völkerrechtlicher Übereinkommen auf diesem Gebiet. Diese Erweiterung der Kompetenz der Union führte gleichzeitig zu einem Kompetenzverlust auf Seiten der Mitgliedstaaten, deren Tätigwerden nach außen nun ausgeschlossen ist. Um die Bedeutung der Haager Konferenz im Bereich der Europäischen Union aber weiter erhalten zu können, war deren Beitritt

434 Statut der Haager Konferenz für Internationales Privatrecht, in Kraft getreten am 15. Juli 1955, eine deutsche Übersetzung findet sich unter http://www.hcch.net/upload/text01d_neu.pdf.

435 Stand 1. März 2011, siehe unter: http://www.hcch.net/index_en.php?act=states.listing.

436 Beigetreten ist damals noch die Europäische Gemeinschaft als Rechtsvorgänger der Europäischen Union. Allgemein zum Beitritt der Europäischen Gemeinschaft zu internationalen Organisationen: *Schloh*, Die Stellung der Europäischen Gemeinschaft und ihrer Organe in internationalen Organisationen, 83, 85.

437 Beschluss des Rates 2006/719/EG vom 5. 10. 2006, ABl. EG 2006 L 297/1, siehe auch den dazugehörigen Vorschlag der Kommission für einen Beschluss des Rates über den Beitritt der Europäischen Gemeinschaft zur Haager Konferenz für Internationales Privatrecht v. 9. Dezember 2005, KOM (2005) 639 endg.

438 Pressemitteilung IP/07/460 vom 3. April 2007.

439 Statut de la Conférence de la Haye de droit international privé v. 31. Oktober 1951.

440 Vertrag vom 2. Oktober 1997 zur Änderung des Vertrages über die Europäische Union und des Vertrages zur Gründung der Europäischen Gemeinschaft, ABl. EG 1997 C 340/1.

unumgänglich.[441] Demzufolge würde die Ausarbeitung eines völkerrechtlichen Übereinkommens durch die Haager Konferenz und dessen Ratifikation durch die Europäische Union Wirkung für alle Mitgliedstaaten entfalten.

a. Inhalt des Fragebogens

Aus diesem Grund ist der von der Haager Konferenz verfasste Fragebogen[442] zu betrachten, der Aufschluss geben soll über die Chancen und Möglichkeiten eines Übereinkommens im Bereich der Behandlung ausländischen Rechts. Besondere Beachtung soll in diesem Zusammenhang den Mitgliedstaaten der Europäischen Union, aber auch dem aktuell einzigen Übereinkommen, dem Londoner Rechtsauskunftsübereinkommen[443], geschenkt werden.

(1) Teil 1: Allgemeine Fragen

Der erste Teil des Haager Fragebogens befasst sich mit allgemeinen Fragestellungen. Zunächst geht es dabei um die Teilnahme der Mitgliedstaaten an völkerrechtlichen Verträgen, die sich mit dem Beweis oder Zugang ausländischen Rechts befassen (Frage 1). Spezifiziert wurde diese Fragestellung zunächst hinsichtlich der Mitgliedschaft am Londoner Rechtsauskunftsübereinkommen.[444] Positiv beantwortet wurde diese Frage der Mitgliedschaft von 21 der antwortenden 30 Staaten. Am so genannten Montevideo-Übereinkommen[445] ist Argentinien als einzige Partei der Haager Konferenz beteiligt. Keiner der Haager-Konferenz-Staaten ist Partei des Übereinkommens von Minsk.[446] Bezüglich der Teilnahme an bilateralen Verträgen im Bereich der Behandlung ausländischen Rechts fielen die Antworten sehr unterschiedlich aus. Während Deutschland nur Vertragspartei eines solchen Vertrages ist,[447] hat zum Beispiel Frankreich 24 solcher bilateralen Verträge abgeschlossen.

---

441 *Bischoff*, ZEuP 2008, 334, 335, 341 ff.; *Jayme*, IPRax 2000, 165, 167.

442 Doc. prél. No 9 A v. März 2008.

443 Siehe dazu bereits oben unter B.I.1.

444 Siehe dazu die Nachweise unter Fn. 415.

445 Inter-American Convention v. 8. Mai 1979 on Proof and Information on Foreign Law (Montevideo-Convention). Dazu jüngst *Weinkauff*, Ermittlung und Anwendung, S. 161 ff.

446 Convention on Legal Assistance and Legal Relations in Civil, Family and Criminal Matters (Minsk Convention) vom 22. Januar 1993.

447 Mit Marokko, siehe oben unter B.I.2.

Frage 2 befasste sich mit den Plänen der Mitgliedstaaten, Übereinkommen beizutreten oder bilaterale Verträge abzuschließen. Hier fiel die Antwort deutlich aus: Während hinsichtlich bilateraler Verträge schon nur geringe Beitrittspläne bestehen, beabsichtigt nur Kroatien als einziger Staat, einem Übereinkommen, konkret dem Londoner Rechtsauskunftsübereinkommen, beizutreten.

Frage 3 beschäftigte sich wiederum mit dem Geltungsbereich ratifizierter Übereinkommen. Größte Bedeutung erlangt in diesem Zusammenhang das Londoner Übereinkommen. 15 der 21 Staaten, die Vertragsstaat sind, konnten durchschnittlich 10 Anfragen jährlich verzeichnen, die Bearbeitungsdauer hinsichtlich solcher Anfragen betrug im Schnitt 9 Wochen. Anders – um nicht zu sagen schlechter – stellt sich die Bearbeitungszeit aber bei von den Staaten selbst getätigten Anfragen nach dem Londoner Übereinkommen: Bei durchschnittlich 13 getätigten Anfragen jährlich betrug die Bearbeitungszeit 16 Wochen.[448] Sowohl bei den erhaltenen als auch bei den getätigten Anfragen lag die Anzahl im Rahmen des Londoner Übereinkommens aber jeweils höher als bei den anderen Übereinkommen oder bilateralen Verträgen. Eine knappe Mehrheit der Staaten geht aber nicht von einem Anstieg der getätigten und eingehenden Anfragen aus (Frage 5). Soweit ein Anstieg der Anfragen aber erwartet wird, wird insbesondere auf die Bereiche des Familien-, Erb- und Handelsrechts verwiesen.

Zusammenfassend kann davon ausgegangen werden, dass etwa die Hälfte der Staaten mit bestehenden Übereinkommen zufrieden war, die andere Hälfte aber auch Gründe für Unzufriedenheit, insbesondere die lange Verfahrensdauer und die mangelnden Möglichkeiten, angab.

(2) Teil 2: Zugang zu Informationen über ausländisches Recht

Der zweite Teil des Fragebogens befasste sich mit dem Zugang zu Informationen über ausländisches Recht. Positiv gilt es dabei festzustellen, dass nahezu alle Staaten einen Online-Zugang – zumeist in Form einer Regierungsseite – offerieren, der es ermöglicht, Informationen zum jeweiligen Recht des Staates zu erlangen. Diese Internetseiten sind neben der Amtssprache teilweise auch in Englisch abrufbar.[449] Aber auch bei mündlichen, zumeist aber schriftlichen Anfragen an die zuständige Stelle des jeweiligen Staates erfolgte in der Mehrzahl der Fälle eine Antwort.[450] Allerdings ist auch hier die Vorgehensweise ähnlich

448 Geantwortet haben dabei 15 der 21 Vertragsstaaten des Londoner Übereinkommens.

449 Sieben von 30 Staaten bieten eine solche Übersetzung der Internetpräsenz an.

450 Vier der Staaten beantworten aber nur offizielle Anfragen.

dem Londoner Übereinkommen so, dass nur generelle Aussagen, nicht aber konkrete Antworten auf den jeweils streitigen Sachverhalt erteilt werden. Beantwortet wurden Anfragen aus allen Bereichen des materiellen Zivilrechts. Vergleichbar mit dem Max-Planck-Institut für ausländisches und internationales Privatrecht in Hamburg finden sich aber auch in anderen Staaten private Informationsstellen. Hinsichtlich der Informationserteilung durch staatliche Stellen wird nicht danach unterschieden, ob eine Anfrage von innerhalb oder außerhalb des Staatsgebietes gestellt wird, in beiden Fällen sind diese Anfragen überwiegend kostenfrei. Dabei gilt es positiv hervorzuheben, dass die Mehrzahl der Staaten (80 %) einen Anstieg der Nutzung dieser Informationen durch ausländische Staatsbürger prophezeite.

(3) Teil 3: Anwendung und Anwendungsgebiete ausländischen Rechts

Der dritte Teil des Fragebogens der Haager Konferenz widmete sich der Anwendung aber auch der Anwendungsgebiete des ausländischen Rechts. Zunächst wurde das Augenmerk dabei auf den Anteil der Verfahren mit Auslandsbezug gerichtet. Die daraus resultierenden Ergebnisse fielen sehr unterschiedlich aus, angegeben wurden Werte von 0 bis zu vereinzelt 15 %. Auch hier wurde aber ein Anstieg der Verfahren mit Auslandsbezug vorhergesagt.[451] Als Hauptanwendungsgebiet lässt sich das Familienrecht feststellen. Hinsichtlich der anzuwendenden ausländischen Rechtsordnung lässt sich keine konkrete Richtung erkennen. Jedoch hat es in vielen Fällen einen regionalen, historischen oder politischen Zusammenhang zum urteilenden Staat.[452]

Ein weiterer Fragenkomplex in diesem 3. Teil des Fragebogens beschäftigt sich mit der Feststellung des ausländischen Rechts. Dabei zeigt sich zunächst einmal die Vielzahl unterschiedlicher Mechanismen und Methoden. Auch wenn sich im Bereich der Quellen zur Ermittlung des ausländischen Rechts noch Parallelen finden lassen – hier ist das Internetmedium primäre Recherchequelle vor der Bibliotheksliteratur –, so zeigen sich die Divergenzen der verschiedenen Rechtsordnungen spätestens dann, wenn es um die Überprüfung des Inhalts des ausländischen Rechts geht. Während die Staaten, die das ausländische Recht auch wie Recht behandeln,[453] bei offiziellen Informationsquellen von deren

451 Siehe hierzu Anhang 4 von Doc. Prél 9 B / März 2008. Hier fiel auf, dass insbesondere Deutschland (neben Finnland) einen solchen Anstieg gerade nicht vorhersah.

452 So wenden französische Gerichte in einer Vielzahl von Fällen das Recht eines Maghreb-Staates, die ungarischen Gerichte deutsches oder österreichisches Recht und malaysische Gerichte englisches, indisches, australisches und singapurisches Recht an.

453 Siehe dazu oben in Kapitel 2 unter A.I.

Richtigkeit ausgehen und ansonsten eine Überprüfung durch das Gericht stattfindet, stellt es sich bei den Staaten, für die das ausländische Recht als Tatsache zu sehen ist, anders dar: Die Bewertung der Richtigkeit bzw. Glaubwürdigkeit des ausländischen Rechts obliegt dem Ermessen des Gerichts. Geht dieser Beweis des ausländischen Rechts fehl, so wendet das Gericht stattdessen seine lex fori an. Eine diesbezügliche Unterscheidung findet sich auch bei der Frage der Übersetzung des ausländischen Rechts: Dies ist teilweise Aufgabe der Parteien, teilweise des Gerichts. Es besteht aber auch die Möglichkeit einer Kombination dieser beiden Ansätze. Stellt sich die Lösung eines Sachverhaltes komplexer dar, so können die offiziellen Internetseiten, aber auch die Bibliotheksliteratur schnell erschöpft sein. In diesem Fall greifen insbesondere Deutschland, Schweiz und die Niederlande bevorzugt auf internationale Institute zurück, die sich mit dem ausländischen Recht befassen. Alternativ greifen die nationalen Gerichte auf einzelne Experten zurück.

Zusammenfassend lässt sich anhand des 3. Teil des Fragebogens feststellen, dass die Rechtstraditionen der einzelnen Mitgliedstaaten der Haager Konferenz darüber bestimmen, welche Methoden zur Ermittlung, Überprüfung und Übersetzung des Inhalts ausländischen Rechts eingesetzt werden. Hinsichtlich der Rechtsquellen zeigen sich ebenfalls starke Divergenzen, sowohl im Hinblick auf deren Art als auch deren Anforderungen. Erstaunlich ist, dass die Gerichte der Mitgliedstaaten der Haager Konferenz nicht befugt sind – weder nach internationalen Übereinkommen, noch nach bilateralen Verträgen – selbst direkte Anfragen hinsichtlich des fremden Rechts an die jeweils zuständige Stelle zu richten.

(4) Teil 4: Entwicklungsmöglichkeiten eines Instrumentariums zum Zugang zum ausländischen Recht

Der letzte Teil des Fragebogens beschäftigte sich mit den Entwicklungsmöglichkeiten hinsichtlich eines Instrumentariums zur Erleichterung des Zugangs zum ausländischen Recht Die Frage, ob die Haager Konferenz ein Instrumentarium hinsichtlich der Erlangung von Informationen über ausländisches Recht ausarbeiten sollte, wurde sowohl von der Europäischen Union, als auch von 12 anderen Nicht-EU-Staaten beantwortet. Die knappe Mehrheit dieser Staaten, namentlich sieben, beantwortete diese Frage zustimmend, darunter auch die USA. Auch die EU äußerte sich im Grunde positiv gegenüber einer solchen Ausarbeitung.[454] Die ablehnenden Antworten der übrigen Staaten wurden mit

454 "The Member States of the European Community welcome the work undertaken by the Hague Conference in this field. Facilitating access to foreign law is of interest to the European Community and the Member States would therefore support the continuation of

der fehlenden Notwendigkeit eines solchen Rechtsinstruments begründet. Die weiteren Fragen betrafen alle die detaillierte Ausgestaltung eines Instruments zur Beschaffung von Informationen über den Inhalt ausländischen Rechts, nicht aber die Frage, ob ein Gericht das ausländische Recht von Amts wegen anwenden muss und wem die Ermittlungslast hinsichtlich des ausländischen Rechts obliegt. Konkretisiert wurden vielmehr die Fragen des adressierten Personenkreises, des Online-Zugangs, sowie der Bindungswirkung erlangter Informationen.

Auch ein im Jahre 2009 veröffentlichter Report[455] befasste sich allein mit der Informationsbeschaffung hinsichtlich des Inhalts ausländischen Rechts. Gegenstand bzw. Grundlage dieser Studie war eine Befragung von Mitgliedern verschiedener Organisationen[456] zum Zugang zu ausländischem Recht.

b. Zusammenfassung und Stellungnahme

Das ursprüngliche Vorhaben der Konferenz, die Ausarbeitung eines Instruments zur Behandlung ausländischen Rechts, welches insbesondere auch den Bereich der Anwendung und Ermittlung umfasste, wurde im Grunde wieder aufgegeben. Begründet wird diese Änderung der Ziele mit der fehlenden Notwendigkeit, aber vor allem auch den mangelnden Erfolgsaussichten eines solchen Vorhabens.[457] Mittlerweile konzentriert sich die Haager Konferenz somit nur noch auf den Zugang, insbesondere mit Hinblick auf die neuen Medien, die Zusammenarbeit ihrer Vertragsstaaten im Bereich des ausländischen Rechts, sowie die Einrichtung eines Netzwerkes von Institutionen und Experten in diesem Bereich.[458] Im

---

work in this field. ... Setting up a global mechanism to facilitate access to foreign law is an ambitious project. The difficulties related to such an initiative should not be underestimated. However, the Member States of the European Community support further preparatory work within the framework of the Hague Conference with a view to assessing the possibilities and potential added value of a new global instrument in this field."

455 Accessing the Content of Foreign Law – Compilation of Responses to the Questionnaire of October 2008 for the Meeting of Experts on Global Co-operation on the Provision of online legal information on National Laws, Doc. Prel. No 11C of March 2009.

456 Dabei handelte es sich um Organisationen mit ausländischem Bezug, darunter auch das Max-Planck-Institut für ausländisches und internationales Privatrecht, das Institut Suisse de droit comparé oder das Institute of Advanced Legal Studies der University of London.

457 Doc. Prel. No 11A of March 2009, S. 3.

458 Doc. Prel. No 11A of March 2009, S. 5 f.

Ergebnis wurde das permanente Büro der Haager Konferenz aber aufgefordert, an der Ausarbeitung eines Instruments zur Verbesserung des Zugangs zu ausländischem Rechts weiterzuarbeiten. Ausgeklammert wird somit aber die Frage der amtswegigen Anwendung und der Verteilung der Ermittlungslast im Hinblick auf ausländisches Recht.

Daraus ergibt sich, dass die Ausarbeitung eines Übereinkommens, welches den gesamten Komplex der Behandlung ausländischen Rechts, also die Anwendung, Ermittlungslast, sowie den Zugang zu Informationen, regelt, zunächst verworfen wurde. Aus dieser Ablehnung der Regelung der Behandlung ausländischen Rechts sollten aber nicht voreilige Rückschlüsse für den Bereich der Europäischen Union gezogen werden: Auch wenn auf völkerrechtlicher Ebene ein Vertrag momentan nicht sinnvoll erscheint, so gilt dies nicht zwingend auch für den Bereich der EU. Die EU hat im Hinblick auf ihre Mitgliedstaaten einerseits den Vorteil flexibler Regelungsinstrumente, insbesondere in Form der Verordnung mit ihrer unmittelbaren Geltung nach Art. 288 Abs. 2 AEUV (ex-Art. 249 Abs. 2 EGV). Zudem sind die materiellen Rechtssysteme der Mitgliedstaaten der EU untereinander eng verzahnt. Die Skepsis gegenüber der Anwendung solch einer Rechtsordnung ist also grundsätzlich geringer als bei einem Drittstaat.

Weiterhin beruhte die Zieländerung der Haager Konferenz auf dem Argument der fehlenden Notwendigkeit bzw. Dringlichkeit einer einheitlichen Regelung. Dieser Aspekt ist im Bereich der Europäischen Union ebenfalls anders zu bewerten. Die Arbeiten der Haager Konferenz im Bereich der Vereinheitlichung des internationalen Privatrechts sind, vor allem mit Blick auf den Erlass der Verordnungen Rom I, Rom II und eventuell künftig Rom IV, weniger umfassend als diejenigen der EU. Durch den Erlass der Verordnungen im Bereich des internationalen Privatrechts ist der internationale Entscheidungseinklang hier höher zu bewerten als im Falle des Bezugs zu Drittstaaten.

Die Studie der Haager Konferenz zeigt zwar, dass der Bereich der Behandlung ausländischen Rechts sehr komplex ist und die verschiedenen Rechtsordnungen hier weit divergieren. Trotzdem wurde auch von der Haager Konferenz daran festgehalten, dass der Zugang zum ausländischen Recht konkretisiert und verbessert werden sollte. Dies impliziert aber auch, dass ausländisches Recht überhaupt einheitlich von den Vertragsstaaten angewendet wird. Im Ergebnis darf diese Zieländerung oder -korrektur der Haager Konferenz aber keinen Rückschritt für den Bereich der Europäischen Union darstellen. Eine Vereinheitlichung des Bereiches der Behandlung ist demnach zwar schwierig, sollte aber dennoch weiterhin verfolgt werden.

II. Europäische Regelungsinstrumente

Auf europäischer Ebene interessiert im Zuge der Vereinheitlichung des Weiteren die Frage, ob einerseits bereits umfassende Regelungen zur Behandlung ausländischen Rechts existieren, sowie ob andererseits die nationalen europäischen Modelle mit den älteren europäischen Übereinkommen und den neuen europäischen Verordnungen vereinbar sind.

1. Derzeitige Situation: Europäische Übereinkommen und Verordnungen

Auf europäischer Ebene wird zwischen den früheren Übereinkommen und den seit Begründung der Zuständigkeit der Europäischen Union durch Artt. 65, 69 EGV mit dem Amsterdamer Vertrag erlassenen Verordnungen unterschieden.

a. Römisches Schuldvertragsübereinkommen (EVÜ)

Im Bereich der Übereinkommen ist vor allem das Römische Schuldvertragsübereinkommen aus dem Jahre 1980[459] – der Vorgänger der heutigen Rom I-Verordnung – von besonderer Bedeutung.

Das EVÜ beantwortet nicht die Frage nach der Anwendung und Ermittlung ausländischen Rechts. Es stellt sich aber die Frage, inwieweit bereits das Übereinkommen die Anwendung des kollisionsrechtlich berufenen Rechts verlangt. Würde man aus dem EVÜ schließen, dass die nationalen Gerichte der Vertragsstaaten verpflichtet sind, das ausländische Recht von Amts wegen zu berücksichtigen, so stellt sich die Folgefrage, ob nicht die englische Methode des *pleading and proof* mit dem EVÜ als unvereinbar anzusehen ist.[460]

Nach Art. 1 Abs. 2 lit. h EVÜ findet das Übereinkommen keine Anwendung auf den Beweis und das Verfahren. Diese Regelung steht aber unter dem Vorbehalt des Art. 14 EVÜ. Dieser regelt allerdings allein den Beweisgegenstand und die Beweislast, Absatz 1, sowie die zulässigen Arten von Beweisarten bei Rechtsgeschäften nach Absatz 2.[461]

---

459 Römisches EWG-Übereinkommen über das auf vertragliche Schuldverhältnisse anzuwendende Recht (Fn. 67).

460 Eingehend zu dieser Frage im Hinblick auf die einzelnen Vorschriften des EVÜ, *Ost*, EVÜ und fact doctrine.

461 Siehe zu Art. 14 EVÜ auch die Ausführungen von *Giuliano/Lagarde*, Bericht zum EVÜ, ABl. EG C 282/1 ff.

(1) Auffassung der englischen Doktrin

Nach Ansicht verschiedener Stimmen aus der englischen Literatur erfasst der Ausschluss des Art. 1 Abs. 2 lit. h EVÜ auch den Bereich der Behandlung ausländischen Rechts mit der Folge, dass darauf allein die lex fori Anwendung findet.[462] Da das *pleading and proof* aber gerade Teil der Regeln zu Beweis und Verfahren sei, stehe das EVÜ dem Vorgehen des *pleading and proof* nicht entgegen.[463] Dafür spreche der breite Anwendungsbereich der Rechtswahlfreiheit bzw. Parteiautonomie, insbesondere nach Art. 3 EVÜ. Dessen Abs. 2 sieht vor, dass den Parteien auch eine nachträgliche Rechtswahl ermöglicht sein soll. Diese nachträgliche Rechtswahl führe aber eben zum gleichen Ergebnis, wie eine grundsätzliche Anwendung der lex fori.[464] Demnach wäre das *pleading and proof* des englischen Zivilverfahrens mit dem EVÜ vereinbar. Dies widerspreche auch nicht den Zielen des Übereinkommens, da nur so dem Ziel der Stärkung der Parteiautonomie zur Wirkung verholfen werden könnte.[465]

(2) Unvereinbarkeit des *pleading and proof* mit dem EVÜ

Gegen diese Auslegung des EVÜ wenden sich aber die Vertreter der *civil law*-Staaten. Nach Sinn und Zweck des Übereinkommens soll es auf alle vertraglichen Schuldverhältnisse Anwendung finden. Dabei ergibt sich schon aus dem Wortlaut der verschiedenen Vorschriften, welches Recht gerade auf ein vertragliches Schuldverhältnis angewendet werden soll.

In den Bereichen des EVÜ, die der Parteiautonomie einen großen Spielraum zuweisen, erschien die Anwendung der lex fori noch vertretbar, soweit die Unterstellung einer stillschweigenden Rechtswahl der Parteien nicht deren tatsächlichem Willen widerspricht. Anders ist dies jedoch zu beurteilen, wenn es um das anwendbare Recht in solchen Bereichen geht, in denen eine Rechtswahl der Parteien gerade nicht möglich war, insbesondere im Bereich des Verbraucher- und Arbeitsvertrages der Artt. 5, 6 EVÜ. Ziel dieser Vorschriften, ebenso wie der Parallelvorschriften der Rom I-Verordnung, war bzw. ist gerade der Schutz der schwächeren Partei. Liegt in diesen Fällen die Ermittlung des ausländischen

---

462 Siehe dazu insbesondere *Hartley*, ICLQ 45 (1996) 271, 290 f; *Dicey/Morris/Collins*, The Conflict of Laws, 9-011.

463 *Dicey/Morris/Collins*, The Conflict of Laws, 9-011; *Hartley*, I.C.L.Q. 45 (1996) 271, 290.

464 *Hartley*, I.C.L.Q. 45 (1996) 271, 290.

465 Unter Verweis auf Art. 3 EVÜ *Dicey/Morris/Collins*, The Conflict of Laws, 9-011.

Rechts bei der schwächeren Vertragspartei, namentlich dem Verbraucher oder dem Arbeitnehmer, ginge der Schutz dieser Vorschriften vollkommen fehl. Kein Arbeitnehmer oder Verbraucher wird sich auf eine Rechtsordnung stützen, deren Anwendbarkeit und Inhalt er selbst zu ermitteln hat.[466]

Nach Art. 18 EVÜ verfolgt das Übereinkommen das Ziel einer einheitlichen Interpretation und Anwendung der Vorschriften des Übereinkommens durch die Gerichte der Vertragsstaaten. Beantwortet aber jeder Staat die Frage, ob das berufene Recht überhaupt angewendet wird, nach seinem eigenen Recht, wird dieses Ziel gerade nicht erreicht.[467]

Demzufolge musste zumindest im Bereich der Artt. 5, 6 EVÜ eine amtswegige Verpflichtung des Richters zur Anwendung und Ermittlung des ausländischen Rechts bestehen.[468] In der Praxis hat diese Fallgruppe jedoch nur einen geringen Anwendungsbereich. Im Bereich der Mitgliedstaaten der Europäischen Union führt die Anwendung der Artt. 15–21 Brüssel I-VO ohnehin in den meisten Fällen zu einem Gerichtsstand am Wohnsitz der schwächeren Partei.

b. Europäische Verordnungen

Die aktuelle Entwicklung auf Ebene des europäischen internationalen Privatrechts zeichnet sich vor allem durch den Erlass der Rom I- und Rom II-Verordnungen aus. Im Bereich des Internationalen Zivilverfahrensrechts ist die EuGVVO zu beachten.

(1) EuGVVO

Die EuGVVO war die erste Verordnung im Bereich des internationalen Zivilverfahrensrechts. Sie regelt die Bereiche der internationalen Zuständigkeit, sowie der Anerkennung und Vollstreckung von Entscheidungen. Jedoch findet sich hier keine Regelung zur Frage der Behandlung ausländischen Rechts, da es sich dabei um eine Frage handelt, die diesen geregelten Bereichen nicht zuzuordnen ist.

---

466 Ablehnend deshalb *Ost*, EVÜ und fact doctrine, S. 243.

467 *Trautmann*, ZEuP 2006, 283, 293; *Hausmann*, EuLF 2008, I-1, I-7.

468 So auch *Fentiman*, Foreign Law, S. 93; *Trautmann*, ZEuP 2006, 283, 294; a.A. aber *Hartley*, ICLQ 45 (1996) 271, 291.

(2) Rom I-VO/Rom II-VO

Entsprechend der Vorgängerregelung in Art. 1 Abs. 2 lit. h EVÜ enthalten auch Art. 1 Abs. 3 Rom I-VO bzw. Rom II-VO einen Ausschluss aus dem Anwendungsbereich der jeweiligen Verordnung für den Beweis und das Verfahren. Allein Art. 18 Abs. 1 Rom I-VO bzw. Art. 22 Rom II-VO unterstellen gesetzliche Vermutungen und die Verteilung der Beweislast dem Vertrags- bzw. Deliktsstatut. Eine gesetzliche Vermutung liegt in diesem Sinne vor, wenn das materielle Recht eine Partei davon entbindet, einen Nachweis für das Bestehen einer für sie günstigen Sach- oder Rechtslage zu erbringen.[469] Unter diese beiden Tatbestände des Art. 18 Rom I-VO/Art. 22 Rom II-VO fällt aber nicht die Behandlung ausländischen Rechts. Auch wenn man dies bejahen würde, würde es sich dabei um eine auf vertragliche bzw. außervertragliche Schuldverhältnisse beschränkte Regelung handeln, die für die EU-Mitgliedstaaten keine umfassende Handhabe bieten kann.

(3) Art. 12 EuBagatellVO

Gemäß Art. 12 Abs. 1 EuBagatellVO verpflichtet das Gericht die Parteien nicht zu einer rechtlichen Würdigung der Klage. Nach deutschem Verständnis unter Geltung des Grundsatzes *iura novit curia* ist dies keine Besonderheit. Ausgehend vom Grundsatz der autonomen Auslegung europäischer Verordnungen[470] müssen die Begriffe dieser Verordnung aber ebenfalls autonom ausgelegt werden. Fraglich erscheint in diesem Zusammenhang aber, wie der Begriff der „rechtlichen Würdigung" autonom auszulegen ist. In Betracht kommt hier das Verständnis des *civil law*, also die Einbeziehung ausländischen Rechts. Denkbar wäre aber auch die Auslegung nach dem *common law*: Dies hätte zur Folge, dass das Gericht ausländisches Recht weder anwenden noch ermitteln müsste. Einen Ansatzpunkt für die Auslegung dieses Begriffs bietet die Stellungnahme des House of Lords[471] zu Art. 9 Abs. 2 des Kommissionsvorschlages zur Verordnung, der eine identische Regelung enthielt.[472] Darin stellt das House of Lords

469 Rauscher/*von Hein*, Art. 18 Rom I-VO Rn. 4 m.w.N und Beispielen in Rn. 6.

470 Siehe jüngst nur EuGH Rs. C-533/07 – *Falco Privatstiftung*, Slg. 2009, I-3327. Zu den Auslegungsgrundsätzen siehe auch Rauscher/*von Hein*, Einl Rom I-VO.

471 House of Lords, Select Committee on European Union 23rd Report (9. November 2009), Rn. 88–95.

472 Vorschlag der Kommission für eine Verordnung des Europäischen Parlaments und des Rates zur Einführung eines europäischen Verfahrens für geringfügige Forderungen, KOM (2005) 87 endg.

fest, dass Art. 9 Abs. 2 des Vorschlages dazu führe, dass die Gerichte, ausländisches Recht anzuwenden hätten, ohne dass sich eine der Parteien darauf beruft.[473] Damit einher gehe das Problem, wer dann dieses ausländische Recht zu ermitteln habe. Nach dem Wortlaut der Vorschrift sei dies unter Umständen das Gericht. Unklar sei weiterhin, inwieweit die Vorschrift in dieser Fassung das nationale Recht verdränge. Im Ergebnis forderte das House of Lords aber nur, dass die Regelung klarer gefasst werde.[474]

Da der Kommissionsvorschlag insoweit unverändert in die endgültige Verordnung übernommen wurde, stellt sich die Frage, ob damit gleichzeitig postuliert wurde, dass ausländisches Recht von Amts wegen angewendet und ermittelt werden muss. Diese Schlussfolgerung ist im Hinblick auf die EuBagatellVO unumgänglich.[475] Dafür spricht nach den voran gehenden Ausführungen sowohl die Entstehungsgeschichte als auch der Wortlaut der Vorschrift.

Jedoch kann dieses Ergebnis zunächst nur im Anwendungsbereich der EuBagatellVO Bestand haben. Eine Erweiterung auf den gesamten Bereich der Zivil- und Handelssachen scheitert schon an einer positivrechtlichen Verankerung. Aus dem Fehlen einer Regelung in den anderen Verordnungen bzw. einer separaten Regelung muss der Schluss gezogen werden, dass bisher weiterhin nur die nationalen Prozessrechte maßgeblich sind. Zumindest resultiert aus dieser Vorschrift aber, dass eine amtswegige Anwendung und Ermittlung ausländischen Rechts auf europäischer Ebene nicht ausgeschlossen ist.

c. Geplante Verordnungen

Der Vereinheitlichungsprozess auf europäischer Ebene hat aber mit Erlass der genannten Verordnungen noch lange nicht seinen Abschluss erreicht. In Planung bzw. bereits konkret in Vorbereitung sind weitere Verordnungen auf Grundlage von Art. 81 AEUV (ex-Artt. 65 lit. c, 69 EGV).

Eine interessante Regelung enthielt Art. 20b des Kommissionsvorschlags zur Änderung der EuEheGVO.[476] Unter der vielversprechenden Überschrift

---

473 House of Lords, Rn. 94.

474 House of Lords, Rn. 95.

475 In diesem Sinne auch Kropholler/*von Hein*, EuZPR, Art. 9 EuGFVO Rn. 1. Kritisch hingegen *Sturm*, in: FS Pannier, S. 211.

476 Vorschlag für eine Verordnung des Rates zur Änderung der Verordnung (EG) Nr. 2201/2003 im Hinblick auf die Zuständigkeit in Ehesachen und zur Einführung von Vorschriften betreffend das anwendbare Recht in diesem Bereich, KOM (2006) 399 endg.

„Anwendung ausländischen Rechts“ wurde allerdings nur festgelegt, dass im Falle der Anwendbarkeit ausländischen mitgliedstaatlichen Rechts auf das Europäische Justizielle Netz in Zivil- und Handelssachen zurückgegriffen werden könne. Die Frage, ob das angerufene Gericht ausländisches Recht auch von Amts wegen anwenden muss, wird allerdings nicht erläutert. Dieser Entwurf zu einer Vereinheitlichung des Internationalen Scheidungsrechts ist aber gescheitert.[477]

2. Europäisches Justizielles Netz in Zivil- und Handelssachen

Im Jahre 2007 hat die Kommission beschlossen, ein Europäisches Justizielles Netz in Zivil- und Handelssachen einzurichten.[478] Dieses Netz besteht aus Vertretern der Mitgliedstaaten aus den Bereichen der Justiz- und Verwaltungsbehörden. Dargestellt werden auf der Seite der Kommission die grundlegenden Aspekte des Zivil- und Handelsrechts, jeweils unterteilt in die einzelnen Mitgliedstaaten der Europäischen Union. Ziel dieses Netzwerkes ist es, Rechtsuchenden die Ermittlung des ausländischen Rechts zu vereinfachen. Erleichtert werden soll dabei insbesondere der Zugang zur Lösung verschiedener Rechtsprobleme. Dabei geht es jedoch nicht um die Auskunft hinsichtlich einer Frage, sondern vielmehr um die Unterstützung des Rechtsuchenden bei seiner eigenen Recherche. Adressaten dieses Netzwerkes sollen dabei nicht nur private Personen sein, die eine Rechtsauskunft benötigen, sondern auch Richter, die vor dem Problem der Ermittlung des ausländischen Rechts stehen.[479] Die Einrichtung dieses Netzwerkes verspricht Fortschritte, jedoch nicht die Lösung bestehender Probleme. So finden sich mittlerweile zwar Berichte zu nahezu allen Mitgliedstaaten auf den Seiten der Kommission, leider stellen diese Berichte aber weiterhin nur oberflächliche Grundzüge der jeweiligen Rechtsordnung dar. Bedient sich eine Person mit einer konkreten Rechtsfrage des Netzwerkes, so wird sie hier nur selten auf einfachem Wege eine befriedigende Antwort finden. Weiterhin dienen diese Seiten wiederum nur der Ermittlung, nicht aber der Beantwortung der Frage der amtswegigen Anwendung ausländischen Rechts.

---

477 Eine Verordnung (EU) Nr. 1259/2010 zur Durchführung einer verstärkten Zusammenarbeit im Bereich des auf die Ehescheidung und Trennung ohne Auflösung des Ehebandes anzuwendenden Rechts wurde 2010 beschlossen, gilt aber mit Ausnahme ihres Artikels 17 erst ab dem 21. Juni 2012, ABl. EU 2010 L 343/10. An dieser Verordnung neben 12 der EU-Mitgliedstaaten, darunter auch Deutschland, teil.

478 Entscheidung des Rates 2001/470/EG vom 28. 5. 2001, ABl. EG L 174/25–31. Eingehend dazu jüngst *Weinkauff*, Ermittlung und Anwendung, S. 61 ff.

479 *Mégnin*, IPRax 2005, 459, 462.

Somit bleibt festzuhalten, dass die Einrichtung des Europäischen Justiziellen Netzes für Zivil- und Handelssachen als Erkenntnisquelle einen Schritt in die richtige Richtung darstellt, aber das Problem der Ermittlung des anwendbaren Rechts nicht vollständig zu lösen vermag.

C. Nichtermittelbarkeit ausländischen Rechts

Auch wenn die amtswegige Anwendung und Ermittlung ausländischen Rechts in der Mehrzahl der Fälle zu einem zufriedenstellenden Ergebnis führen wird, so darf nicht außer Acht gelassen werden, dass es immer Fälle geben wird, in denen das ausländische Recht nicht hinreichend oder sicher ermittelt werden kann und der Richter sich einer Situation des *non liquet* gegenübersieht.[480] Diese Nichtermittelbarkeit kann sich einerseits aus der Unzugänglichkeit der relevanten Rechtsquellen, andererseits aber auch daraus ergeben, dass das anzuwendende Recht nur mit einem unverhältnismäßigen Aufwand von Zeit oder Kosten ermittelt werden kann.[481] In der heutigen Zeit wird – auf Grund der modernen Kommunikationsmittel – die zweite Variante des unverhältnismäßigen Aufwands der wahrscheinlichere Fall sein.

Unterschieden werden muss aber zudem zwischen der Nichtermittelbarkeit des materiellen Rechts der ausländischen Rechtsordnung und der Nichtermittelbarkeit ihres internationalen Privatrechts.[482] Ist nur das internationale Privatrecht der ausländischen Rechtsordnung nicht ermittelbar, fehlt es an einer Antwort auf die Frage, ob die Verweisung angenommen wird oder eventuell eine Rück- oder Weiterverweisung beachtet werden muss. Die Frage, die sich in diesem Fall stellt, ist dann, ob das materielle Recht ohne Rücksicht auf einen *Renvoi* angewendet wird oder auf das Kollisionsrecht der lex fori zurückgegriffen werden muss. Die Relevanz dieser Nichtermittelbarkeit des internationalen Privatrechts verliert in den EU-Verordnungen mit dem Ausschluss der Rück- und Weiterverweisung deutlich an Relevanz.[483]

---

480 Vgl. dazu aus der deutschen Rechtsprechung nur RGZ 39, 371, 376; BGHZ 21, 155; BGHZ 69, 387; BGH IPRax 1983, 193.

481 *Kreuzer*, NJW 1983, 1943; *Sommerlad/Schrey*, NJW 1991, 1377, 1382. Daneben kann der Rückgriff auf ein Ersatzrecht aber auch dann angezeigt sein, wenn auf Grund eines Verstoßes gegen den ordre public die Anwendung des eigentlich berufenen Rechts verwehrt ist.

482 Siehe dazu auch *Kreuzer*, NJW 1983, 1943; *Kropholler*, IPR, § 31 III.

483 Siehe Art. 20 Rom I-VO und Art. 24 Rom II-VO.

Eine völlige Verweigerung der Entscheidung der Sache durch das Gericht scheidet aus.[484] Eine Abweisung der Klage wurde zwar vor allem in den Staaten des *common law* praktiziert.[485] Dies beruht auf dem Grundsatz, dass es Aufgabe der Parteien ist, sich auf das ausländische Recht im Prozess zu berufen sowie dieses zu ermitteln.[486] Jedoch wird diese Vorgehensweise auch von den Gerichten der *common law*-Staaten kaum noch praktiziert. Stattdessen wenden die Gerichte auf Grundlage einer Vermutung der Identität von eigentlich berufenem Recht und lex fori, subsidiär letztere an.[487]

Wendet jedoch jedes einzelstaatliche Gericht ein anderes Recht an, so erscheint auch in diesem Fall der internationale Entscheidungseinklang gefährdet. Aus diesem Grund muss eine zukünftige Verordnung auch für diese Frage eine Regelung enthalten.

D. Ergebnis

Nachdem der Staatenvergleich im vorangegangenen Kapitel gezeigt hat, welche Differenzen zwischen den verschiedenen europäischen Rechtsordnungen im Bereich der Behandlung ausländischen Rechts, insbesondere im Verhältnis *common law – civil law*, bestehen, wurde in diesem Kapitel der Frage nachgegangen, ob und inwieweit eine Neuregelung nötig, aber auch Erfolg versprechend erscheint.

Maßgeblich stellt sich die Frage der Behandlung ausländischen Rechts, wenn lex fori und lex causae auseinanderfallen, wenn also ein Gericht ausländisches Recht anwenden muss. Es hat sich gezeigt, dass Fallgruppen, die zu einem solchen Auseinanderfallen führen können, trotz der Vereinheitlichung von Internationalem Privat- und Zivilverfahrensrecht weiterhin bestehen und durch die erweiterten Möglichkeiten von Gerichtsstandsvereinbarung und Rechtswahl

---

484 *Von Hoffmann/Thorn*, § 3 Rn. 141; *K. Müller*, NJW 1981, 481, 483; Soergel/*Kegel*, vor Art. 3 Rn. 212 ff.; *Sommerlad/Schrey*, NJW 1991, 1377, 1382. Eine Abweisung der Klage wurde von BGH NJW 1961, 410 angesprochen, aber nicht entschieden. Auch *Neuhaus*, Grundbegriffe, 389 hält dies für möglich.

485 Aus der US-amerikanischen Rechtsprechung siehe nur *Cuba R.R. Co. v. Crosby*, 222 U.S. 473 (1912); *Walton v. Arabian American Oil Company*, 233 F.2d 541 (2d Cir. 1956); *Philp v. Macri*, 261 F.2d 945, 75 A.L.R. 2d 523 (9th Cir. 1958).

486 Vergleiche dazu die Darstellung der Rechtssysteme des Vereinigten Königreichs bzw. der USA in Kapitel 2 A.II. bzw. Kapitel 5 B.II.2.a.

487 *Rogoz*, S. 101 m.w.N. aus der Rechtsprechung in Fn. 366.

noch weiter an Relevanz gewinnen werden. Eine Bestandsaufnahme des bestehenden internationalen und europäischen Rechts hat weiterhin gezeigt, dass bisher keine übergreifende Regelung besteht, die für alle Mitgliedstaaten der Union Geltung beansprucht und gleichzeitig die Frage der amtswegigen Anwendung beantworten würde.

Dessen ungeachtet sind auch die Probleme deutlich geworden, die Vorhaben zu einer Vereinheitlichung mit sich bringen: Der Fragebogen der Haager Konferenz für Internationales Privatrecht, der aber leider nur von wenigen Mitgliedstaaten der EU überhaupt beantwortet wurde, verdeutlicht, dass ein solches Vorhaben auf EU-Ebene nicht zwingend Erfolg verspricht. So verneinen insbesondere Frankreich und auch Deutschland die Notwendigkeit einer solchen Regelung. Die Erweiterung der EU auf mittlerweile 27 Mitgliedstaaten mit der Tendenz, weiteren Staaten den Beitritt zu ermöglichen, lässt eine solche Regelung ebenfalls nicht wahrscheinlicher werden. Dies haben vergangene Gesetzgebungsarbeiten gezeigt.

Dieses Problem der Akzeptanz durch alle Mitgliedstaaten, welches dadurch verstärkt wird, dass nicht alle Staaten die Kompetenz der Europäischen Union im Bereich der justitiellen Zusammenarbeit in Zivilsachen nach Art. 81 AEUV anerkennen,[488] hat sich bereits bei Erlass der Rom I-VO hinsichtlich der Nichtteilnahme des Vereinigten Königreichs und der damit zusammenhängenden Möglichkeit des *opt-in*, gezeigt. Auf Grund der „Extremposition“ des Vereinigten Königreichs hinsichtlich der Behandlung ausländischen Rechts ist auch hier eine ähnliche Skepsis nicht abwegig.

Wegen der weiterhin bestehenden Anwendungsfälle des Auseinanderfallens von lex fori und lex causae kann die Notwendigkeit einer vereinheitlichten Regelung aber nicht verneint werden. Insbesondere die Harmonisierung auf unionsrechtlicher Ebene, sowohl im Bereich des Internationalen Zivilverfahrens- als auch Privatrechts verlangt, dass die Behandlung ausländischen Rechts als nächste Stufe einer vereinheitlichten Regelung zugeführt wird.[489] Damit der Höhepunkt des internationalen Privatrechts, die Anwendung ausländischen Rechts, nicht gleichzeitig auch den Tiefpunkt dieser Rechtsmaterie darstellt,[490] bedarf es einer einheitlichen mitgliedstaatlichen Regelung. Dies würde weiterhin

488 Dazu ausführlich in Kapitel 4.

489 Eine europäische Vereinheitlichung befürwortet auch *Jänterä-Jareborg*, Rec. d. Cours 304 (2003) 368 f.

490 So *Flessner*, Das ausländische Recht im Zivilprozess, S. 36.

auch die auf nationaler Ebene bestehenden Unklarheiten in der Anwendung von Verordnungen der EU überwinden und klären.[491]

Dementsprechend besteht ein konkreter und aktueller Regelungsbedarf auf europäischer Ebene, dessen genaue Ausgestaltung in formeller und inhaltlicher Hinsicht hinsichtlich der Anwendung, Ermittlung und Nichtermittelbarkeit ausländischen Rechts Gegenstand der Betrachtung der beiden folgenden Kapitel sein soll.

491 Dies befürwortet mit Blick auf die spanische Rechtsordnung auch *Palao Moreno*, ZZP int 13 (2008) 33, 55.

Kapitel 4: Formale Ausgestaltung einer Regelung

Nachdem die Notwendigkeit einer Regelung der Behandlung ausländischen Rechts bejaht wurde, wird im folgenden Kapitel deren formaler Rahmen präzisiert. Auch hier sollen die Anwendung und Ermittlung des ausländischen Rechts als einheitliches Gebilde zusammen betrachtet werden, da hierfür nur eine Regelung auf Grund einer einheitlichen Kompetenzgrundlage in Frage kommt.

Zunächst wird die Frage der Zuständigkeit der Europäischen Union (A.) beantwortet, bevor auf die Regelungsform (B.), den Regelungsbereich (C.) sowie das einzuhaltende Verfahren (D.) näher eingegangen wird. Grundlage ist dabei der mit dem Vertrag von Lissabon[492] in Kraft gesetzte Vertrag über die Arbeitsweise der Europäischen Union, der Erweiterungen im Bereich der justiziellen Zusammenarbeit in Zivilsachen beinhaltet.

A. Zuständigkeit der Europäischen Union

Um die Frage beantworten zu können, ob eine Regelung auf der Ebene der Union grundsätzlich sinnvoll wäre, stellt sich zunächst die Frage nach deren Zuständigkeit. Die Zuständigkeit der EU im Bereich des internationalen Zivilverfahrensrechts hat sich in den letzten Jahren stetig erweitert. Der erste bedeutende Anhaltspunkt für eine Zuständigkeit zeigt sich in den Allgemeinen und Schlussbestimmungen des EWG-Vertrages von 1958.[493] Im damaligen Art. 220 EWGV, dem späteren ex-Art. 293 EGV, wurde die Vereinfachung der Förmlichkeiten für die gegenseitige Anerkennung und Vollstreckung richterlicher Entscheidungen festgelegt. Auf dieser Grundlage begannen ab 1960 die ersten Arbeiten zur Ausarbeitung eines Übereinkommens über die Anerkennung und Vollstreckung,

492 Vertrag von Lissabon zur Änderung des Vertrags über die Europäische Union und des Vertrags zur Gründung der Europäischen Gemeinschaft vom 3. Dezember 2007, ABl. EU C 306/1; siehe dazu auch die konsolidierten Fassungen des Vertrags über die Europäische Union und des Vertrags über die Arbeitsweise der Europäischen Union, ABl. EU 2008 C 115/1. Teilweise wird aber auch noch auf Vorschriften des EG-Vertrages in der Fassung des Vertrages von Nizza, ABl. EG 2001 C 80/1, Bezug genommen.

493 Vertrag zur Gründung der Europäischen Wirtschaftsgemeinschaft vom 25. März 1957, BGBl. 1957 II 766.

die im Jahre 1968 in der Fertigstellung des EuGVÜ[494], welches 1973 in Kraft trat, mündeten. Da zu diesem Zeitpunkt der EWG noch die Zuständigkeit zum Erlass von Sekundärrechtsakten fehlte, konnte nur ein völkerrechtliches Übereinkommen geschlossen werden. Dies führte dazu, dass jegliche Änderung des EuGVÜ eines weit reichenden Verfahrens und der Zustimmung aller Vertragsstaaten bedurfte. Eine umfassende Lösung dieser Probleme wurde erst mit dem Amsterdamer Vertrag, der am 01. Mai 1999 in Kraft trat, und der damit einhergehenden Schaffung der justiziellen Zusammenarbeit in Zivilsachen, ex-Art. 61 lit. c EGV, gefunden.[495] Dieser Bereich wurde von der dritten in die erste Säule überführt. Der Begriff der justiziellen Zusammenarbeit wird bisher von ex-Art. 65 EGV näher konkretisiert. Gemäß ex-Art. 65 lit. c EGV gehört dazu auch die Angleichung des Zivilverfahrensrechts in den Mitgliedstaaten. Von dieser neu geschaffenen Kompetenz hat die EG bzw. EU mittlerweile schon in zahlreichen Fällen Gebrauch gemacht. So wurden auf Grundlage des ex-Art. 65 lit. c EGV bereits die EuGVVO[496], EuEheGVO[497], EuInsVO[498], EGBewVO[499], EuZVO[500], EuVTVO[501] und die EuBagatellVO[502] erlassen. Geplant ist für 2010 zudem ein Vorschlag für eine Verordnung zur grenzüberschreitenden Konten-

---

494 Brüsseler EWG-Übereinkommen über die gerichtliche Zuständigkeit und die Vollstreckung gerichtlicher Entscheidungen in Zivil- und Handelssachen vom 27. September 1968 (EuGVÜ), BGBl. 1972 II 773.

495 Vertrag von Amsterdam (Fn. 4).

496 Verordnung (EG) Nr. 44/2001 (Fn. 3).

497 Verordnung (EG) Nr. 2201/2003 (Fn. 292).

498 Verordnung (EG) 1346/2000 des Rates über Insolvenzverfahren v. 29. Mai 2000, ABl. EG 2000 L 160/1.

499 Verordnung (EG) Nr. 1206/2001 des Rates über die Zusammenarbeit zwischen den Gerichten der Mitgliedstaaten auf dem Gebiet der Beweisaufnahme in Zivil- oder Handelssachen v. 28. Mai 2001, ABl. EG 2001 L 174/1.

500 Verordnung (EG) Nr. 1348/2000 des Rates über die Zustellung gerichtlicher und außergerichtlicher Schriftstücke in Zivil- oder Handelssachen in den Mitgliedstaaten v. 29. Mai 2000, ABl. EG 2000 L 160/37.

501 Verordnung (EG) Nr. 805/2004 des Europäischen Parlamentes und des Rates zur Einführung eines europäischen Vollstreckungstitels für unbestrittene Forderungen v. 21. April 2004, ABl. EG 2004 L 143/15.

502 Verordnung (EG) Nr. 861/2007 des Europäischen Parlaments und des Rates vom 11. Juli 2007 zur Einführung eines europäischen Verfahrens für geringfügige Forderungen, ABl. EU 2007 L 199/1.

pfändung.[503] Ein weiterer Schritt in Richtung Harmonisierung wurde jüngst mit dem Inkrafttreten des Vertrags von Lissabon gemacht.[504] Im Bereich der justiziellen Zusammenarbeit in Zivilsachen, die nun in Art. 81 AEUV kodifiziert ist, werden die Kompetenzen der Europäischen Union erweitert.[505]

I. Kompetenznorm des Artikels 81 AEUV

Die Zuständigkeit der damaligen Gemeinschaft war zuständigkeitsrechtlich in verschiedenen Vorschriften des EG-Vertrages verankert. Neben der Zuständigkeit nach ex-Art. 61 lit. c i.V.m. ex-Art. 65 EGV fanden sich zudem in ex-Art. 293, 4. Spiegelstrich EGV, sowie in den ex-Artt. 94 und 95 EGV kompetenzrechtliche Regelungen.

Ex-Art. 293, 4. Spiegelstrich EGV begründete nach seinem Wortlaut die Kompetenz für Vertragsverhandlungen der Mitgliedstaaten mit dem Ziel der Vereinfachung der Förmlichkeiten für die gegenseitige Anerkennung und Vollstreckung richterlicher Entscheidungen und Schiedssprüche. Nach der Entscheidung des EuGH in der Rechtssache *Überseering* stand aber fest, dass ex-Art. 293 EGV keinen Rechtsetzungsvorbehalt zugunsten der Mitgliedstaaten festlegte.[506] Ex-Art. 293 EGV war demnach nur dann anzuwenden und begründete ein Tätigwerden der Mitgliedstaaten, soweit die Erforderlichkeit zu bejahen war. Aufgrund der Zuständigkeit der Europäischen Gemeinschaft im Bereich der justiziellen Zusammenarbeit fehlte es aber schon an dieser Erforderlichkeit.[507] Aus diesem Grund war somit anerkannt, dass ex-Art. 65 EGV als lex specialis gegenüber ex-Art. 293 EGV angesehen werden musste.[508] Für die Materie der

---

503 Siehe dazu das Grünbuch zur effizienteren Vollstreckung von Urteilen in der Europäischen Union: vorläufige Kontenpfändung {SEK(2006) 1341} vom 24. Oktober 2006, KOM (2006) 618 endg. sowie die Mitteilung der Kommission an das Europäische Parlament, den Rat, den Europäischen Wirtschafts- und Sozialausschuss und den Ausschuss der Regionen, Aktionsplan zur Umsetzung des Stockholmer Programms vom 20. April 2010, KOM (2010) 171 endg., S. 26.

504 Siehe Fn. 492.

505 Siehe dazu sogleich unter A.V.

506 EuGH, Rs. C-208/00 – *Überseering*, Slg. 2002, I-9919, Rn. 52 ff.

507 EuGH, Rs. C-208/00 – *Überseering*, Slg. 2002, I-9919, Rn. 54.

508 *Basedow*, CMLR 37 (2000) 687, 701 (neben Art. 65 EG verbleibe für Art. 293 EG kein eigener Anwendungsbereich); von der Groeben/Schwarze/*Schmahl*, Kommentar zum EU-/EG-Vertrag, Art. 65 Rn. 1; *Kohler*, Rev. crit. dip 1999, 1, 22 f.; Schwarze/*Graßhof*, Art. 65 Rn. 25.

Behandlung ausländischen Rechts fehlte es aber zudem an einem passenden Vertragsgegenstand im Rahmen des ex-Art. 293 EGV, insbesondere geht es nicht um die Anerkennung und Vollstreckung von Urteilen oder Schiedssprüchen.[509] Mit Erlass des Lissabonner Vertrags wurde ex-Art. 293 EGV aber ohnehin aufgehoben, so dass diese Kompetenzproblematik nun nicht mehr besteht.

Neben der allgemeinen Zuständigkeitsnorm des Art. 81 AEUV wird teilweise daneben, teilweise aber auch vorrangig auf die Vorschrift des Art. 114 AEUV (ex-Art. 95 EGV) verwiesen.[510] Relevant ist diese Abgrenzung für die Frage, welches Verfahren beachtet werden muss. Art. 114 AEUV statuiert die Befugnis des Rates zum Erlass solcher Rechtsakte, die der Angleichung der Rechts- und Verwaltungsvorschriften der Mitgliedstaaten, welche die Errichtung und das Funktionieren des Binnenmarktes betreffen, dienen. Darunter können auch international privat- oder zivilverfahrensrechtliche Vorschriften fallen, soweit sie als binnenmarktrelevant einzustufen sind.[511] Aus der ursprünglichen Überschrift des ex-Art. 65 EGV, die sich auf den freien Personenverkehr bezog, wurde teilweise der Schluss gezogen, dass solche Rechtsakte, die auch weitere Grundfreiheiten betreffen, allein auf die damalige Kompetenznorm des ex-Art. 95 EGV (nun Art. 114 AEUV) zu stützen seien.[512] Dieser Auslegung der unionsrechtlichen Kompetenzen ist aber entgegen zu halten, dass sich Art. 114 AEUV mit Erlass des ex-Art. 65 EGV durch den Amsterdamer Vertrag nur noch auf die nachträgliche Anpassung bezieht.[513]

Vielmehr ist davon auszugehen, dass es sich bei Art. 81 AEUV um eine lex specialis zu Art. 114 AEUV handelt, soweit dessen Voraussetzungen erfüllt sind.[514] Demzufolge richtet sich die Zuständigkeit der EU allein nach Art. 81 AEUV. Erforderlich ist somit, dass dessen Voraussetzungen gegeben sind. Hin-

---

509 Zur genauen Einordnung der Behandlung ausländischen Rechts, siehe sogleich unter A.V.

510 Die Literatur bezieht sich noch auf ex-Art. 65 EGV bzw. ex-Art. 95 EGV.

511 *Leible/Staudinger*, EuLF (D) 2000/01, 225, 231 unter Verweis auf verschiedene Richtlinien mit kollisionsrechtlichem Regelungsgehalt.

512 *Basedow*, CMLR 37 (2000) 687, 697: „...insofar as Article 95 is inapplicable under its own paragraph 2.“ Ebenso *Drappatz*, Die Überführung, S. 120.

513 *Hess*, NJW 2000, 23, 28.

514 *Dohrn*, Kompetenzen, S. 224; *Drappatz*, Die Überführung, S. 120; Schwarze/*Graßhof*, Art. 65 Rn. 23.

sichtlich der Frage, ob die Voraussetzungen vorliegen, besitzt der Unionsgesetzgeber einen weiten Ermessenspielraum.[515]

II. Grenzüberschreitender Bezug

Voraussetzung einer Ausübung der Zuständigkeit der Europäischen Union ist zunächst das Vorliegen eines grenzüberschreitenden Bezugs. Ziel dieser Voraussetzung ist die Abgrenzung zu rein nationalen Sachverhalten: Die Union ist nicht dafür zuständig, ein vereinheitlichtes europäisches Zivilverfahrensrecht zu schaffen, sondern allein Verfahrenshindernisse zu beseitigen.[516] Zur Erleichterung des Zugangs des Bürgers zum Recht ist dieser Begriff des grenzüberschreitenden Bezugs weit auszulegen.[517] Ausreichend ist ein rechtlicher Bezug zu Personen oder Sachen, die sich außerhalb des Hoheitsgebiets eines Mitgliedstaates befinden.[518]

Dieser grenzüberschreitende Bezug wird schon aus dem Wortlaut des zu regelnden Bereichs deutlich. Da es ja gerade um die Behandlung ausländischen Rechts geht, ist indiziert, dass zuvor mittels der Vorschriften des internationalen Privatrechts ein Recht zur Anwendung berufen wurde, welches von der lex fori des angerufenen Gerichts abweicht. Die Anwendung internationalprivatrechtlicher Normen verlangt ihrer Natur nach das Vorliegen eines extraterritorialen Elements. Demzufolge liegt in der zu regelnden Materie ein grenzüberschreitender Bezug vor. Diese Voraussetzung des Art. 81 AEUV ist erfüllt.

III. Binnenmarktbezug

Artikel 81 Abs. 2 AEUV verlangt weiterhin, dass Maßnahmen der Europäischen Union „für das reibungslose Funktionieren des Binnenmarktes erforderlich sind." Mit Erlass des Reformvertrages von Lissabon bzw. mit dessen Inkrafttreten wurde das Erfordernis des Binnenmarktbezugs aufgeweicht.[519] In der Fas-

---

515 Vgl. nur KOM (2003) 427 endg. S. 7.

516 Calliess/Ruffert/*Rossi*, EUV/EGV, Art. 65 EGV Rn. 7.

517 Calliess/Ruffert/*Rossi*, EUV/EGV, Art. 65 EGV Rn. 7; Grabitz/Hilf/*Röben*, Das Recht der Europäischen Union, Art. 65 Rn. 2; a.A. Schwarze/*Graßhof*, Art. 65 Rn. 10, der eine solche allgemeine Aussage ablehnt.

518 Calliess/Ruffert/*Rossi*, EUV/EGV, Art. 65 EGV Rn. 7; von der Groeben/Schwarze/*Schmahl*, Kommentar zum EU-/EG-Vertrag, Art. 65 EGV Rn. 4.

519 *R. Wagner*, IPRax 2007, 290, 292.

sung des Art. 81 Abs. 2 AEUV findet sich das Wort „insbesondere" vor der Voraussetzung des Binnenmarktbezugs. Damit entsprechen auch solche Rechtsakte, die das Funktionieren des Binnenmarktes nur mittelbar beeinflussen, der Kompetenzvorschrift des Artikels 81 AEUV.[520] Zudem ist dieser Begriff mit Hinblick auf den Schutz der in Artt. 26 Abs. 2, 21 AEUV verankerten Personenfreizügigkeit weit zu verstehen, so dass die Union schon bei nur mittelbaren Beeinträchtigungen tätig werden kann.[521] Der Union steht bei der Beurteilung ein Ermessenspielraum zu.[522] Dieser Binnenmarktbezug wird jedenfalls dann schon bejaht, wenn Beziehungen zu Personen oder Sachen bestehen, die sich im Hoheitsgebiet eines anderen Mitgliedstaates befinden.[523] Ausreichend ist dabei, wenn die geschaffenen Normen die Ausübung der Grundfreiheiten unterstützen.[524] Diese Umschreibung besitzt allerdings neben der Voraussetzung des grenzüberschreitenden Bezugs keine eigenständige Bedeutung mehr.[525] Jedoch kann sowohl für den Bereich des Internationalen Privat- als auch des Zivilverfahrensrechts festgestellt werden, dass diese Voraussetzung in diesen Materien auf Grund der Tatsache, dass ihnen ein grenzüberschreitendes Element zwingend immanent ist, keine Probleme bereitet.[526]

IV. Zivilsache

Der Begriff der Zivilsache wird im Vertrag über die Arbeitsweise der Europäischen Union selbst nicht näher erörtert. Eine umfassende autonome Auslegung dieses Begriffs führt aber zu einem Rückgriff auf die bereits erlassenen Verordnungen der EuGVVO, aber auch die Rom I und II-VOen, sowie das EuGVÜ, die

---

520 Nach *R. Wagner*, IPRax 2007, 290, 292 bedürfte es dann nicht mehr des Erfordernisses, dass eine Maßnahme „speziell für das reibungslose Funktionieren des Binnenmarktes erforderlich" sei.

521 Calliess/Ruffert/*Rossi*, EUV/EGV, Art. 65 EGV Rn. 8; Grabitz/Hilf/*Röben*, Das Recht der Europäischen Union, Art. 65 Rn. 2; von der Groeben/Schwarze/*Schmahl*, Kommentar zum EU-/EG-Vertrag, Art. 65 EGV Rn. 4; a.A. Schwarze/*Graßhof*, Art. 65 Rn. 11, der eine Einzelfallbetrachtung vertritt.

522 KOM (2005) 650 endg, S. 4.

523 Calliess/Ruffert/*Rossi*, EUV/EGV, Art. 65 EGV Rn. 8; von der Groeben/Schwarze/-*Schmahl*, Kommentar zum EU-/EG-Vertrag, Art. 65 EGV Rn. 4.

524 *Leible/Staudinger*, EuLF (D) 2000/01, 225, 229.

525 Calliess/Ruffert/*Rossi*, EUV/EGV, Art. 65 EGV Rn. 8.

526 *Basedow*, CMLR 37 (2000) 687, 696.

diesen ebenfalls verwenden. Nach der zu diesen Rechtsakten vom EuGH gewählten Negativdefinition liegt eine Zivilsache dann vor, wenn der Streitgegenstand nicht im Zusammenhang mit der Ausübung hoheitlicher Befugnisse steht.[527] Übertragen auf den Normerlass bedeutet dies, dass dessen Regelungsgegenstand keine hoheitlichen Befugnisse betreffen darf. Die Behandlung ausländischen Rechts, konkret im Zivilverfahren, fällt problemlos unter diesen Begriff der Zivilsache.

V. Kompetenztitel des Artikels 81 AEUV

Art. 81 Abs. 2 litt. a–h AEUV führt verschiedene Kompetenzbereiche der Europäischen Union an, in denen Maßnahmen der justiziellen Zusammenarbeit in Zivilsachen in Betracht kommen. Es stellt sich die Frage, ob die Behandlung ausländischen Rechts von einer dieser Fallgruppen erfasst wird.

1. Zustellung, Beweiserhebung, Urteilsanerkennung und -vollstreckung

Art. 81 Abs. 2 litt. a, b und d AEUV führt zunächst die Bereiche der Anerkennung und Vollstreckung von Urteilen sowie der Zustellung und Beweiserhebung auf.[528] In allen Bereichen hat die Union bzw. Gemeinschaft zum Beispiel mit der EuZVO, der EGBewVO sowie der EuGVVO bereits von ihrer Kompetenz Gebrauch gemacht und Rechtsakte erlassen. Für den Bereich der Behandlung ausländischen Rechts kann dieser Kompetenztitel allerdings keine Grundlage bieten, da dieser weder direkt bezeichnet wird, noch eine mittelbare Verbesserung oder Vereinfachung der genannten Materien erreicht werden kann.

Man könnte hier allenfalls hinsichtlich der Ermittlung ausländischen Rechts über einen Bezug zur Beweiserhebung nachdenken. Dieser Bezug ließe sich zumindest mittelbar auch begründen, wenn man davon ausgeht, dass die Ermittlung ausländischen Rechts in der Mehrzahl der nationalen Prozessrechtsordnungen auch als Teil des Beweisrechts ausgestaltet ist. Jedoch geht es einerseits nicht allein um die Beweiserhebung. Die Ermittlung ausländischen Rechts be-

---

527 EuGH Rs. 814/79 – *Niederlande/Rüffer*, Slg. 1980, 3807 Rn. 8; EuGH Rs. C-167/00 – *Verein für Konsumenteninformation/Henkel*, Slg. 2002, I-8111 Rn. 26; EuGH Rs. C-271/00 – *Gemeente Steenbergen/Baten*, Slg. 2002, I-10489 Rn. 30. So auch Calliess/Ruffert/*Rossi*, EUV/EGV, Art. 65 EGV Rn. 9; Streinz/*Weiß*, EUV/EGV, Art. 65 Rn 11.

528 Ex-Art. 65 EGV führte dies noch in drei Spiegelstrichen nacheinander innerhalb von lit. a auf.

trifft insbesondere die Frage der Beweislast. Weiterhin wäre der Bereich der Anwendung ausländischen Rechts nicht von einer Beweisregelung betroffen, betrifft dies doch die Vorstufe der Bestimmung der maßgeblichen Rechtsordnung.

2. Kollisionsnormen

Der Kompetenztitel des Art. 81 Abs. 2 lit. c AEUV enthält eine Grundlage für die Vereinbarkeit der mitgliedstaatlichen Kollisionsnormen und der Vorschriften zur Vermeidung von Kompetenzkonflikten. Darunter fällt insbesondere die Angleichung des internationalen Privatrechts, wie sie jüngst mit Erlass der Rom I- und II-Verordnungen für die Bereiche der vertraglichen und außervertraglichen Schuldverhältnisse weitestgehend erreicht wurde. Daneben wird aus dieser Formulierung auch eine Kompetenz für den Bereich des Internationalen Zivilverfahrensrechts abgeleitet.[529]

Die Frage der Behandlung ausländischen Rechts im Zivilverfahren lässt sich jedoch nicht unter den Begriff der zu vereinbarenden Kollisionsnormen fassen. Während der Begriff der Kollisionsnorm international-privatrechtlich geprägt und ausgestaltet ist, ist die Behandlung ausländischen Rechts eine Frage des Zivilverfahrens. Sie betrifft somit eine andere Ebene. Es stellt sich aber die Frage, ob die Kompetenz zur Regelung des Internationalen Zivilverfahrensrechts auch die Kompetenz zur Regelung der Behandlung ausländischen Rechts abdeckt. Art. 81 Abs. 2 lit. c AEUV spricht nur von Vorschriften zur Vermeidung von Kompetenzkonflikten. Solche Vorschriften finden sich einerseits in den Zuständigkeitsregelungen der Artt. 2 ff. EuGVVO, sowie in den sich daran anschließenden Litispendenzregeln der Artt. 25 ff. EuGVVO. Die Behandlung ausländischen Rechts betrifft aber nicht das Zusammenspiel zweier zuständiger bzw. angerufener Gerichte, was gerade einen Kompetenzkonflikt ausmacht, sondern vielmehr die Vorgehensweise eines bereits für zuständig erklärten Gerichts. Eine Subsumtion dieser Frage unter diesen Kompetenztitel erscheint somit zweifelhaft, kann aber auch dahinstehen, soweit sich in einem der anderen Kompetenztitel eine hinreichende Grundlage findet.

3. Effektiver Zugang zum Recht

Neu aufgenommen in die Kompetenztitel der Union wurde mit dem Lissabonner Vertrag in Art. 81 Abs. 2 lit. e AEUV die Zuständigkeit für die Sicherstellung

529 Calliess/Ruffert/*Rossi*, EUV/EGV, Art. 65 EGV Rn. 16; Grabitz/Hilf/*Röben*, Das Recht der Europäischen Union, Art. 65 EGV Rn. 8.

eines effektiven Zugangs zum Recht. Dieser Begriff findet sich auf europäischer Ebene bisher in Art. 3 Abs. 1 der Prozesskostenhilferichtlinie[530] sowie in Art. 70 lit. c EuUntVO; eine nähere Definition dessen, was mit dem Begriff gemeint ist, findet sich aber auch hier nicht. Ausgehend vom gewöhnlichen Sprachgebrauch des Begriffes des Zuganges, ist damit aber wohl einerseits der Zugang im Sinne eines Informationszuganges gemeint. Damit in Zusammenhang steht auch die Einrichtung des justiziellen Netzes für Zivil- und Handelssachen.

Weiterhin ist von diesem Kompetenztitel der Zugang zu einem gerichtlichen Verfahren erfasst. Für diese Auslegung spricht auch, dass der Erlass der Prozesskostenhilferichtlinie unter diesen Kompetenztitel fällt.[531] Sinn der Prozesskostenhilfe ist es, jedem Bürger die Möglichkeit zu eröffnen, ein gerichtliches Verfahren anzustrengen bzw. abzuwehren, unabhängig von seinen Einkommensverhältnissen, soweit denn eine gewisse Erfolgsaussicht besteht.

Jedoch erscheint es abwegig, den Begriff des Zuganges so auszulegen, dass damit der Zugang im Sinne der Anwendung einer ausländischen Rechtsordnung gemeint sein soll. Auch hier bleibt somit festzuhalten, dass der Bereich der Ermittlung ausländischen Rechts unter diesen Kompetenztitel gefasst werden kann, nicht aber die Regelung der Anwendung.

4. Beseitigung von Hindernissen für die reibungslose Abwicklung von Zivilverfahren

Der Kompetenztitel des Art. 81 Abs. 2 lit. f AEUV (ex-Art. 65 lit. c EGV) betrifft die Beseitigung solcher Hindernisse, die eine reibungslose Abwicklung von Zivilverfahren erschweren oder unmöglich machen. Beispielhaft wird als Mittel die Förderung der Vereinbarkeit der in den Mitgliedstaaten geltenden Zivilverfahrensvorschriften genannt, soweit dies erforderlich ist. Ziel einer solchen Harmonisierung sind Fragen des Zugangs zu Gericht und zu effektivem Rechtsschutz, unter anderem Fragen der Klageerhebung, wie Prozesskostenhilfe, sowie von Verfahrenskosten.[532]

---

530 Richtlinie 2003/8/EG des Rates vom 27. Januar 2003 zur Verbesserung des Zugangs zum Recht bei Streitsachen mit grenzüberschreitendem Bezug durch Festlegung gemeinsamer Mindestvorschriften für die Prozesskostenhilfe in derartigen Streitsachen, ABl. EG 2003 L 26/41.

531 In diesem Sinne Geiger/Khan/Kotzur/*Kotzur*, EUV/AEUV, Art. 81 AEUV Rn. 11.

532 Calliess/Ruffert/*Rossi*, EUV/EGV, Art. 65 EGV Rn. 17; Grabitz/Hilf/*Röben*, Das Recht der Europäischen Union, Art. 65 EGV Rn. 9: Solche Materien, die den Zivilprozess an

Es stellt sich somit die Frage, inwieweit auch das Verfahren selbst auf Grundlage dieses Kompetenztitels geregelt bzw. vereinheitlicht oder zumindest harmonisiert werden kann.[533] Grundsätzlich sollen die Formalien eines Zivilprozesses, nicht aber der Zivilprozess an sich Gegenstand dieses Kompetenztitels sein. Hier könnte allerdings der Aspekt des Binnenmarktbezugs wiederum dazu führen, eine solche Regelung möglich zu machen. Der Binnenmarktbezug ergibt sich bei der Behandlung ausländischen Rechts schon aus der Anwendung der europäischen Verordnungen zum internationalen Privatrecht bzw. durch die Anwendbarkeit mitgliedstaatlichen Rechts nach nationalen IPR-Vorschriften. Für die Einschlägigkeit dieses Kompetenztitels spricht zudem, dass dadurch der effektive Rechtsschutz gefördert werden soll. Dabei soll es Ziel einer einheitlichen Regelung zur Behandlung ausländischen Rechts sein, dass Bürger vor mitgliedstaatlichen Gerichten immer mit der Anwendung des berufenen Rechts rechnen können, unabhängig davon, welches mitgliedstaatliche Gericht angerufen wurde. Dies gilt für den Bereich des Binnenmarktes in besonderem Maße zur Vermeidung der Diskriminierung von EU-Bürgern untereinander. Mit einer Regelung der Behandlung ausländischen Rechts wird zudem die Effektivität der Verordnungen zum internationalen Privatrecht gefördert. Dies führt wiederum zur Beseitigung von Hindernissen des Binnenmarktes.

Demzufolge kann man davon ausgehen, dass die EU auf Grundlage dieses Kompetenztitels zum Erlass einer Regelung zur Behandlung ausländischen Rechts zuständig ist.

5. Sonstige Kompetenztitel des Art. 81 Abs. 2 AEUV

Die weiteren Kompetenztitel des Art. 81 Abs. 2 litt. g und h AEUV, die Entwicklung von alternativen Methoden für die Beilegung von Streitigkeiten und die Förderung der Weiterbildung von Richtern und Justizbediensteten, können den Erlass eines Rechtsinstruments zur Behandlung ausländischen Rechts nicht abdecken und bedürfen somit hier keiner näheren Erörterung.[534]

---

sich betreffen, sollten von ex-Art. 65 EGV nur dann erfasst sein, wenn mit ihrer Regelung eine spezifische Binnenmarkt- oder Rechtsraumrelevanz einhergeht.

533 Eine Harmonisierung unter Verweis auf diesen Kompetenztitel bejaht *Sonnenberger*, in: FS Kropholler, S. 245 f.

534 Des Weiteren könnte sich die Kompetenz der EU zusätzlich auf einen Kompetenztitel kraft Sachzusammenhangs stützen. Die EU ist unproblematisch zuständig für den Erlass und die Ausarbeitung solcher Normen, die der Angleichung der Kollisionsnormen der Mitgliedstaaten dienen. Dies geht einerseits aus dem Wortlaut des Art. 81 Abs. 2 lit. c

VI. Allgemeine Kompetenzausübungsschranken

Art. 5 Abs. 1 EUV verlangt im Rahmen der Tätigkeit der Union die Wahrung der Grundsätze der begrenzten Einzelermächtigung sowie der Subsidiarität und Verhältnismäßigkeit.

1. Prinzip der begrenzten Einzelermächtigung, Art. 5 Abs. 2 EUV

Art. 5 Abs. 2 EUV (ex-Art. 5 Abs. 1 EGV) kodifiziert das Prinzip der begrenzten Einzelermächtigung. Danach kann die EU nur solche Materien regeln, die ihr im AEUV zugewiesen sind, soweit sie sich bei einer Regelung auf die vorgegebenen Instrumente beschränkt sowie die Anwendung und den Vollzug einer Norm grundsätzlich den Mitgliedstaaten überlässt.[535] Die Frage, ob die EU tätig werden kann, wurde mit Bejahung der grundsätzlichen Zuständigkeit nach Art. 81 AEUV soeben beantwortet.

2. Grundsatz der Subsidiarität, Art. 5 Abs. 3 EUV

Nach Art. 5 Abs. 3 EUV (ex- Art. 5 Abs. 2 EGV) wird die Union in solchen Bereichen, die nicht in ihrer ausschließlichen Zuständigkeit liegen, nur nach dem Subsidiaritätsprinzip tätig. Dieses wird von der Vorschrift selbst dahingehend konkretisiert, dass ein Tätigwerden nur dann geboten ist,

> „... sofern und soweit die Ziele der in Betracht gezogenen Maßnahmen von den Mitgliedstaaten weder auf zentraler noch auf regionaler oder lokaler Ebene ausreichend verwirklicht werden können, sondern vielmehr wegen ihres Umfangs oder ihrer Wirkungen auf Unionsebene besser zu verwirklichen sind.“

Der Bereich der ausschließlichen Zuständigkeit wird vom EU-Vertrag nicht näher erläutert, betrifft aber die Bereiche der Handelspolitik, des Zollrechts, sowie die Erhaltung der Fischereiressourcen, nicht aber die Rechtsangleichung zur Verwirklichung des Binnenmarktes; diese ist der konkurrierenden Zuständigkeit

---

AEUV hervor, hat sich aber auch in der Praxis durch den Erlass der Rom I- und II-VOen gezeigt. Zudem dient die Kompetenznorm des Art. 81 AEUV der Harmonisierung solcher nationaler verfahrensrechtlicher Normen, die für den Binnenmarkt zwar nicht konstitutiv sind, denen aber eine wenn auch nur mittelbare Unterstützungsfunktion für die Ausübung der Grundfreiheiten zukommt. *Leible/Staudinger*, EuLF (D) 2000/01, 225, 229.

535 Calliess/Ruffert/*Calliess*, EUV/EGV, Art. 5 EGV Rn. 8.

zuzuordnen.[536] Demzufolge unterliegt eine Neuregelung der Materie der Behandlung ausländischen Rechts dem Subsidiaritätsprinzip des Art. 5 Abs. 3 EUV.[537]

Somit bedarf es zunächst einer Maßnahme im Sinne des Art. 5 Abs. 3 EUV. Unter den Begriff der Maßnahme sind grundsätzlich alle Legislativtätigkeiten der EU zu fassen.[538] Ausgehend von der Tatsache, dass selbst unverbindliche Akte dem Begriff der Maßnahme unterfallen,[539] stellt auch der Erlass eines Rechtsinstruments im Rahmen der Formen des Art. 288 AEUV eine solche dar.

Negativvoraussetzung für ein Tätigwerden der Union ist somit, dass das Ziel eines Tätigwerdens auf mitgliedstaatlicher Ebene nicht erreicht werden kann. Die angestrebte Maßnahme muss transnationale Aspekte aufweisen, die durch die Mitgliedstaaten nicht zufriedenstellend geregelt werden können.[540] Wie der Vergleich der mitgliedstaatlichen Rechtsordnungen zeigte, ist die Frage der Behandlung ausländischen Rechts im Zivilprozess momentan sehr unterschiedlich geregelt. [541] Die unterschiedlichen Regelungen des *common* und des *civil law*, sowie die verschiedenen Mischformen führen dazu, dass die Frage der Anwendung ausländischen Rechts häufig vernachlässigt wird. Die Durchsetzung der bereits erlassenen und noch in der Vorbereitung stehenden Verordnungen auf dem Gebiet des internationalen Privatrechts ist nur dann gesichert, wenn das zur Anwendung berufene Recht auch tatsächlich angewendet wird. Gerade dies wird vom aktuellen Rechtsstand nicht gewährleistet. Demzufolge reichen die mitgliedstaatlichen Vorschriften nicht aus, die Durchsetzung des internationalen Privatrechts der Union sowie des zur Anwendung berufenen nationalen Rechts zu sichern. Diese Voraussetzung eines mitgliedstaatlichen Tätigwerdens ist folglich erfüllt.

---

536 Nachweise bei Calliess/Ruffert/*Calliess*, EUV/EGV, Art. 5 EGV Rn. 24, 28.

537 Auf die Frage, inwieweit eine bereits ausgeübte Kompetenz der EU zu einer Sperrwirkung gegenüber mitgliedstaatlichem Tätigwerden führen kann, muss hier indes nicht näher eingegangen werden, da es bei der Frage der Behandlung ausländischen Rechts an einem Tätigwerden der EU bisher fehlt. Zu dieser Sperrwirkung näher Calliess/Ruffert/*Calliess*, EUV/EGV, Art. 5 EGV Rn. 31 ff.

538 Calliess/Ruffert/*Calliess*, EUV/EGV, Art. 5 EGV Rn. 38.

539 Calliess/Ruffert/*Calliess*, EUV/EGV, Art. 5 EGV Rn. 38.

540 Ziffer 5 des Subsidiaritätsprotokolls Nr. 30, sowie Europäischer Rat von Edinburgh, dazu auch Bericht der Kommission „Bessere Rechtssetzung 2003“ KOM (2003) 770 endg., S. 19.

541 Siehe dazu oben in Kapitel 2 unter C.

Positivvoraussetzung ist weiterhin, dass die Ziele durch ein Tätigwerden auf Unionsebene besser erreicht werden können. Das Handeln der Union muss einen Mehrwert im Sinne eines Effizienzvergleichs vorweisen können.[542] Übertragen auf die Frage der Behandlung ausländischen Rechts, bedeutet dies Folgendes: Bleibt es allein bei den autonomen mitgliedstaatlichen Rechtsordnungen, ist die Anwendung ausländischen Rechts abhängig von den mitgliedstaatlichen Gerichten, also unter Umständen davon, dass sich eine der Parteien auf die Anwendung beruft und den Inhalt darlegt. Dies gilt auch dann, wenn es internationalprivatrechtlich zur Anwendung berufen ist. Die Berücksichtigung ausländischen Rechts wäre also von einer Mehrzahl mitgliedstaatlicher Faktoren abhängig.

Schafft man hingegen eine einheitliche Regelung auf EU-Ebene, wäre es nicht mehr von der Wahl des Klägers hinsichtlich eines von mehreren zuständigen Gerichten abhängig, ob das ausländische Recht auch zur Anwendung gelangt. Die Anwendung ausländischen Rechts wäre somit gesichert, was wiederum zu einer effizienteren Wirkung der Verordnungen im IPR-Bereich führt. Unabhängig davon, wie genau eine Regelung durch die Union aussehen würde, könnte das *forum shopping*, welches gerade durch den Erlass verschiedener Verordnungen vermieden werden soll, eingedämmt werden.[543] Zudem würde der Rechtssicherheit auf diese Weise Genüge getan. Insbesondere der Beklagte könnte mit der Beachtung des anwendbaren Rechts rechnen, unabhängig davon, welches Gericht angerufen wird. Der Grundsatz der Subsidiarität wäre bei einem Tätigwerden der Union demzufolge gewahrt. Im Ergebnis ist also davon auszugehen, dass die Anforderungen des Art. 5 Abs. 3 EUV im Falle eines Tätigwerdens der Union als gewahrt anzusehen sind.

3. Grundsatz der Verhältnismäßigkeit, Art. 5 Abs. 4 EUV

Gemäß Art. 5 Abs. 4 EUV müsste zudem der Grundsatz der Verhältnismäßigkeit gewahrt werden.[544] Ähnlich wie im deutschen Recht werden zur Prüfung des Verhältnismäßigkeitsgrundsatzes die Kriterien der Erforderlichkeit, Geeignetheit sowie der Angemessenheit im Sinne einer Abwägung zwischen Nutzen

542 Calliess/Ruffert/*Calliess*, EUV/EGV, Art. 5 EGV Rn. 47, 48.

543 Zum Begriff des *forum shopping* siehe Kapitel 3 A.I.1.

544 Die Bezeichnung des in ex-Art. 5 Abs. 3 EGV verankerten Prinzips als Verhältnismäßigkeit findet sich erst in der Fassung des AEUV durch den Lissabonner Vertrag und wurde zuvor vom EuGH selbst gewählt, siehe nur EuGH, verb. Rs. 41, 121, 796/79 – *Testa/Bundesanstalt für Arbeit*, Slg. 1980, 1979 Rn. 21.

und Eingriff herangezogen.[545] Von der EU erlassene Maßnahmen dürfen danach nicht über das Maß hinausgehen, welches zur Erreichung der Ziele des EU-Vertrages erforderlich ist.

Die Geeignetheit zur Erreichung eines legitimen Zwecks im Sinne der Stärkung der Effizienz der europäischen Verordnungen kann hier bejaht werden, da der Beachtung des Rechtsanwendungsbefehls des europäischen Gesetzgebers durch Erlass einer Verordnung zur Behandlung ausländischen Rechts Genüge getan würde. Hinsichtlich der Erforderlichkeit einer Regelung kann auf die Ausführungen zum Grundsatz der Subsidiarität verwiesen werden. Zudem wäre eine europäische Regelung auch angemessen, da der dargestellte Nutzen höherwertig einzustufen ist als der Eingriff in die Souveränität der Mitgliedstaaten. Des Weiteren ist auf nationaler Ebene nur die Regelung internationaler Sachverhalte betroffen. In diesem Bereich wurde bereits sowohl international-privat- als auch zivilverfahrensrechtlich auf Gesetzgebungskompetenzen verzichtet, weswegen die mitgliedstaatliche Position weniger schützenswert erscheint. Bislang ist zudem noch kein Vorschlag, der einen EU-Rechtsakt zum Gegenstand hatte, an den Erfordernissen des Art. 5 Abs. 4 EUV gescheitert.[546]

VII. Problem: Regelung von Drittstaatensachverhalten

Es stellt sich die Frage, inwieweit eine EU-Verordnung auch solche Sachverhalte regeln kann, die eine enge Beziehung zu einem Drittstaat aufweisen. Art. 81 AEUV gibt hierauf keine Antwort. Einerseits könnte man aus dem Binnenmarktbezug schließen, dass allein innerunionale Sachverhalte von der EU geregelt werden dürfen. Andererseits könnte man die Kompetenz der EU aber auch so verstehen, dass sie sich allein auf solche Sachverhalte erstreckt, die sich zwischen einem Mitglied- und einem Drittstaat abspielen. Diese Frage stellt sich im Bereich des internationalen Privatrechts insbesondere in Bezug auf so genannte *lois uniformes*. Die neuen EU-Verordnungen, Rom I und Rom II, sind – wie auch schon die Vorgängerregelung zur Rom I-VO in Art. 2 EVÜ – beide als *lois uniformes* ausgestaltet. Sie finden also unabhängig davon Anwendung, ob sie das Recht eines Mitglied- oder eines Drittstaates zur Anwendung berufen.[547] Mit Erlass dieser Vorschriften hat die EU selbst die Zulässigkeit der immanenten Regelung von Drittstaatensachverhalten bejaht. Im Vorschlag zur Rom II-

---

545 Calliess/Ruffert/*Calliess*, EUV/EGV, Art. 5 EGV Rn. 51.

546 *R. Wagner*, IPRax 2007, 290, 291.

547 Gemäß Art. 2 Rom I-VO bzw. Art. 3 Rom II-VO.

Verordnung aus dem Jahre 2003 nimmt die Kommission dazu ausdrücklich Stellung:

> „Es gilt daher, die Gleichbehandlung der Rechtssubjekte in der EG sicherzustellen, und zwar auch dann, wenn der Sachverhalt Drittstaatsberührung aufweist. Wenn die mehr als 15 verschiedenen Kollisionsnormensysteme beibehalten werden, würde bei derselben Streitigkeit, wegen der zwei europäische Unternehmen mit Sitz in zwei verschiedenen Mitgliedstaaten A und B vor ihren jeweiligen Gerichten Klage gegen ein und dasselbe Unternehmen mit Sitz in einem Drittstaat erheben, nicht dieselbe Kollisionsnorm zur Anwendung kommen, was – wie bei einem rein innergemeinschaftlichen Sachverhalt – zu Wettbewerbsverzerrungen führen könnte."[548]

Abschließend führt die Kommission aus, dass

> „der universale Charakter der vorgeschlagenen Verordnung [...] demnach den Zielsetzungen der Europäischen Union [entspricht], d. h. Rechtssicherheit und transparentes Recht."[549]

Für den Bereich des Internationalen Zivilverfahrensrecht gibt es keine ausdrückliche Regelung dahingehend, dass auch Drittstaatensachverhalte mitgeregelt werden würden. Insbesondere bestimmt auch die EuGVVO in Art. 2 Abs. 1 die Zuständigkeit zunächst nur für den Fall, dass der Beklagte seinen Wohnsitz in einem Mitgliedstaat hat. Ist dies zu verneinen, verweist Art. 4 Abs. 1 EuGVVO auf das autonome Prozessrecht des angerufenen Gerichts. Dies gilt allerdings nicht für alle Zuständigkeitsvorschriften: Im Rahmen der ausschließlichen Zuständigkeiten des Art. 22 EuGVVO und von Gerichtsstandsvereinbarungen nach Art. 23 EuGVVO ist die Verordnung auch dann anwendbar, wenn der Beklagte keinen Wohnsitz in einem Mitgliedstaat der EU hat. Eine weitere Fallgruppe, die einen Rückgriff auf autonomes Recht verwehrt, ist die rügelose Einlassung des Beklagten nach Art. 24 EuGVVO. Dies bestätigt auch die Kommission in ihrem Vorschlag zur Rom II-VO aus dem Jahre 2003, wenn sie ausführt, dass die EuGVVO

> „sowohl Sachverhalte mit reinem EG-Bezug als auch Sachverhalte mit Drittlandsberührung"[550]

regelt.

548 KOM (2003) 427 endg., S. 11.

549 KOM (2003) 427 endg., S. 11.

550 KOM (2003) 427 endg., S. 10.

Zudem hat der EuGH in der Rechtssache *Owusu* entschieden, dass das EuGVÜ auch dann Anwendung findet, wenn nur Bezüge zu einem Mitgliedstaat sowie einem Drittstaat bestehen.[551] Bereits zuvor hatte der EuGH in der Rechtssache *Group Josi* festgestellt, dass die Zuständigkeitsvorschriften des EuGVÜ nicht allein auf solche Sachverhalte beschränkt seien, die nur Vertragsstaaten betreffen, insbesondere eines Wohnsitzes des Klägers in einem Vertragsstaat bedürfe es nicht.[552] Begründet wurde dies mit der geringen Bedeutung des Klägerwohnsitzes im Übereinkommen, der in Abweichung vom *actor-sequitur-forum-rei*-Prinzip eben nur in Ausnahmefällen zu beachten sei.[553] Reichweite und Inhalt der Reglungen des EuGVÜ können, da es diesbezüglich keine Änderungen oder Neuerungen gab, auf die EuGVVO übertragen werden.

Daraus ergibt sich, dass die Regelung von Drittstaatensachverhalten durch eine künftige Verordnung nicht grundsätzlich ausgeschlossen ist.[554] Voraussetzung ist aber wiederum, dass eine solche Regelung für das „reibungslose Funktionieren des Binnenmarktes erforderlich" ist. Dies wurde bereits bejaht.[555]

VIII. Sonderrolle des Vereinigten Königreichs, Irlands und Dänemarks

Ein schon seit langem bestehendes Problem im Bereich der justiziellen Zusammenarbeit in Zivilsachen stellen die vom Vereinigten Königreich, Irland und Dänemark erklärten Vorbehalte dar. Diese führen dazu, dass Rechtsakte, die auf dem Kompetenztitel des Art. 81 AEUV bzw. vormals ex-Art. 65 EGV beruhen, keine Wirkungen in diesen Mitgliedstaaten entfalten.[556] Für das Vereinigte Kö-

---

551 EuGH, Rs. C-281/02 – *Owusu/Jackson*, Slg. 2005, I-1383 Rn. 26.

552 EuGH, Rs. C-412/98 – *Group Josi*, Slg. 2000, I-5925 Rn. 34 ff., 57 ff.

553 EuGH, Rs. C-412/98 – *Group Josi*, Slg. 2000, I-5925 Rn. 36 ff. Auf die Problematik der Regelung von Drittstaatensachverhalten in harmonisierenden Richtlinien wird hier wegen der geringen Relevanz im Bereich des Internationalen Zivilverfahrensrechts nicht näher eingegangen, siehe dazu aber *Dohrn*, S. 118 ff.

554 Dafür spricht auch das Lugano-Gutachten, welches die Kompetenz der Europäischen Gemeinschaft (jetzt Union) zum Abschluss völkerrechtlicher Übereinkommen (hier des neuen Lugano-Übereinkommens) mit Drittstaaten mit Wirkung für die Mitgliedstaaten bestätigt, Gutachten 1/03 vom 7. Februar 2006, Slg. 2006, I-1145.

555 Siehe soeben unter A.III.

556 Art. 3 des Protokolls Nr. 4 des Amsterdamer Vertrages über die Position des Vereinigten Königreichs und Irlands, ABl. EG 1997 C 340 sowie Ex-Artikel 69 EGV i.V.m. Artikel 7 des Protokolls Nr. 5 über die Position Dänemarks, ABl. EG 1997, C 340/101,

nigreich und Irland besteht die Möglichkeit des so genannten *opt-in* innerhalb von drei Monaten nach der Vorlage eines Vorschlags oder einer Initiative, indem der Mitgliedstaat beim Rat schriftlich mitteilen lässt, dass er sich an der Annahme und Anwendung der betreffenden Maßnahme beteiligen möchte.[557] Diese Möglichkeit der nachträglichen Wirkungserstreckung bestand für Dänemark, welches den Vorbehalt aus verfassungsrechtlichen Gesichtspunkten heraus erklärt hatte, zunächst nicht,[558] wurde aber nun mit Inkrafttreten des Lissabonner Vertrages ebenfalls aufgenommen. Möglich ist im Verhältnis zu Dänemark zudem der Abschluss eines völkerrechtlichen Parallelübereinkommens.[559] Von dieser Möglichkeit wurde hinsichtlich der EuGVVO Gebrauch gemacht.[560]

Diese Sonderrollen konnten auch mit dem Vertrag von Lissabon nicht völlig abgeschafft werden, so dass dieses Problem einer „Gemengelage von unionsrechtlichen Vorschriften und völkerrechtlichen Übereinkommen“[561] auch weiterhin Bestand haben wird. Da das Vereinigte Königreich und Irland auch der EuGVVO, sowie der Rom I-VO und Rom II-VO beigetreten sind,[562] bleibt die Hoffnung, dass das auch für eine neue Regelung der Behandlung ausländischen Rechts gelten wird. Eine Prognose erscheint hier aber schwierig, insbesondere im Hinblick darauf, dass die aktuelle liberale nationale Regelung im englischen Recht in einer Neuregelung eventuell verschärft werden würde.

---

nunmehr seit 1. Dezember 2009: Artt. 3 bis 4a des Protokolls Nr. 21 über die Position des Vereinigten Königreichs und Irlands hinsichtlich des Raums der Freiheit, der Sicherheit und des Rechts, ABl. EU 2008 C 115/295 bzw. Artt. 1 und 2 des Protokolls Nr. 22 über die Position Dänemarks, ABl. EU 2008 C 115/299.

557 Artt. 3 bis 4a des Protokolls Nr. 21 über die Position des Vereinigten Königreichs und Irlands hinsichtlich des Raums der Freiheit, der Sicherheit und des Rechts, ABl. EU 2008 C 115/295.

558 Ex-Artikel 69 EGV i.V.m. Artikel 7 des Protokolls Nr. 5 über die Position Dänemarks, ABl. EG 1997, C 340/101.

559 So *Hess*, NJW 2000, 23, 28; *Kohler*, Rev. crit. dip 1999, 1, 8; *Leible/Staudinger*, EULF (D) 2000/01, 225, 226.

560 ABl. EU 2007 L 339/1.

561 So *Leible/Staudinger*, EULF (D) 2000/01, 225, 226.

562 Wenn auch hinsichtlich der Rom I-VO erst nach deren Erlass, so dass es diesbezüglich einer Entscheidung der Kommission bedurfte, vgl. Entscheidung der Kommission 2009/26/EG vom 22. Dezember 2008 über den Antrag des Vereinigten Königreichs auf Annahme der Verordnung (EG) Nr. 593/2008 des Europäischen Parlaments und des Rates über das auf vertragliche Schuldverhältnisse anzuwendende Recht (Rom I), ABl. EU 2009 L 10/22.

IX. Ergebnis

Demzufolge ist die Europäische Union für den Erlass eines Rechtsinstrumentes zur Regelung der Behandlung ausländischen Rechts zuständig.[563]

B. Regelungsform

Nach Bejahung der Zuständigkeit der Europäischen Union für eine Regelung der Anwendung und Ermittlung ausländischen Rechts stellt sich auf formaler Ebene die Frage nach der Regelungsform. Dabei ist zunächst einmal zwischen einer Regelung in Form eines Übereinkommens auf europäischer bzw. internationaler Ebene (I.) und einer solchen durch die Union auf Grundlage der Regelungsinstrumente des Art. 288 AEUV (II.) zu unterscheiden.

I. EU-Regelung oder Übereinkommen

Wie zuvor dargestellt, hat die Union die Kompetenz, eine Neuregelung auf dem Gebiet der Behandlung ausländischen Rechts anzustrengen. Alternativ könnte man aber auch über ein völkerrechtliches Übereinkommen nachdenken. Auf Grundlage der *AETR*-Rechtsprechung[564], die nunmehr in Art. 3 Abs. 2 AEUV kodifiziert ist, müsste man davon ausgehen, dass die Kompetenz zum Abschluss dieses Übereinkommens mit Wirkung für die Mitgliedstaaten der EU ebenfalls bei der Union liegen würde. Mit Erlass eines Rechtsaktes durch die EU steht ihr auch im Außenverhältnis die Kompetenz zur Ratifizierung paralleler Übereinkommen zu. Hier bestünde zudem die Möglichkeit eines Abschlusses durch die Union mit Wirkung für ihre Mitgliedstaaten, wie es jüngst im Rahmen des Haager Übereinkommens über Gerichtsstandsvereinbarungen oder des reformierten Lugano-Übereinkommens[565] praktiziert wurde.

---

563 Die Zuständigkeit der EU bzw. der EG nach ex-Artt. 65, 61 EGV wird zudem von *Jänterä-Jareborg*, Rec. d. Cours 304 (2003) 370 sowie *Hausmann*, EuLF 2008, I-13 bejaht.

564 EuGH Rs. 22/70 – *Kommission/Rat, AETR*, Slg. 1971, 263, siehe dazu auch das Gutachten des EuGH 1/03 vom 7. Februar 2006, Slg. 2006, I-1145.

565 Übereinkommen über die gerichtliche Zuständigkeit und die Vollstreckung gerichtlicher Entscheidungen in Zivil- und Handelssachen unterzeichnet am 30. Oktober 2007 in Lugano, ABl. EU 2009 L 147/5 ff.; siehe dazu auch den Erläuternden Bericht von *Pocar*, ABl. EU 2009 C 319/1 ff.

Vorteil eines solchen Vorgehens wäre zunächst die größere Anzahl an Vertragsstaaten, da neben der Europäischen Union auch weitere Staaten einem solchen Übereinkommen beitreten könnten. Verschiedene Übereinkommen der Haager Konferenz für Internationales Privatrecht haben gezeigt, dass die Resonanz von Nicht-EU-Staaten oftmals sehr groß ist.[566] Ein weiterer Vorteil eines Übereinkommens wäre der zu erwartende geringere Eingriff in die Souveränität der Mitgliedstaaten. Völkerrechtliche Übereinkommen sind auf Grund der Vielzahl an zustimmungsbedürftigen Vertragsstaaten, sowie des komplexeren Verfahrens häufig liberaler und erlegen den Vertragsstaaten weniger Pflichten auf. Hinzu kommt die Notwendigkeit der Transformation in nationales Recht. Eine daraus resultierende geringere Regelungsdichte würde auf Grund der noch existierenden gravierenden Unterschiede in den einzelnen Mitgliedstaaten eventuell den größeren Erfolg und eine höhere Beitrittsbereitschaft versprechen.

Diese Vorteile, die vor allem aus dem geringeren Eingriff in die mitgliedstaatliche Souveränität herrühren, bringen wiederum Nachteile mit sich: Übereinkommen sind sowohl in ihrer Ausarbeitung als auch bei späteren Änderungen komplizierter, da sie vom Konsens aller möglichen Vertragsstaaten abhängig sind. Auch die geringere Regelungsdichte ist auf Ebene der EU-Mitgliedstaaten nachteilig, da es gerade darum geht, die Rechtssicherheit zu stärken, was auf Grundlage einer umfassenden Regelung eher zu erwarten ist.

Der Weg über ein Übereinkommen, der dann über die EU unter Umständen hinausginge, ist auf Grund dieser Nachteile und nach dem oben Gesagten zu den Plänen der Haager Konferenz für Internationales Privatrecht als ausgeschlossen anzusehen.[567]

II. Art. 288 AEUV

Im Bereich der Regelungsinstrumente des Art. 288 AEUV ist wiederum von Interesse, welche der dort genannten, aber nicht abschließenden Möglichkeiten – Richtlinie, Verordnung oder Beschluss sowie Empfehlung – für eine Regelung der Behandlung ausländischen Rechts die effektivste und zudem diejenige Lö-

---

566 So gehören dem Übereinkommen über die auf bestimmte Rechte an Intermediär-verwahrten Wertpapieren anzuwendende Rechtsordnung vom 5. Juli 2006 bisher nur die Schweiz und Mauritius an, dem Übereinkommen vom 29. Mai 1993 über den Schutz von Kindern und die Zusammenarbeit auf dem Gebiet der internationalen Adoption gehören zahlreiche Nicht-EU-Staaten an. Siehe dazu die Nachweise auf den Seiten der Haager Konferenz unter www.hcch.net unter dem Punkt „Statustabelle".

567 Siehe dazu oben in Kapitel 3 unter B.I.3.b.

sung ist, die am meisten Erfolg verspricht.[568] Nach einer kurzen Darstellung der einzelnen Regelungsformen (1.–3.) erfolgen ein Vergleich und eine Bewertung (unter 4.).

1. Richtlinie

In Betracht kommt zunächst einmal das Regelungsinstrument der Richtlinie nach Art. 288 Abs. 3 AEUV.[569] Bei einer Richtlinie handelt es sich um ein indirektes bzw. kooperativ-zweistufiges Rechtssetzungsinstrument.[570] Die Richtlinie ist gerade dadurch gekennzeichnet, dass sie grundsätzlich den Mitgliedstaaten einen Ermessens- und Entscheidungsspielraum überlässt und nur die äußeren Rahmenbedingungen einer rechtlichen Regelung oder Rechtsanpassung festlegt. Den Mitgliedstaaten verbleibt vor allem die Wahl der Form und der Mittel, jedoch verbunden mit dem Gebot einer effektiven Umsetzung.[571] Die Aufgabe der endgültigen Ausgestaltung der Regelung bleibt den Mitgliedstaaten vorbehalten. Die Umsetzung einer Richtlinie in nationales Recht ist an eine von der EU vorgegebene, zumeist mehrjährige Frist gebunden. Aus der Richtlinie selbst resultiert grundsätzlich somit auch kein Anspruch oder eine Kompetenz des Einzelnen.[572] Beides kann nur aus dem umgesetzten nationalen Recht folgen.[573]

2. Verordnung

Neben der Richtlinie sieht Art. 288 Abs. 2 AEUV das Regelungsinstrument der Verordnung vor.[574] Dabei handelt es sich um abstrakt-generelle Rechtssätze des

568 Zu den Handlungsformen des Art. 288 AEUV, siehe *Frenz*, Handbuch Europarecht, Bd. 5, § 4 Rn. 1359 ff.

569 *Sonnenberger*, in: FS Kropholler, S. 246 zieht den Erlass einer Richtlinie zur Regelung der Behandlung ausländischen Rechts in Betracht.

570 Calliess/Ruffert/*Ruffert*, EUV/EGV, Art. 249 EGV Rn. 45.

571 Calliess/Ruffert/*Ruffert*, EUV/EGV, Art. 249 EGV Rn. 48, 50.

572 Eine Ausnahme kann im Fall der nicht fristgerechten Umsetzung einschlägig sein, vgl. hierzu BGHZ 181, 201 ff.; in diesem Sinne auch *Riesenhuber*, Europäische Methodenlehre, § 23 Rn. 88 ff. m.w.N. aus der Rechtsprechung; sowie die Empfehlung der Kommission vom 12. Juli 2004 zur Umsetzung binnenmarktrelevanter Richtlinien in innerstaatliches Recht, ABl. EU 2005 L 98/47.

573 Grabitz/Hilf/*Nettesheim*, Das Recht der Europäischen Union, Art. 249 EGV Rn. 125.

574 Auch *Sonnenberger*, in: FS Kropholler, S. 246 befürwortet den Erlass einer Verordnung, alternativ zum Erlass einer Richtlinie.

sekundären Unionsrechts.[575] Deren charakteristisches Merkmal ist gerade die unmittelbare Geltung in den Mitgliedstaaten der Union.[576] Diese führt zwangsläufig zu einem Konkurrenzproblem hinsichtlich des rein nationalen Rechts im Falle sich widersprechender Rechtsvorschriften, welches aber zugunsten eines Anwendungsvorrangs der Verordnung gegenüber nationalem Recht gelöst wird.[577] Anwendungsvorrang bedeutet, dass mitgliedstaatliches Recht, welches im Widerspruch zum EU-Recht steht, allein unangewendet bleibt, jedoch nicht für nichtig erklärt wird.[578]

Aus der unmittelbaren Wirkung einer Verordnung in allen Mitgliedstaaten folgt zudem, dass sie insgesamt verbindlich ist.[579] Die Auslegung einer Verordnung erfolgt nach allgemeinen europarechtlichen Grundsätzen.[580] Maßgeblich ist demzufolge eine autonome Auslegung losgelöst von nationalen Rechtsvorstellungen.[581] Die Auslegungskompetenz für Verordnungen liegt beim EuGH gemäß Art. 19 Abs. 3 lit. b EUV. Mit dieser Kompetenz korrespondiert im Falle von Zweifelsfragen eine Vorlageberechtigung und eine Vorlagepflicht der nationalen Gerichte im Sinne des Art. 267 AEUV.

3. Beschlüsse sowie Empfehlungen und Stellungnahmen

Als weitere Handlungsform sieht Art. 288 Abs. 4 AEUV Beschlüsse vor. Diese wurden mit dem Lissabonner Vertrag neu aufgenommen und sind für ihre Adressaten verbindlich. Voraussetzung für deren Wirkung ist aber die Annahme in einem vorgeschriebenen Gesetzgebungsverfahren. Dabei erfasst Art. 288 Abs. 4 AEUV insbesondere Beschlüsse des Rates, die nicht im Bereich der Gesetzgebung erlassen werden.[582]

---

575 Calliess/Ruffert/*Ruffert*, EUV/EGV, Art. 249 EGV Rn. 39.

576 Ausgenommen von dieser unmittelbaren Geltung ist im Bereich der justiziellen Zusammenarbeit in Zivilsachen aber Dänemark.

577 EuGH Rs. 6/64 – *Costa/ENEL*, Slg. 1964, 1251 Rn. 11, so auch BVerfGE 31, 145.

578 Calliess/Ruffert/*Ruffert*, EUV/EGV, Art. 249 EGV Rn. 24.

579 Calliess/Ruffert/*Ruffert*, EUV/EGV, Art. 249 EGV Rn. 41.

580 *Streinz*, Europarecht, Rn. 494; Calliess/Ruffert/*Wegener*, EUV/EGV, Art. 220 EGV Rn. 7 ff.

581 In diesem Sinne jüngst EuGH, Rs. C-292/05 – *Eirini Lechouritou und andere/Dimosio tis Omospondiakis Dimokratias tis Germanias*, Slg. 2007, I-1519, Rn. 29; EuGH, Rs. C-343/04 – *Land Oberösterreich/ČEZ as*, Slg. 2006, I-4558, Rn. 22.

582 *Frenz*, Handbuch Europarecht, Bd. 5, § 4 Rn. 13.

Unverbindlich sind nach Art. 288 Abs. 5 AEUV Empfehlungen und Stellungnahmen. Diese stellen somit einen Eingriff in die Souveränität der Mitgliedstaaten von minderer Intensität dar. Demzufolge handelt es sich um Handlungsformen, die vor allem zur beeinflussenden Steuerung eingesetzt werden sollen.[583]

4. Vergleich der Rechtsformen und Bewertung

Grundsätzlich sollte unter dem Aspekt der Subsidiarität und der Verhältnismäßigkeit diejenige Regelungsform gewählt werden, die den geringst möglichen Eingriff in die Souveränität der Mitgliedstaaten darstellt.[584] Unter den Rechtsformen des Art. 288 AEUV erfüllen die Empfehlungen und Stellungnahmen am ehesten diese Voraussetzung.[585] Gegen die Wahl dieser Rechtsform im konkreten Fall spricht aber einerseits die fehlende Bindungswirkung für die Staaten. Die Mitgliedstaaten wären nicht verpflichtet, diese Empfehlung in nationales Recht umzusetzen. Eine freiwillige Umsetzung wäre zwar nicht vollkommen ausgeschlossen, würde aber voraussichtlich zu lange dauern. Dies ist aber mit den bereits bestehenden Verordnungen nur schwer in Einklang zu bringen. Ein weiteres Problem ist der große Ermessenspielraum, der den Mitgliedstaaten weiterhin zur Verfügung und einer effektiven und schnellen, aber vor allem auch europaweit einheitlichen Regelung im Wege stehen würde. Auch die Rechtsform des Beschlusses ist abzulehnen, da sie nicht im Bereich der Gesetzgebung eingesetzt werden kann.

Einen Eingriff in die Souveränität der Mitgliedstaaten minderer Intensität würde auch der Erlass einer Richtlinie darstellen. Trotz des den Mitgliedstaaten verbleibenden Umsetzungsspielraums ist damit die Verpflichtung verbunden, bestimmte Regelungen in nationales Recht umzusetzen. Hier wiegt der Eingriff in die Souveränität schwerer als bei den soeben angesprochenen Empfehlungen und Stellungnahmen. Daneben bewahrt die Richtlinie das bereits bestehende nationale Recht vor einer umfassenden Neuregelung, da nur das richtliniengeprägte Recht in nationales Recht umgesetzt wird. Es bleibt somit bei der Geltung

583 Calliess/Ruffert/*Ruffert*, EUV/EGV, Art. 249 EGV Rn. 126.

584 Nummer 6 des Protokolls über die Anwendung der Grundsätze: „wäre unter sonst gleichen Gegebenheiten eine Richtlinie einer Verordnung [...] vorzuziehen“.

585 Beispiele für solches „soft law“ im Bereich des Zivilverfahrensrechts sind die ALI/UNIDROIT Principles of Transnational Civil Procedure, abrufbar unter www.unidroit.org/english/principles/civilprocedure/main.htm.

nationalen Rechts.[586] Vorteil einer Richtlinie ist aber die Möglichkeit eines verpflichtenden Umsetzungsteils. Demgegenüber steht wiederum die Tatsache, dass den Mitgliedstaaten ein – wie auch immer gearteter – Umsetzungsspielraum verbleibt. Durch diese Notwendigkeit einer Umsetzung ist auch die zeitliche Komponente nicht außer Acht zu lassen: den Mitgliedstaaten wird zwar eine Frist gesetzt, bis zu deren Ablauf eine Richtlinie in nationales Recht umzusetzen ist. Diese Frist ist üblicherweise mehrjährig, so dass die Wirkungen einer Neuregelung verzögert werden. Gegen die Verabschiedung einer Richtlinie spricht zudem, dass die Mehrzahl der international privat- und zivilverfahrensrechtlichen Rechtsakte als Verordnungen erlassen wurden. Aus Kohärenzgründen erscheint eine Richtlinie demnach wenig Erfolg versprechend. Dem entspricht auch die in der Literatur geäußerte Kritik an der Rechtsform der Richtlinie als „ohne Richtung, ohne Linie".[587] Kritisiert wird dabei einmal die steigende Fülle an erlassenen Richtlinien verbunden mit einem Defizit an fristgerechter und richtlinienkonformer Umsetzung.[588]

Auch der Aspekt der Möglichkeit einer späteren Verabschiedung einer europäischen Zivilprozessordnung spricht für eine kohärente Wahl der Rechtsform. Werden durchweg Verordnungen erlassen, so ist eine Zusammenfassung in einem Werk weniger schwierig als eine Neufassung aus den Erwägungen erlassener Richtlinien und Verordnungen heraus, welche im Gesetzgebungsverfahren wiederum mit größerer Wahrscheinlichkeit auf massive Kritik stoßen würde.

Ein weiterer Vorteil einer Verordnung ist die Rechtssicherheit auf Grund einer einheitlichen Rechtssetzung in allen Mitgliedstaaten durch die Berechenbarkeit des auf ein Rechtsverhältnis anzuwendenden Rechts. Der Bürger kann darauf vertrauen, dass das verankerte Recht in anderen Mitgliedstaaten zur Anwendung gelangt. Die einheitliche Wortwahl führt zudem dazu, dass die festgelegten Normen detailliert, präzise und ohne Vorbehalte gelten.[589] Hinzu kommt

---

586 Grabitz/Hilf/*Nettesheim*, Das Recht der Europäischen Union, Art. 249 EGV Rn. 124.

587 *Hilf*, EuR 1993, 1.

588 Vgl. *Winter*, The Directive, in: ders. (Hrsg.), Sources and Categories of European Union Law, S. 487. Dieses Defizit an Effizienz, Rechtsklarheit und Rechtsschutz soll dann durch die Rechtsprechung des EuGH ausgeglichen werden, Calliess/Ruffert/*Ruffert*, EUV/EGV, Art. 249 EGV Rn. 122.

589 KOM (2003) 427 endg., S. 8, ebenso dann auch KOM (2005) 650 endg., S. 4.

ein erhöhtes Maß an Rechtsklarheit.[590] Die direkte Anwendbarkeit der Verordnung lässt auch das Problem der zeitlichen Verzögerung verschwinden. Das Ziel einer Vereinheitlichung der Behandlung ausländischen Rechts in Form der Rechtssicherheit kann nur dann erreicht werden, wenn alle mitgliedstaatlichen Gerichte der gleichen Regelung unterliegen.

Auch das Problem des *forum shopping* würde auf diese Weise unterbunden werden: Da – abhängig von der konkreten inhaltlichen Regelung – alle Gerichte entweder der amtswegigen Verpflichtung unterliegen würden, ausländisches Recht anzuwenden oder eben überall der Grundsatz der Parteidisposition Anwendung findet, ist das anzuwendende Recht unabhängig vom angerufenen Gericht, so dass es an Anreizen zum *forum shopping* fehlt. Im Unterschied zur Richtlinie bedarf es bei der Verordnung keines Umsetzungsschrittes mehr, in Betracht kommt unter Umständen aber eine Anpassung des nationalen Rechts, um Wertungswidersprüche zu vermeiden.[591]

Insgesamt ist somit festzuhalten, dass die Regelungsform der Verordnung den größten Erfolg verspricht. Auch wenn eine Prognose der Entwicklung des europäischen Zivilprozessrechts nur schwierig ist, da zwar Tendenzen bestehen, deren Umsetzung aber schwierig ist, so sollten die Vorteile der Verordnung nicht nur für eine Regelung zur Behandlung ausländischen Rechts, sondern insgesamt im Bereich des Internationalen Privat- und Zivilverfahrensrechts nutzbar gemacht werden.

C. Regelungsbereich

Ausgehend von der Annahme, dass eine solche Regelung der Anwendung ausländischen Rechts auf europäischer Ebene notwendig ist und mittels einer Verordnung erlassen werden sollte, stellt sich die Frage des genauen Regelungsbereiches.

I. Spezielle Verordnungen

In Betracht kommt eine Regelung der Anwendung ausländischen Rechts in den bereits erlassenen oder in Entstehung befindlichen speziellen Verordnungen zum internationalen Privatrecht. Eine solche Lösungsmöglichkeit wurde im Verfah-

590 Erklärung zur Schlussakte zu ex-Art. 65 EGV: „... Mangels einer besonderen Regelung handelt die Gemeinschaft in den Formen des Art. 249 EGV, wobei sie sich aus Gründen der Rechtsklarheit vornehmlich der Verordnung bedienen wird."

591 *Streinz*, Europarecht, Rn. 377 ff.

ren zum Erlass der Rom II-Verordnung diskutiert.[592] Im Verlauf der Verhandlungen hat sich herauskristallisiert, dass eine Regelung allein für den Bereich des Internationalen Deliktsrechts nur wenig Erfolg versprechend erscheint.[593] Dem ist zuzustimmen. Eine Vorschrift nur für die jeweils erlassenen oder sich in Vorbereitung befindlichen Verordnungen hätte zwar den Vorteil der Zeitersparnis, wäre jedoch nur von begrenztem Erfolg gekrönt.[594]

Die bereits erlassenen Verordnungen zeigen zudem, dass auch andere allgemeine Bereiche in den verschiedenen Verordnungen – mit Absicht oder nicht – unterschiedliche Ausprägungen erfahren haben. So finden sich zum Beispiel im Bereich der Eingriffsnormen unterschiedliche Wortlaute.[595] Ob dies auch eine unterschiedliche Handhabung für den jeweils geregelten Bereich zur Folge haben soll, wird die weitere Entwicklung in Rechtsprechung und Literatur zeigen. Jedoch zeigt sich bereits hier, dass diese Bereiche, auch wenn sie weniger verallgemeinerungsfähig sind als der Bereich der Anwendung ausländischen Rechts, schon kurz nach Erlass der Verordnungen zu Unklarheiten führen. Um dies zu vermeiden, erscheint eine allgemeine Regelung losgelöst von einzelnen speziellen Bereichen vorzugswürdig.

Daneben steht aber das Problem der Zersplitterung der Mitgliedstaaten. Dänemark ist nicht an den Kompetenztitel des Art. 81 AEUV für den Bereich des Internationalen Zivilverfahrensrechts gebunden. Das Vereinigte Königreich und Irland können sich auf die Möglichkeit des *opt-in* zurückziehen. Eine Regelung in speziellen Verordnungen würde hier zu einer Einzelfallbetrachtung führen, was gerade hinsichtlich des Vereinigten Königreiches auf Grund des Beibringungsgrundsatzes zu unvorhersehbaren Ergebnissen führen würde. In Bezug auf Dänemark bleibt wahrscheinlich ohnehin nur die Möglichkeit des Abschlusses eines Übereinkommens, welches die Behandlung ausländischen Rechts gesondert regelt.

Des Weiteren hat sich kürzlich im Bereich des Internationalen Familienrechts gezeigt, dass verstärkt auch auf andere Regelungsinstrumente des AEUV

---

592 Zum Gesetzgebungsverfahren zur Rom II-Verordnung, siehe oben in Kapitel 1 unter C.I., ausführlicher *R. Wagner*, in: FS Kropholler, S. 715 ff.

593 Ratsdokument v. 2005 2003/0168 (COD), Änderungsantrag 54 zu Art. 26a.

594 *Sonnenberger*, in: FS Kropholler, S. 245 verweist darauf, dass eine Regelung der Anwendung ausländischen Rechts in den bereits erlassenen Verordnungen „zweckmäßig" gewesen wäre, verneint aber auch eine Aufnahme in eine der IPR-Verordnungen.

595 Der Wortlaut von Art. 9 Rom I-VO unterschiedet sich von Art. 16 Rom II-VO („...des Staates...").

zurückgegriffen wird. Diese Instrumente ermöglichen den Erlass von Verordnungen nur für solche Mitgliedstaaten, die ihre Zustimmung erklären. Aktuell wird ein solches Vorgehen im Bereich des Internationalen Scheidungsrechts praktiziert.[596]

II. Verordnung über einen allgemeinen Teil des internationalen Privatrechts

In Betracht kommt vielmehr eine Regelung innerhalb einer Verordnung über einen allgemeinen Teil des internationalen Privatrechts. Eine solche Verordnung wird in der Literatur bereits verstärkt diskutiert und auch befürwortet.[597] *Kreuzer* verortet auch innerhalb einer solchen Verordnung die Beantwortung der Frage, wie ausländisches Recht zu behandeln ist.[598] Daneben werden vor allem Bereiche wie Qualifikation, Vorfrage, Substitution, Rück- und Weiterverweisung sowie der ordre public als erörterungsbedürftig betrachtet.[599] Während einzelne dieser Bereiche bereits in den speziellen Verordnungen mitgeregelt werden – so werden in den Verordnungen Rom I und Rom II zum Beispiel die Rück- und Weiterverweisung,[600] der ordre public[601] und Mehrrechtsstaaten[602] eigenständig normiert – richten sich andere Fragen – insbesondere der Qualifikation[603] und der Vorfrage – weiterhin nach der lex fori.

---

596 Verordnung (EU) Nr. 1259/2010 zur Durchführung einer verstärkten Zusammenarbeit im Bereich des auf die Ehescheidung und Trennung ohne Auflösung des Ehebandes anzuwendenden Rechts, ABl. EU 2010 L. 343/10. Hier erschien eine einheitliche Regelung auf Grund der liberalen Regelung in Schweden, aber der rigorosen, weiterhin die Scheidung ablehnenden Haltung Maltas nicht konsensfähig, vgl. S. 2.

597 *Heinze*, in: FS Kropholler, S. 126 f.; *Sonnenberger*, in: FS Kropholler, S. 227 ff.

598 *Kreuzer*, Allgemeiner Teil, in: Reichelt, Europäisches Gemeinschaftsrecht und IPR, S. 6 ff.

599 *Sonnenberger*, in: FS Kropholler, S. 227 ff.; *Heinze*, in: FS Kropholler, S. 105 spricht zudem die Materien der Mehrrechtsstaaten und der Anpassung an.

600 Art. 20 Rom I-VO, Art. 24 Rom II-VO.

601 Art. 21 Rom I-VO, Art. 26 Rom II-VO.

602 Art. 22 Rom I-VO, Art. 25 Rom II-VO.

603 Jedoch findet sich eine autonome Definition bestimmter Begriffe, so insbesondere des vertraglichen und außervertraglichen Schuldverhältnisses in den Verordnungen Rom I und Rom II.

Die Notwendigkeit einer solchen Verordnung über einen allgemeinen Teil des internationalen Privatrechts ist nur schwer zu bestreiten. Insbesondere kann die vereinzelte Regelung verschiedener allgemeiner Aspekte in unterschiedlichen Verordnungen – teilweise auch mit differenzierendem Wortlaut – nicht überzeugen.[604] Daneben stellt sich aber die davon zu trennende Frage, inwieweit in einer solchen Verordnung auch geregelt werden sollte, wie ausländisches Recht behandelt werden soll. Die Behandlung ausländischen Rechts ist eine genuin zivilverfahrensrechtliche Materie, dies zeigt sich vielfach an ihrem Regelungsstandpunkt, so zum Beispiel an § 293 ZPO.[605] Andererseits finden sich Regelungen in einigen europäischen Rechtsordnungen auch in den Gesetzen zum internationalen Privatrecht, so zum Beispiel in Österreich oder der Schweiz.[606] Dies lässt sich damit erklären, dass insbesondere die Anwendung ausländischen Rechts unzertrennbar mit dem Rechtsanwendungsbefehl der Kollisionsnorm zusammenhängt. Dennoch wird man bei der Frage der Ermittlung des ausländischen Rechts sagen müssen, dass es sich als Teil des Beweisrechts um eine zivilverfahrensrechtliche Materie handelt.[607]

Für eine Regelung auf europäischer Ebene bedeutet dies, dass eine Regelung in einer Verordnung über einen allgemeinen Teil nicht ausgeschlossen werden sollte. Dies hätte aber eventuell eine Verzögerung zum Nachteil, da die Mehrzahl zu regelnder Materien einen Konsens der europäischen Organe erschwert. Jedoch hat eine einheitliche Regelung wiederum den Vorteil, dass so eine Fülle verschiedener Verordnungen mit zusammenhängenden Regelungsmaterien verhindert wird.

III. EuGVVO

Neben den Verordnungen zum internationalen Privatrecht wurden mittlerweile auch einige Verordnungen zum Internationalen Zivilverfahrensrecht erlassen. Auf zivilprozessualer Ebene findet sich insbesondere die EuGVVO aus dem Jahre 2001. Regelungsbereich der EuGVVO ist auf Grundlage des bereits angesprochenen ex-Art 65 Abs. 1 lit. a EGV (nun Art. 81 AEUV) die Verbesserung und Vereinfachung der Anerkennung und Vollstreckung gerichtlicher und au-

604 Siehe bereits zuvor unter C.I.

605 Auf diese Möglichkeit der Einordnung als sach- und verfahrensrechtlich weist auch *Sonnenberger*, in: FS Kropholler, S. 245 hin.

606 Siehe dazu unter Kapitel 2 A.I.2. (für Österreich) und B. (für die Schweiz).

607 So auch *Sonnenberger*, in: FS Kropholler, S. 245.

ßergerichtlicher Entscheidungen in Zivil- und Handelssachen mittels Vereinheitlichung auf europäischer Ebene. Damit handelt es sich bei der EuGVVO um eine Verordnung, die eine rein zivilverfahrensrechtliche Materie betrifft. Pläne für eine Überarbeitung dieser Verordnung wurden bereits gefasst.[608] Eine Studie zur Handhabung der Verordnung in den einzelnen Mitgliedstaaten erschien 2008.[609]

Es stellt sich somit die Frage, inwieweit auch die Problematik der Behandlung ausländischen Rechts Eingang in eine Neufassung der EuGVVO finden könnte. Dafür würde sprechen, dass die Anwendung ausländischen Rechts, ebenso wie die geregelten Materien der internationalen Zuständigkeit, sowie Anerkennung und Vollstreckung, quasi „Vorfragen" darstellen, die nicht das Hauptverfahren direkt betreffen, sondern diesem vielmehr vorgelagert sind. Dies wird auch aus der deutschen Überschrift vor § 293 ZPO deutlich, die gerade das Verfahren bis zum Urteil betrifft, wobei es hier gerade nach dem Wortlaut der Vorschrift nur um die Ermittlung, nicht um die Anwendung des ausländischen Rechts geht.[610] Dieses Zusammenspiel der Anwendung und der Ermittlung des ausländischen Rechts ist aber auch ein Problem, welches es schwierig macht, eine umfassende Regelung der Behandlung ausländischen Rechts in der EuGVVO zu lokalisieren. Die Ermittlung ausländischen Rechts ist eine Materie, die dem Beweisrecht sehr nahe kommt. Maßgeblich geht es schließlich gerade darum, wer die Beweislast für das anwendbare ausländische Recht trägt. Die Frage der Anwendung ausländischen Rechts betrifft hingegen vielmehr die kollisionsrechtliche Frage der amtswegigen Anwendung einer Vorschrift. Dieser Bereich hängt aber wiederum sehr eng mit der beweisrechtlichen Frage der Qualifikation ausländischen Rechts als Recht oder Tatsache zusammen. Diese beweis- und internationalprivatrechtliche Verzahnung der Fragestellung macht es schwierig, eine Regelung in der EuGVVO bejahen zu können.

Zudem gibt es keinen entscheidenden Unterschied bzw. Vorteil zwischen der Ergänzung einer bereits bestehenden Verordnung zum Erlass einer neuen Verordnung. Dafür spricht auch, dass eine Regelung der Behandlung ausländischen Rechts nicht in die Reformpläne der EuGVVO aufgenommen wurde.[611]

---

608 Grünbuch zur Überprüfung der Verordnung (EG) Nr. 44/2001 des Rates über die gerichtliche Zuständigkeit und die Anerkennung und Vollstreckung von Entscheidungen in Zivil- und Handelssachen, KOM (2009) 175 endg. sowie der darauf folgende Kommissionsvorschlag vom 14.12.2010, KOM (2010) 748 endg.

609 *Hess/Pfeiffer/Schlosser*, The Brussels I Regulation (2008).

610 Zu diesem unklaren Wortlaut der Norm, siehe bereits oben in Kapitel 2 A.I.1.a.(1).

611 Vgl. dazu das Grünbuch und den Kommissionsvorschlag (Fn. 608).

Aus diesem Grund soll zunächst der Frage nachgegangen werden, ob eine eigenständige Verordnung, die die Behandlung ausländischen Rechts als alleinigen Regelungsgegenstand trägt, nicht sinnvoller erscheint.

IV. Verordnung über die Behandlung ausländischen Rechts

Weiterhin stellt sich die Möglichkeit einer speziellen Verordnung, die allein die Frage der Behandlung ausländischen Rechts im Zivilverfahren regelt.

Nachteil einer solchen isolierten Regelung könnte wiederum die abwehrende Haltung des Vereinigten Königreichs und Irlands, die eventuell von ihrer momentan sehr liberalen Haltung, was die amtswegige Anwendung ausländischen Rechts angeht, abrücken müssten.[612] Im Hinblick auf Dänemark macht die genaue Art der Regelung dagegen keinen Unterschied. Hier ist durch die neu geschaffene Möglichkeit des *opt-in* mit dem Lissabonner Vertrag eine Teilnahme an einer neuen Verordnung nicht ausgeschlossen.

Zudem würde eine isolierte Regelung im Hinblick auf weitere Vereinheitlichungspläne auf Dauer zu einer Fülle von zivilrechtlichen Rechtsakten auf europäischer Ebene führen, die dem Ziel der Vereinfachung des Rechts nicht unbedingt förderlich ist. Jedoch wird man hier auch bedenken müssen, dass die Union von einer gesamteuropäischen Zivilprozessordnung ohnehin noch weit entfernt ist.[613] Auch wenn eine Mehrzahl von verschiedenen Rechtsakten nicht unbedingt der erstrebenswerte Weg ist, so stellt er aber doch zumindest einen Schritt in die richtige Richtung dar. Es erscheint vorteilhaft, viele einzelne Bereiche bereits zu regeln, um dem weiteren Schritt eines europäischen Gesamtwerkes näher zu kommen. Es sollte nicht außer Acht gelassen werden, dass die Möglichkeit besteht, auf Grundlage bereits bestehender Regelwerke eine zukünftige europäische Zivilprozessordnung zu schaffen.

Demgegenüber überwiegen aber die Vorteile einer isolierten Neuregelung. Zunächst einmal gibt es den Vorteil eines einfacheren Verfahrens zum Erlass einer Regelung, da die Regelung nur einer einzigen Materie schneller von statten geht und konsensfähiger ist als eine Mehrzahl verschiedener Regelungen. Späte-

---

612 Zur Regelung der Behandlung ausländischen Rechts im Vereinigten Königreich, siehe in Kapitel 2 A.II.

613 *Hess*, NJW 2000, 23, 27 sieht diese durch den Vertrag von Amsterdam aber zumindest ein Stück näher gerückt.

re Änderungen sind zudem einfacher durchzusetzen. Weiterhin muss keine Anpassung an andere Vorschriften erfolgen.

V. Zwischenergebnis

Damit bleibt festzuhalten, dass eine isolierte Verordnung zur Behandlung ausländischen Rechts vorzuziehen ist. Auch eine Regelung innerhalb einer Verordnung über den allgemeinen Teil des internationalen Privatrechts ist vertretbar. Abzulehnen ist hingegen eine Verortung in einer der speziellen Verordnungen zum internationalen Privatrecht sowie eine Ergänzung der EuGVVO.

D. Verfahren

Das Verfahren zum Erlass einer Verordnung richtet sich gemäß Art. 81 Abs. 2 AEUV nach den Vorschriften über das ordentliche Gesetzgebungsverfahren von Europäischem Parlament und Rat auf Vorschlag der Kommission nach Artt. 289, 294 AEUV.[614]

E. Zusammenfassung

Nach den vorangegangenen Äußerungen ist folgendes festzuhalten. Zunächst einmal steht der Europäischen Union gemäß Art. 81 AEUV (ex-Art. 61 lit. c i.V.m. ex-Art. 65 EG) die Kompetenz zu, die Behandlung ausländischen Rechts im Zivilverfahren auf Ebene der justiziellen Zusammenarbeit in Zivilsachen zu regeln. Mit Inkrafttreten des Lissabonner Vertrages erfolgte hier sogar eine Erweiterung der unionsrechtlichen Kompetenzen. Diese Kompetenz liegt auch im Falle eines völkerrechtlichen Übereinkommens bei der Union. Sollte es zur Ausarbeitung eines solchen Übereinkommens kommen, sollte hierin aber auch der Vorrang der EU-Verordnung für Verfahren vor mitgliedstaatlichen Gerichten festgelegt werden.

Hinsichtlich der Regelungsform wurde festgestellt, dass die Verordnung den Zielen der Union in diesem Fall bestmöglich gerecht wird. Sekundär sollte auf Grund der Möglichkeit der verpflichtenden Zielsetzung die Verabschiedung einer Richtlinie in Betracht gezogen werden.

Abschließend wurde der Regelungsbereich einer künftigen EU-Regelung erörtert. Dabei wurde festgestellt, dass eine Verortung in den bereits erlassenen

---

614 Insbesondere ist hier die Ausnahme der familienrechtlichen Aspekte nach Art. 81 Abs. 3 AEUV nicht einschlägig.

oder künftigen Verordnungen zum internationalen Privatrecht nicht sachgerecht erscheint. Auch eine Ergänzung der EuGVVO um die Behandlung ausländischen Rechts würde nicht in deren Regelungszusammenhang passen. Im Ergebnis bleibt somit nur ein isolierter Verordnungserlass, der diese Materie regelt. Ausgeschlossen soll dabei aber nicht sein, dass in einer künftigen Verordnung auch verwandte zivilprozessuale oder internationalprivatrechtliche Materien mitgeregelt werden.

Die nationale Regelung von Durchführungsbestimmungen in Form von Ausführungsgesetzen – wie sie in Deutschland zum Beispiel auch im Zusammenhang mit dem Erlass der Rom I- und Rom II-Verordnungen ergangen sind – sollte auf mitgliedstaatlicher Ebene die Handhabung der Verordnung erleichtern und zur effektiveren Durchsetzung verhelfen.

Der Rückgriff auf nationales Zivilprozessrecht – in Deutschland auf § 293 ZPO – wird durch die Verordnung in ihrem Anwendungsbereich, also in Verfahren in Zivil- und Handelssachen versperrt. Damit bleibt der nationalen Regelung zwar kaum mehr ein Anwendungsbereich, jedoch kann nur durch eine umfassende Regelung die prozessuale Absicherung der Rom I- und Rom II-, sowie künftiger internationalprivatrechtlicher Verordnungen gewährleistet werden. International-zivilverfahrensrechtliche Verordnungen regeln teilweise selbst rein nationale Sachverhalte. So sollte z.B. EuBagatellVO ursprünglich nicht auf grenzüberschreitende Sachverhalte beschränkt werden, sondern auch innerstaatliche Verfahren ergänzen. Da die Anwendung ausländischen Rechts aber immer auch den grenzüberschreitenden Bezug von Natur aus mit sich bringt, ist der unionsrechtliche Gesetzgeber zum Tätigwerden aufgefordert. Die Möglichkeit eines zweispurigen Modells in Form einer nationalen Regelung für nationale und drittstaatliche Sachverhalte und einer unionsrechtlichen Regelung für solche Sachverhalte, die einen mitgliedstaatlichen Bezug aufweisen, ist hier nicht sachgerecht.

Kapitel 5: Inhaltliche Gestaltung einer Regelung

Im folgenden Kapitel wird nach der formalen Ausgestaltung einer Regelung nun deren inhaltliche Seite näher betrachtet. In diesem Zusammenhang wird zunächst die Möglichkeit der Konzentration bei einem Gericht oder Spruchkörper erörtert (A.), bevor auf die amtswegige Anwendung (B.) und Ermittlung ausländischen Rechts (C.) sowie eine Regelung im Falle der Nichtermittelbarkeit (D.) eingegangen wird.

A. Zuständigkeitskonzentration

Bevor auf die Behandlung ausländischen Rechts näher eingegangen wird, stellt sich die Frage, ob nicht alle Fälle mit Auslandsberührung einem konkreten Gericht zugeordnet werden sollten.[615] Eine solche Zuständigkeitskonzentration hätte den Vorteil einer effizienten Anwendung ausländischen Rechts, da Gerichte zuständig wären, die mit der Anwendung vertraut wären. Dies hätte wiederum eine Erhöhung der Zahl rechtlich fehlerfreier Entscheidungen zur Folge. Ausgehend von der Erfahrung eines solchen Spruchkörpers geht damit zudem eine Ersparnis von Zeit und Kosten einher. Dies führt wiederum zu einer effizienten Durchsetzung des Unionsrechts. Zunächst wird die Möglichkeit einer Zuständigkeitskonzentration vergleichbar mit den Regelungen des deutschen Rechts gezeigt.

I. Anwendungsfälle im deutschen Recht: § 119 GVG a.F., § 43b Abs. 2 S. 2 FGG a.F. und § 5 AdWirkG

Schon früh haben die deutsche Literatur im Jahre 1970 und der Deutsche Rat für Internationales Privatrecht im Jahre 1982 die Konzentration von Verfahren mit internationalem Bezug bei speziell dafür eingerichteten Spruchkörpern gefordert.[616] Im Zuge der ZPO- und GVG-Reform, die zum 1. Januar 2002 in Kraft getreten ist, wurde dieser Forderung zumindest teilweise stattgegeben. Regelun-

---

615 So auch *Neuhaus*, Grundbegriffe, S. 326.

616 *Arndt/Ferid/Kegel/Lauterbach/Neuhaus/Zweigert*, RabelsZ 35 (1971) 323 ff.; Deutscher Rat für IPR, Zweite Denkschrift zur Verbesserung der deutschen Zivilrechtsprechung in internationalen Sachen vom 27.4.1982, RabelsZ 46 (1982) 743 ff. Dies befürwortet auch *E. Lorenz*, Struktur, S. 105.

gen zur Zuständigkeitskonzentration fanden sich seitdem in § 119 Abs. 1 Nr. 1 litt. b, c GVG a.F.[617] und § 43b Abs. 2 S. 2 FGG a.F. sowie § 5 AdWirkG[618]. Danach werden alle Fälle mit Auslandsbezug einem eigens dafür eingerichteten oder zumindest bestimmten Gericht oder einer Gerichtseinheit zugeordnet. Konkret hieß dies für § 119 GVG, dass die Oberlandesgerichte nach lit. b für Rechtsmittelverfahren zuständig waren, in denen Ansprüche einer oder gegen eine Partei geltend gemacht wurden, die ihren allgemeinen Gerichtsstand außerhalb Deutschlands hatte. Dabei handelte es sich typischerweise um Verfahren, in denen die Anwendung ausländischen Rechts zumindest in Betracht kam. Zudem wurde die Zuständigkeit der Oberlandesgerichte nach lit. c für solche Rechtsmittelverfahren festgelegt, in denen das Amtsgericht ausländisches Recht angewandt hat und dies in den Entscheidungsgründen auch ausdrücklich festgelegt hat.

Nach § 5 AdWirkG ist das Familiengericht für solche Verfahren zuständig, in denen es um die adoptionsrechtliche Anerkennungs- und Wirkungsfeststellung sowie den Umwandlungsausspruch geht. Diese Zuständigkeit wurde von § 43b Abs. 2 S. 2 FGG a.F. auch auf solche Fälle erstreckt, in denen bei der Annahme eines Kindes ausländische Sachvorschriften zur Anwendung gelangten.

Sowohl § 119 litt. b, c GVG als auch § 43b Abs. 2 S. 2 FGG wurde mit Art. 22 des FGG-Reformgesetzes[619] hinsichtlich der Neufassung der Familiensachen und der freiwilligen Gerichtsbarkeit im FamFG, welches am 1. September 2009 in Kraft trat, aufgehoben. Nachdem der Referentenentwurf diese Änderung des § 119 GVG noch nicht enthielt, die Zuständigkeit nach § 43b FGG aber schon geändert hatte, war diese Änderung bzw. Abschaffung hingegen im später ergangenen Kabinettsentwurf aus dem Jahre 2007 zu finden.[620] Begründet wird

617 § 119 neu gefasst mit Wirkung vom 1. Januar 2002 durch das Gesetz v. 27. Juli 2001, BGBl. 2001 I, 1887. Zur Entstehungsgeschichte des § 119 Abs. 1 Nr. 1 litt. b und c auch *Brand/Karpenstein*, NJW 2005, 1319. Kritisch zur gesamten ZPO-Reform *Schellhammer*, MDR 2001, 1081 und 1141; *Staudinger*, IPRax 2001, 298.

618 Das AdoptWirkG wurde erlassen mit Wirkung vom 1. Januar 2002 durch Art. 2 des Gesetzes v. 5. November 2001, BGBl. 2001 I, 2950 im Hinblick auf das Inkrafttreten des Haager Übereinkommens über den Schutz von Kindern und die Zusammenarbeit auf dem Gebiet der internationalen Adoption v. 29. Mai 1993.

619 Gesetz zur Reform des Verfahrens in Familiensachen und in den Angelegenheiten der freiwilligen Gerichtsbarkeit vom 17. Dezember 2008, BGBl. 2008 I, 2586.

620 Kabinettsentwurf der Bundesregierung zum Entwurf eines Gesetzes zur Reform des Verfahrens in Familiensachen und in den Angelegenheiten der freiwilligen Gerichtsbarkeit (FGG-Reformgesetz – FGG-RG) vom 9. Mai 2007.

diese Streichung lapidar mit dem Satz: „Die bisher bestehende Zuständigkeit des Oberlandesgerichts für Berufungen gegen Entscheidungen der Amtsgerichte mit Auslandsbezug hat sich nicht bewährt und ist daher nicht mehr vorgesehen."[621] Dieser Abschaffung vorausgegangen war vehemente Kritik, die schon bei der Entstehung aus Reihen der Praxis aber auch der Bundesländer hervorgebracht wurde.[622] Dabei wurde einerseits insbesondere die Verfassungswidrigkeit der Regelung im Hinblick auf Art. 101 Abs. 1 S. 2 GG hervorgehoben. Wenn es darauf ankomme, dass das erstinstanzliche Gericht in seinen Entscheidungsgründen die Anwendung ausländischen Rechts ausdrücklich hervorhebe, so hänge die zuständige Berufungsinstanz vom Inhalt dieser Entscheidungsgründe ab. Damit ließe sich das Berufungsgericht als gesetzlicher Richter im Sinne des Art. 101 Abs. 1 S. 2 GG nicht im Vorhinein bestimmen.[623] Zudem wurde ein möglicher Verstoß gegen das allgemeine Diskriminierungsverbot des ex-Art. 10 EGV (nun Art. 10 AEUV) in Betracht gezogen. Dies begründete sich darauf, dass von den Verfahren nach § 119 Abs. 1 Nr. 1 lit. c GVG typischerweise solche Parteien betroffen sind, bei denen sich die Anwendung ausländischen Rechts aus ihrem gewöhnlichen Aufenthalt ergebe. Daraus resultiert häufig aber ein höherer Kosten- und Zeitfaktor im Vergleich zur Zuständigkeit des Landgerichts.[624]

Im Ergebnis bleibt somit für das nationale Recht festzuhalten, dass sich die Konzentration der Zuständigkeit nicht bewährt hat. Dieses Misslingen ist aber nicht allein auf die Idee einer Konzentration, sondern vielmehr auf deren konkrete Ausgestaltung zurückzuführen.[625] Die Vorteile, die eine solche Konzentration mit sich bringt, wurden damit nicht widerlegt. Für den Bereich der Europäischen Union lässt sich aus diesem Misserfolg kein genereller Rückschluss ziehen, so dass hier diese Möglichkeit weiter untersucht werden soll.

---

621 Siehe dazu Art. 22 zu Nummer 14 des Kabinettsentwurfs.

622 Kritisch zu dieser ZPO- und GVG-Reform äußern sich *Brand/Karpenstein*, NJW 2005, 1319 ff.

623 *Brand/Karpenstein*, NJW 2005, 1319, 1320.

624 So vor allem *Brand/Karpenstein*, NJW 2005, 1319, 1321. Hierzu auch *von Hein*, IPRax 2008, 112, 116.

625 Die Zuständigkeitskonzentration nach § 119 Abs. 1 Nr. 1 lit. c GVG wird positiv bewertet von *von Hein*, IPRax 2008, 112, 119 f.

II. Möglichkeiten einer Regelung

In Betracht käme die Einrichtung eines oder mehrerer Gerichte in den einzelnen Mitgliedstaaten, die entweder für das erstinstanzliche oder das Berufungsverfahren vorrangig zuständig wären.[626] Regelungsgegenstand einer neuen Verordnung wäre somit eine Vorschrift, die festlegt, dass in den Mitgliedstaaten Verfahren mit Auslandsbezug einem bestimmten Gericht zugeordnet werden. Die Einrichtung besonderer, mit dem Vollzug von EU-Verordnungen betrauter Stellen ist schon nach neueren Regelungsakten keine Seltenheit mehr,[627] dennoch stellt sich nach dem oben zum deutschen Misserfolg gesagten die kritische Frage der Effektivität einer solchen Regelung.[628]

Möglich wäre zunächst einmal die Einrichtung spezieller Spruchkörper an den Gerichten bzw. die Änderung der Geschäftsverteilung zur Konzentration aller Fälle mit Auslandsberührung. Neben der innergerichtlichen Aufgabenzuweisung bietet sich zudem die Möglichkeit der Konzentrierung von Verfahren bei einem bestimmten Gericht. So könnten zum Beispiel die amts- und landgerichtlichen Verfahren am Sitz des zuständigen OLG konzentriert werden.[629]

Nachteil eines solchen Vorgehens ist aber der sehr breite Wirkungsbereich des Gerichts, das einerseits alle zivilrechtlichen Materien überblicken müsste. Damit geht aber andererseits wiederum eine übermäßige Spezialisierung der Richter einher, die sich nur noch mit internationalen Fällen beschäftigen.[630] Weiterer Nachteil der Konzentrierung der Verfahren bei übergeordneten Gerichten ist aber der eventuell weitere räumliche Anreiseweg für die Parteien. Jedoch ist diesem Argument entgegenzuhalten, dass dies heutzutage im Zuge der Mobilisierung nur noch ein sehr schwaches Argument ist.[631]

---

626 Eine solche Zuständigkeitskonzentration findet sich im deutschen Recht beim AG Wedding für Erlass und Überprüfung sowie die Vollstreckbarerklärung Europäischer Zahlungsbefehle nach der EuMahnvO gemäß § 1087 ZPO.

627 Empfangsstellen finden sich insbesondere im Bereich der internationalen Rechtshilfe, so z.B. nach der EuZustVO oder der EGBeweisVO.

628 Begrüßt wird eine solche Konzentration von Spruchkörpern zum Beispiel von *Neuhaus*, Grundbegriffe, S. 227.

629 So sehr früh schon *Holldack*, Grenzen der Erkenntnis ausländischen Rechts, 62 Nr. 1

630 *Neuhaus*, Grundbegriffe, S. 327.

631 *Ferid*, in: FS Möhring, S. 1, 17.

Jedoch sind auch die Vorteile einer solchen gerichtlichen Geschäftsverteilung nicht von der Hand zu weisen: Zum einen bedarf es insbesondere für die Änderung der Geschäftsverteilung der Gerichte keiner Legislativentscheidung, so dass eine Umsetzung vergleichsweise unkompliziert wäre. Der soeben angeführte Nachteil der Spezialisierung bringt auch wiederum den Vorteil mit sich, dass einerseits die Richter in der Handhabung ausländischen Rechts auf Grund ihres Wissens und ihrer Erfahrung weitaus geübter sind.[632] Voraussetzung ist hier aber eine spezielle Ausbildung des juristischen Personals.[633] Hinzu kommt die gewohnte Zusammenarbeit mit Anwälten, Übersetzern und eventuell auch Sachverständigen.[634] Dies führt weiterhin zu einer raschen und sachgemäßen Behandlung der Rechtssache.[635] In materieller Hinsicht bieten sich Synergieeffekte im Hinblick auf die teure Spezialliteratur an, die nicht an jedem Gericht angeschafft werden müsste. Damit geht zudem die Möglichkeit einer wiederholten Verwendung von Gutachten und eine bessere Verbreitung von Entscheidungen einher.[636]

III. Bewertung

Aus der Abschaffung der beiden Fälle der Zuständigkeitskonzentration im deutschen Recht zeigt sich auf den ersten Blick, dass eine Regelung auf europäischer Ebene nicht unbedingt Erfolg versprechend erscheint. Die Kritik, die gegen die deutsche Regelung hervorgebracht wurde, lässt sich jedoch nur bedingt auf eine europäische Regelung übertragen. So greift insbesondere das Argument eines Verstoßes gegen das allgemeine Diskriminierungsverbot auf europäischem Boden nur begrenzt ein, da durch eine Verordnung gerade eine gewisse Gleichbehandlung aller Verfahren mit Auslandsbezug in allen Mitgliedstaaten erreicht werden würde.

Das Argument der Verfassungswidrigkeit mit Blick auf Art. 101 Abs. 1 S. 2 GG lässt sich hingegen leicht durch eine inhaltliche Änderung ausräumen: Regelt man die grundsätzliche Zuständigkeit bestimmter Gerichte in allen Fällen mit Auslandsbezug und eben nicht nur in Berufungssachen, in denen die Anwendung ausländischen Rechts in den Entscheidungsgründen festgestellt wurde,

632 *Ferid*, in: FS Möhring, S. 1, 16.

633 *Ferid*, in: FS Möhring, S. 1, 18.

634 *Neuhaus*, Grundbegriffe, S. 328.

635 *Ferid*, in: FS Möhring, S. 1, 16.

636 *Ferid*, in: FS Möhring, S. 1, 17; *Neuhaus*, Grundbegriffe, S. 328.

so ist der zuständige Richter vorhersehbar, so dass sich Bedenken im Hinblick auf Art. 101 Abs. 1 S. 2 GG leicht ausräumen lassen. Zudem wandte sich die Kritik in Bezug auf § 119 Abs. 1 Nr. 1 GVG a.F. weniger gegen das „ob" einer gesetzlichen Regelung als vielmehr deren endgültige Ausgestaltung. Weiterhin widerspricht die Abschaffung den Ergebnissen einer Evaluation zur Wirksamkeit der ZPO-Reform, die im Auftrag des Bundesjustizministeriums durchgeführt wurde. Danach hält die knappe Mehrzahl der befragten Richter die Zuständigkeitskonzentration des § 119 Abs. 1 Nr. 1 GVG a.F. für sachgerecht.[637]

Insgesamt ist festzuhalten, dass die Einrichtung einer zuständigen Stelle zur Entscheidung von Verfahren mit Auslandsbezug die Effektivität der hinreichenden Behandlung ausländischen Rechts zwar fördern würde. Eine solche Zuständigkeitskonzentration allein kann aber nicht dazu führen, dass die Mitgliedstaaten sich auch amtswegig verpflichtet fühlen, dass ausländische Recht in allen Fällen mit Auslandsbezug anzuwenden und zu ermitteln. Dementsprechend sollte der Aspekt einer Zuständigkeitskonzentration für die Zukunft nicht völlig aus den Augen verloren werden. Zum jetzigen Zeitpunkt kann eine solche Lösung aber die Problematik der Behandlung ausländischen Rechts nicht hinreichend bewältigen.

B. Anwendung ausländischen Rechts

Die Frage der Anwendung ausländischen Rechts wird auf europäischem Boden von drei Grundrichtungen beherrscht: Die uneingeschränkte Geltung des Grundsatzes *iura novit curia* auch für das ausländische Recht, die Disposition der Parteien über das ob und das wie der Anwendung ausländischen Rechts sowie verschiedene Regelungen, die sich nicht eindeutig einer dieser beiden Formen zuordnen lassen, die aber Elemente daraus vereinen.[638] Im Folgenden wird der Frage nachgegangen, wie eine einheitliche Regelung der Anwendung ausländischen Rechts auf europäischer Ebene beschaffen sein sollte. Dabei wird unterschieden zwischen der Anwendung von Rechtsakten, die unmittelbar von Organen der EU erlassen wurden (I.) und der Anwendung nationalen ausländischen Rechts (II.). Innerhalb dieser beiden Fallgruppen wird wiederum unterschieden zwischen zur Anwendung berufenem, vereinheitlichtem EU-Recht, dem nationalen Recht eines EU-Mitgliedstaates und dem nationalen Recht eines Drittstaates.

637 *Hommerich/Prütting/Ebers/Lang/Traut*, ZPO-Reform, S. 255.

638 Siehe dazu die Ausführungen zu den einzelnen Mitgliedstaaten in Kapitel 2.

I. Anwendung von EU-Rechtsakten

Zunächst wird die Frage der zwingenden Anwendung vereinheitlichten EU-Rechts erörtert (1.), um im Anschluss der zwingenden Anwendbarkeit europäischen Kollisionsrechts nachzugehen (2.).

1. Zwingende Anwendbarkeit vereinheitlichten EU-Rechts

Vereinheitlichtes EU-Recht[639] im Bereich des Zivilrechts ist bisher nur selten zu finden. Im Bereich der Rechte von Fluggästen ist Art. 7 der Verordnung (EG) Nr. 261/2004 als Beispiel für Entschädigungsansprüche zu nennen.[640] Ebenso wie in völkerrechtlichen Verträgen festgelegtes materielles Recht allerdings nicht unter den Begriff des ausländischen Rechts fällt,[641] ist im Falle der Einschlägigkeit vereinheitlichten EU-Rechts nicht nur von dessen unmittelbarer Anwendbarkeit,[642] sondern vielmehr von seinem Vorrang gegenüber nationalem Recht auszugehen.[643] Mit In-Kraft-Treten des europäischen Rechts wird dieses auch Bestandteil der innerstaatlichen Rechtsordnung, ohne dass es eines weiteren Aktes der Umsetzung oder Zustimmung bedarf.[644] Im Falle des Sekundärrechts in Form von Verordnungen ergibt sich diese unmittelbare Anwendbarkeit aus der Vorschrift des Art. 288 Abs. 2 AEUV (ex-Art. 249 Abs. 2 EGV). Aus dieser Vorrangstellung ergibt sich darüber hinaus auch dessen zwingende Anwendbarkeit für die mitgliedstaatlichen Gerichte.[645] Daraus ergibt sich, dass sich

---

639 Zur Anwendung internationalen Einheitsrechts, siehe *Lindacher*, in: FS Beys, S. 913 ff., der den kollisionsrechtlichen Ansatz nicht völlig außer Acht lassen möchte.

640 Verordnung (EG) Nr. 261/2004 des Europäischen Parlaments und des Rates vom 11. Februar 2004 über eine gemeinsame Regelung für Ausgleichs- und Unterstützungsleistungen für Fluggäste im Fall der Nichtbeförderung und bei Annullierung oder großer Verspätung von Flügen und zur Aufhebung der Verordnung (EWG) Nr. 295/91, ABl. EU 2007 L 46/1.

641 So zum Beispiel das Wiener Übereinkommen über den internationalen Warenkauf (CISG). Bei einer Rechtswahl zugunsten des deutschen Rechts wird dessen Anwendbarkeit bejaht; für dessen Abwahl ist hingegen eine ausdrückliche negative Rechtswahl erforderlich, vgl. OLG Hamm NJW-RR 1996, 179.

642 EuGH Rs. 106/77 – *Simmenthal II*, Slg. 1978, 629 Rn. 14, 16.

643 EuGH Rs. 6/64 – *Costa/ENEL*, Slg. 1964, 1141.

644 Somit findet in diesem Fall auch § 293 ZPO keine Anwendung, dazu *Schütze*, in: FS Baur, S. 94 ff.

645 *W.-H. Roth*, in: FG BGH (2000) Bd. II, S. 879. In diesem Sinne auch *Lindacher*, in: FS Beys, S. 916.

hier die Problematik der amtswegigen Anwendung ausländischen Rechts nicht stellt.

2. Zwingende Anwendbarkeit europäischen Kollisionsrechts: Übertragung der *Owusu*-Entscheidung des EuGH auf das IPR

Weitergehend stellt sich die Frage, inwieweit die EU-Verordnungen im Bereich des internationalen Privatrechts zwingend von den mitgliedstaatlichen Gerichten angewendet werden müssen. Die unmittelbare Anwendbarkeit und der Vorrang der Verordnungen vor nationalem IPR wurden bereits dargestellt. Damit ist aber nicht hinreichend geklärt, ob das Gericht diese Verordnungen auch zwingend anwenden muss oder inwieweit deren Anwendung der Parteidisposition unterliegt. Die Verordnungen der EU im Bereich des internationalen Privatrechts sind noch sehr jung, so dass eine Judikatur des EuGH zu dieser Frage der zwingenden Anwendbarkeit bisher noch nicht vorliegt.

Ausgangspunkt der folgenden Betrachtung ist dabei, inwieweit eine zukünftige Verordnung die Anwendbarkeit ausländischen Rechts von Ermessenserwägungen abhängig machen kann und sollte. Zur Klärung dieser Frage soll der Blick zunächst auf die Lehre des *Forum non conveniens* gerichtet werden (a).[646] Eine ähnliche Problematik betraf bereits die Entscheidung des EuGH in der Rechtssache *Owusu* (b). Nach einer kurzen Darstellung dieser Lehre wird die Entscheidung des EuGH erläutert und anschließend diskutiert, inwieweit sich die Grundsätze dieses Urteils auf das Internationale Privatrecht übertragen lassen (c).

a. Lehre des Forum non conveniens

Die Lehre des *Forum non conveniens* entwickelte sich in den Rechtsgebieten des Common Law, zunächst in Schottland im 19. Jahrhundert.[647] Später wurde

---

646 Die Frage der Kompatibilität europäischer Verordnungen mit der Lehre vom *Forum non conveniens* wird nicht näher erörtert, dieses Thema wurde schon von mehreren Beiträgen eingehend behandelt, siehe eingehend dazu nur *Dorsel*, forum non conveniens; *Erwand*, forum non conveniens und EuGVÜ; *Huber*, Die englische forum-non-conveniens-Doktrin; *Niegisch*, Mehrspurigkeit des internationalen Zivilverfahrensrechts. Dazu auch *Collins*, LQR 106 (1990) 535.

647 So zum Beispiel in *Sim v. Robinow* (1891–1892) 19 S.C. (Rettie) 665; *Société du Gaz des Paris v. la Société Anonyme de Navigation „Les Armateurs Français* (1926) S.C. (H.L.) 13, (1925) 23 L1. L.R. 209. *Dicey/Morris/Collins*, The Conflict of Laws, 12-007; siehe zur historischen Entwicklung auch *Huber*, Die englische forum-non-conveniens-Doktrin, S. 46–49. Allgemein auch *Dorsel*, Forum non conveniens.

diese Lehre dann auch in die Rechtsprechung der Vereinigten Staaten[648] sowie des Vereinigten Königreich[649] übernommen.

Die Lehre besagt, dass ein nach den nationalen Zuständigkeitsvorschriften zuständiges Gericht seine Zuständigkeit verneinen kann, indem es sich zum *forum non conveniens* erklärt.[650] Damit lehnt es die Annahme der Klage und somit auch die Sachentscheidung ab.[651] Voraussetzung für die Anwendung dieser Lehre ist zunächst ein weiteres zuständiges Gericht, welches als *more convenient* erscheint.[652] Weiterhin resultiert aus dem Beibringungsgrundsatz des *common law*, dass die Parteien als diejenigen, die das Verfahren bestimmen, einen Antrag stellen müssen. Daneben besteht aber auch für den Richter die Möglichkeit, sich selbst als unzuständig zu erklären und folglich die Klage abzuweisen. Diese Abweisung erfolgt dann meist unter der Auflage, dass sich der Antragsteller der Jurisdiktion des anderen Gerichts unterwirft und sich wegen des Forumwechsels nicht auf fristgebundene Einreden oder Einwendungen beruft. Hinsichtlich der Frage, ob ein anderes Gericht unter Umständen als sachnäheres Gericht in Betracht kommt, vollzieht das angerufene Gericht eine Abwägung. Bei dieser Abwägung berücksichtigen die Gerichte einerseits private Interessen der Parteien (*private interest factors*) und andererseits öffentliche Interessen (*public interest factors*).[653] Zu diesen *private interest factors* zählen unter anderem der vereinfachte Zugriff auf Zeugen und sonstige Beweismittel, eine vereinfachte Vollstreckung, die Möglichkeit einer finanziell günstigeren Honorargestaltung mit dem Rechtsbeistand (so z.B. eine erfolgsabhängige Vergütung, die dazu führt,

---

648 Grundlegend ist die Entscheidung *Gulf Oil Corp. v. Gilbert*, 330 U.S. 501, 67 S.CT. 839, 91 L.Ed. 1055 (1947); in diesem Sinne dann *Piper Aircraft v. Reyno*, 454 U.S. 235, 102 S.Ct. 252, 70 L.Ed.2d 419 (1981).

649 *Atlantic Star (Owners) v. Bona Spes (Owner) (The Atlantic Star)* (1974) A.C. 436 (H.L.); *Mac Shannon v. Rockware Glass Ltd.* (1978) A.C. 795, 811 (H.L.); *The Abidin Daver* (1984) 1 A.C. 398 (H.L.); *Spiliada Maritime Corporation v. Cansulex Ltd.* (1987) 1 A.C. 460 (H.L.); *In re Harrods (Buenos Aires) Ltd.*, A.C. (1991) 3 WLR 397; siehe dazu auch *The Rewia* (1991) 1 Lloyd´s Rep 69. Die Entwicklung der englischen Rechtsprechung wird auch von *Huber*, Die englische forum-non-conveniens-Doktrin, S. 50–86 dargestellt.

650 *Cheshire/North/Fawcett*, Private International Law, S. 426.

651 So *Hay*, US-amerikanisches Recht, Rn. 142. *Schnyder*, Wirtschaftskollisionsrecht, S. 213 Rn. 264 bezeichnet dies als zuständigkeitsrechtliches Ermessensinstrument.

652 *Hay*, US-amerikanisches Recht, Rn. 142.

653 Dazu auch *Mankowski*, IPRax 1999, 156.

dass eine Partei ohne Einsatz eigener finanzieller Mittel klagen kann). Zu den *public interest factors* hingegen zählen die Belastung des Gerichtes und seines gesamten Justizapparates sowie die Kenntnis des Gerichts von dem in der Sache anwendbaren ausländischen Recht. Kommt diese Abwägung zu dem Ergebnis, dass ein anderes Gericht als *more convenient* anzusehen ist, erklärt sich das angerufene Gericht für unzuständig und gibt die Sache an das mit der Sache näher und besser befasste Gericht ab. Diese Möglichkeit der Unzuständigkeitserklärung ist aber auch dem *civil law*, insbesondere auch dem deutschen Recht nicht ganz unbekannt. So findet sich in § 4 FamFG eine ähnliche Regelung, die die Möglichkeit der Abgabe des Verfahrens an ein anderes Gericht, welches sich zur Übernahme bereit erklärt, ermöglicht.[654]

Auch der Kommissionsvorschlag zu einer Verordnung im Bereich der Erbsachen enthält in Art. 5 Rom IV-VOE eine Vorschrift, die eine Verweisung zugunsten eines zur Beurteilung geeigneteren Gerichts enthält. Als geeignet werden nach Nr. 1 der Vorschrift insbesondere die Gerichte des gewählten Erbstatuts nach Art. 17 Rom IV-VOE betrachtet. Erforderlich ist einerseits ein Antrag einer der Parteien. Andererseits muss das angerufene Gericht der Ansicht sein, dass das andere Gericht die Erbsache besser beurteilen kann. Dieses Gericht muss innerhalb einer vom eigentlich angerufenen Gericht gesetzten Frist angerufen werden. Das geeignetere Gericht muss sich nach Nr. 3 dann innerhalb von 8 Wochen für zuständig erklären. Geschieht dies nicht, bleibt es bei der Zuständigkeit des Gerichts nach der allgemeinen Vorschrift des Art. 4 Rom IV-VOE. Nach den Erwägungen der Kommission sind bei der Frage, ob ein anderes Gericht als geeigneter erscheint, Erwägungen hinsichtlich der Interessen von Erblasser, Erben, Vermächtnisnehmern, sowie Gläubigern und deren gewöhnlichem Aufenthalt vorzunehmen.[655] Beispielhaft wird dabei der Fall genannt, dass der Erblasser erst seit kurzer Zeit einen gewöhnlichen Aufenthalt in einem Staat begründet hatte, seine Erben aber weiterhin im vorherigen Aufenthaltsstaat wohnhaft sind. Daraus zeigt sich, dass diese Lehre auf europäischer Ebene nicht völlig unzulässig erscheint.

---

654 In § 47 FGG a.F. fand sich ebenfalls die Möglichkeit der Abgabe des Verfahrens an das Gericht eines anderen Staates, soweit dies im Interesse des Mündels lag, dies als Form des *Forum non conveniens* bejahend *Brehm*, Freiwillige Gerichtsbarkeit2, Rn. 178, dagegen aber *Henrich*, IPRax 1998, 249 und *Pfeiffer*, Internationale Zuständigkeit und prozessuale Gerechtigkeit, S. 422.

655 KOM (2009) 154 endg. S. 6.

Problematisch erschien aber bereits unter Geltung des EuGVÜ, inwieweit die Lehre des *Forum non conveniens* mit diesem völkerrechtlichen Übereinkommen zu vereinbaren war. Ausgangspunkt dieser Diskussion war der Erlass des Civil Jurisdiction and Judgements Act 1982. In diesem Gesetzgebungsakt wurde die Möglichkeit zur Ratifizierung des EuGVÜ eröffnet. Dabei wurde auch in England zunächst angenommen, dass der Anwendbarkeit des *Act* die Vorschriften des Übereinkommens nicht entgegenstehen.[656] Maßgeblich ging es um Fälle, in denen die Anwendbarkeit des englischen Rechts und des Rechts eines Drittstaates in Frage stand. In einer Entscheidung des Court of Appeal wurde die internationale Zuständigkeit englischer Gerichte zugunsten argentinischer Gerichte vom Court of Appeal verneint. Zwar sei der Anwendungsbereich des EuGVÜ nach Art. 2 Abs. 1 eröffnet, es griffen aber nicht dessen Zuständigkeitsvorschriften, da diese nur innerhalb von Vertragsstaaten anwendbar seien.[657] Begründet wurde dies damit, dass in solchen Fällen das Ziel des Übereinkommens, die internationale Zuständigkeitsharmonie, nicht gefährdet sei. Das Verhältnis der Vertragsstaaten des Übereinkommens sei von dieser Aussetzung der englischen Gerichte zugunsten der Gerichte Argentiniens nicht berührt. Im Ergebnis ergehe außerdem keine englische Entscheidung, die in einem anderen Mitgliedstaat des Übereinkommens zu vollstrecken sei.[658] Weiterhin sei auch der Schutzzweck des Übereinkommens nicht berührt, da es in diesem Fall nicht um in einem Vertragsstaat ansässige Personen ginge. Auch erlaube Art. 4 EuGVÜ auf nationales Recht zurückzugreifen, so dass auf diesem Wege die Anwendbarkeit der *Forum non conveniens*-Doktrin ebenfalls begründet werden könne.[659] Eine Vorlage an den EuGH hinsichtlich der Vereinbarkeit der Lehre des *Forum non conveniens* mit dem EuGVÜ, welche nach Art. 1 des Zusatzprotokolls zum EuGVÜ[660] zu diesem Zeitpunkt möglich gewesen wäre, kam für den Court of Appeal nicht in Betracht. Im Gegenzug dazu legte aber das *House of*

---

656 *In re Harrods (Buenos Aires) Ltd.*, A.C. (1991) 3 WLR 397; siehe dazu auch *The Rewia* (1991) 1 Lloyd´s Rep 69; vgl. dazu North, IPRax 1992, 184.

657 *In re Harrods (Buenos Aires) Ltd.*, A.C. (1991) 3 WLR 397, 420.

658 *In re Harrods (Buenos Aires) Ltd.*, A.C. (1991) 3 WLR 397, 420.

659 *In re Harrods (Buenos Aires) Ltd.*, A.C. (1991) 3 WLR 397, 417.

660 Protokoll betreffend die Auslegung des Übereinkommens vom 27. September 1968 über die gerichtliche Zuständigkeit und die Vollstreckung gerichtlicher Entscheidungen in Zivil- und Handelssachen durch den Gerichtshof vom 3. Juni 1971, BGBl. 1972 II, 864 i.d.F. des 4. Beitrittsübereinkommens v. 29. November 1996, BGBl. 1998 II, 1412.

Lords im Rechtsmittelverfahren mit Beschluss vom 13.07.1992[661] dem EuGH sechs Fragen hinsichtlich des Anwendungsbereiches des EuGVÜ vor. Dieser Vorlagenbeschluss befasste unter anderem mit der Frage, ob der Anwendungsbereich des EuGVÜ dann eröffnet ist, wenn nicht die Frage der Zuständigkeit der Gerichte eines anderen Vertragsstaates beantwortet werden soll. Zudem wollte das *House of Lords* wissen, inwieweit dem nationalen Richter eine Möglichkeit offen steht, sein Ermessen dahingehend auszuüben, eine Klage zugunsten der Gerichte eines Drittstaates nicht zur Entscheidung anzunehmen.

Trotz dieses Vorlagenbeschlusses kam es aber zu keiner Entscheidung des EuGH. Auf Grund eines Vergleiches der beiden Vertragsparteien wurde die Rechtssache gestrichen.[662] In jüngerer Zeit haben aber die englischen Gerichte selbst die Anwendung der Lehre vom *Forum non conveniens* für solche Konstellationen verneint.[663] In einer Entscheidung des Court of Appeal aus dem Jahre 1999 wurde die Anwendbarkeit der Lehre des *Forum non conveniens* für den Fall verneint, dass eine der Kläger ein berechtigtes Interesse daran hat, dass eine Entscheidung in einem anderen Mitglied- bzw. Vertragsstaat vollstreckungsfähig ist.[664]

b. *Owusu-Entscheidung des EuGH*

In der Entscheidung der Rechtssache *Owusu* hat der EuGH dann doch noch die Gelegenheit bekommen, zur Lehre des *Forum non conveniens* auf Ebene der internationalen Zuständigkeit der EUGVÜ-Vertragsstaaten Stellung zu nehmen.[665]

Ausgangspunkt war wiederum eine Vorlage des Court of Appeal (England und Wales). Maßgeblich war die Frage, ob ein mitgliedstaatliches Gericht seine Zuständigkeit nach Art. 2 EuGVÜ am Beklagtenwohnsitz im Hinblick auf ein nach nationalem Recht eingeräumtes Ermessen verneinen könne und dürfe. Im zugrunde liegenden Sachverhalt ging es um einen Staatsangehörigen des Vereinigten Königreichs (Owusu), der auf Grund eines Badeunfalls in Jamaika gegen

---

661 Vorlagebeschluss des House of Lords, Rs. C 314/92, ABl. EG 1992 C 219/4 f., englischer Originaltext abgedruckt in IPRax 1992, 373.

662 ABl. EG 1994 C 103/9.

663 *Saario S.A. v. Kuwait Investment Authority*, I.L.Pr. 1997, 481, 495 (C.A.).

664 *International Credit and Investment Co. (Overseas) Ltd. v. Adham* (1999) I.L.Pr. 302 (C.A.).

665 EuGH, Rs. C-281/02 – *Owusu/Jackson*, Slg. 2005, I-1383.

den beklagten Reiseveranstalter (Jackson), sowie verschiedene weitere Beteiligte (u.a. den Betreiber des Ferienressorts) am Wohnsitz von Jackson im Vereinigten Königreich Klage erhoben hatte.[666] Die beklagten Parteien erhoben daraufhin die Einrede der Unzuständigkeit der Gerichte des Vereinigten Königreichs mit der Begründung, dass der Rechtsstreit einen engeren Bezug zu Jamaika aufweise und somit die dortigen Gerichte zur Verhandlung der Klage besser geeignet seien.[667] Nachdem der Richter des High Court diese Einrede verworfen hatte, legte der Court of Appeal als Rechtsmittelgericht das Verfahren dem EuGH vor. Neben der Frage der Ermessensausübung des Gerichts fragte der Court of Appeal nach der Notwendigkeit eines Bezugs des Verfahrens zu mehreren Vertragsstaaten als Voraussetzung für die Anwendbarkeit des Art. 2 EuGVÜ.[668]

Nachdem der EuGH in seiner Entscheidung zunächst die Anwendbarkeit des Art. 2 EuGVÜ bejaht, somit einen notwendigen Bezug zu mehr als einem Vertragsstaat verneint und den Auslandsbezug allein zu einem Drittstaat als ausreichend erachtet hatte,[669] widmete er sich der Lehre des *Forum non conveniens*. Demnach kann von Art. 2 EuGVÜ nur in den vom Übereinkommen selbst festgelegten Fällen abgewichen werden.[670] Unter Verweisung auf den Grundsatz der Rechtssicherheit stellt der EuGH sodann fest, dass die Einrede des *Forum non conveniens* einen effektiven Rechtsschutz in den Vertragsstaaten nicht gewährleiste.[671] Vielmehr verlange dieser Grundsatz der Rechtssicherheit, dass die von Art. 2 EuGVÜ abweichenden Zuständigkeiten für den Beklagten vorhersehbar seien.[672] Im Falle der Einrede des *Forum non conveniens* fehle es aber gerade an dieser Vorhersehbarkeit.[673] Unter Zugrundelegung des Aspekts der Gefahr eines ineffektiven Rechtsschutzes und einer Verzögerung des Verfahrens verbunden mit erhöhten Kosten beantwortete der EuGH somit die Vorlagefrage dahingehend, dass es sich bei Art. 2 EuGVÜ um eine Zuständigkeitsvorschrift zwingen-

---

666 EuGH, Rs. C-281/02 – *Owusu/Jackson*, Slg. 2005, I-1383, Rn. 10 ff.

667 EuGH, Rs. C-281/02 – *Owusu/Jackson*, Slg. 2005, I-1383, Rn. 15.

668 EuGH, Rs. C-281/02 – *Owusu/Jackson*, Slg. 2005, I-1383, Rn. 22.

669 EuGH, Rs. C-281/02 – *Owusu/Jackson*, Slg. 2005, I-1383, Rn. 23–35.

670 EuGH, Rs. C-281/02 – *Owusu/Jackson*, Slg. 2005, I-1383, Rn. 37.

671 EuGH, Rs. C-281/02 – *Owusu/Jackson*, Slg. 2005, I-1383, Rn. 38 f.

672 EuGH, Rs. C-281/02 – *Owusu/Jackson*, Slg. 2005, I-1383, Rn. 40.

673 EuGH, Rs. C-281/02 – *Owusu/Jackson*, Slg. 2005, I-1383, Rn. 41.

den Charakters handele, die eine Ablehnung der Zuständigkeit durch das Gericht verbiete.[674]

c. *Übertragung auf das internationale Privatrecht*

Demzufolge verbietet das EuGVÜ eine Ermessensausübung auf Seiten des Gerichts. Auf Ebene des anwendbaren Rechts entspricht eine solche Ermessensausübung der Annahme eines fakultativen Kollisionsrechts. Fraglich ist somit, inwieweit einerseits den Kollisionsnormen auf Ebene der EU-Verordnungen, andererseits den nationalen Kollisionsnormen ein zwingender Charakter zugesprochen werden muss.

Die Lehre vom *Forum non conveniens* und die Fakultativität des Kollisionsrechts werfen beide die Frage der Zulässigkeit von Ermessenserwägungen auf, jedoch auf unterschiedlichen Ebenen: Das *Forum non conveniens* betrifft die Ebene der Zuständigkeit, die Frage der amtswegigen Anwendung betrifft die Rechtsanwendung. Gemeinsam ist beiden Ebenen aber die zugrunde liegende Frage: Inwieweit sind die Vorgaben einer europäischen Verordnung zwingend und inwieweit können Zweckmäßigkeitserwägungen eine Abweichung erlauben? Für den Bereich des Internationalen Zivilverfahrensrechts ermöglicht nur die amtswegige Beachtung der Zuständigkeitsvorschriften eine effektive Rechtssetzung und Rechtsdurchsetzung.

Diese Beschränkung der Ermessensausübung des Gerichts lässt sich unter Umständen auf den Bereich des anwendbaren Rechts übertragen. Zunächst einmal ist anerkannt, dass die Ablehnung des *Forum non conveniens* auch unter Geltung des Nachfolgers des EuGVÜ, der EuGVVO gelten muss.[675] Beide beruhen auf den Grundsätzen der Vereinfachung der gegenseitigen Anerkennung und Vollstreckung von gerichtlichen Entscheidungen, sowie der Vorhersehbarkeit und Rechtssicherheit.[676] Weiterhin bezieht sich diese Rechtsprechung nicht

---

674 EuGH, Rs. C-281/02 – *Owusu/Jackson*, Slg. 2005, I-1383, Rn. 45 f. Auch für den Bereich der EuEheVO wird die Anwendung der Lehre des *Forum non conveniens* verneint. Siehe dazu *Niklas*, Die europäische Zuständigkeitsordnung in Ehe- und Kindschaftsverfahren, 104 ff. Auch im Bereich der Vollstreckung wird überwiegend die sog. *executio non conveniens* verneint, siehe dazu *Geimer*, IZPR, Rn. 1081; so auch *Raape*, Internationales Privatrecht, 513, so i.E. auch LG Bonn, IPRspr. 1966/67, Nr. 267b; anders aber vereinzelt die Rechtsprechung LG Münster, IPRspr. 1978, Nr. 153.

675 *Rauscher/Fehre*, ZEuP 2006, 463.

676 Siehe dazu die Erwägungsgründe Nr. 10 und 11 der EuGVVO.

allein auf Art. 2 EuGVÜ/EuGVVO, sondern darüber hinaus auch auf die besonderen Zuständigkeiten der Artt. 5 ff. EuGVÜ/EuGVVO.

Nach dem – auch vom EuGH in der Rechtssache *Owusu* hervorgehobenen – Grundsatz der Rechtssicherheit bedarf es für die Parteien eines Verfahrens grundsätzlich der Vorhersehbarkeit des zuständigen Gerichts. Diese Vorhersehbarkeitserwägungen spielen aber auch im Bereich des internationalen Privatrechts eine bedeutende Rolle. Die Nichtbeachtung des Rechtsanwendungsbefehls einer IPR-Vorschrift geht auch hier zu Lasten der Rechtssicherheit: Die Parteien des Zivilverfahrens können nicht vorhersehen, welches Recht in ihrem Verfahren zur Anwendung gelangt. Des Weiteren betont der EuGH den Grundsatz der zwingenden Anwendung europäischer Rechtsnormen, der nur durch Ausnahmetatbestände im selben Rechtsakt, nicht aber durch nationale Rechtsvorstellungen durchbrochen werden kann. Auch diese Maxime lässt sich auf das Internationale Privatrecht übertragen.

Ein weiterer Aspekt der zwingenden Anwendbarkeit stellt das Funktionieren des gemeinsamen Binnenmarktes dar. Nach Ansicht des EuGH ist Grund für die unmittelbare Anwendbarkeit des Gemeinschaftsrechts ist,

> „dass die Bestimmungen des Gemeinschaftsrechts ihre volle Wirkung einheitlich in sämtlichen Mitgliedstaaten vom Zeitpunkt ihres In-Kraft-Tretens an und während der gesamten Dauer ihrer Gültigkeit entfalten müssen“[677]

Auch hier differenziert der EuGH nicht zwischen gemeinschafts-(bzw. unions-) rechtlichen Vorschriften des internationalen Privatrechts und solchen des Internationalen Zivilverfahrensrechts. Daraus lässt sich der Schluss ziehen, dass auch die international-privatrechtlichen Vorschriften auf EU-Ebene zwingend angewendet werden müssen.

d. Stellungnahme

Fraglich ist zunächst, welche Vorteile die Zulassung von Ermessenserwägungen in einem vereinheitlichten europäischen Zivilverfahrensrecht bringen würde. Dafür spricht, dass so den Vorstellungen der Parteien hinsichtlich der richtigen Anwendung eines gewählten Rechts verstärkt Rechnung getragen werden könnte.[678]

---

677 EuGH Rs. 106/77 – *Simmenthal II*, Slg. 1978, 629 Rn. 14, 16.

678 Für eine Übernahme in das deutsche Zivilprozessrecht *Siehr*, RabelsZ 34 (1970) 629; *Jayme*, IPRax 1984, 303.

Das Argument der Prozessökonomie, welches für die Lehre des *Forum non conveniens* und somit auch für die Zulassung von Ermessenserwägungen angeführt wird, kann hier nicht überzeugen. Auch wenn es auch dem Aspekt von Zeit und Kosten sinnvoll erscheint, dasjenige Recht anzuwenden, welches die geringste Dauer und die niedrigsten Kosten des Verfahrens ermöglicht, so muss doch dem Grundsatz der Rechtssicherheit verstärkt Rechnung getragen werden. Für beide Prozessparteien muss das anwendbare Recht vorhersehbar und somit auch kalkulierbar sein. Eine Abweichung zugunsten nur einer der Parteien würde diesem Grundsatz strikt zuwiderlaufen.

Auch die Verfahrensgerechtigkeit soll für die Anwendung der *Forum non conveniens*-Lehre sprechen. Nur so sei den Parteien eine richtige Beurteilung des Sachverhaltes garantiert. Die Befürworter dieser Lehre stützen sich zudem darauf, dass zusätzlich zu den geschriebenen Voraussetzungen der internationalen Zuständigkeit zu fordern ist, dass ein Sachverhalt einen hinreichenden Inlandsbezug enthält.[679] Auch dieser Aspekt ist aber abzulehnen. Der Rechtssicherheit zuträglich sind festgeschriebene Regeln, nicht aber Ermessenserwägungen ohne Vorhersehbarkeit des Ergebnisses. Die richtige Beurteilung eines Sachverhaltes hinsichtlich des anwendbaren Rechts wird gerade durch feste und vorhersehbare Vorschriften begünstigt. Im Bereich der EU-Mitgliedstaaten muss dies mit Hinblick darauf, dass die vereinheitlichten Regelungen den internationalen Entscheidungseinklang fördern, umso mehr gelten.

In der deutschen Literatur wurde die Lehre des *Forum non conveniens* insbesondere mit dem Hinweis auf das Recht der Partei auf den gesetzlichen Richter, Art. 101 Abs. 1 S. 2 GG, abgelehnt.[680] Daneben läge aber auch ein eklatanter Verstoß gegen die Rechtssicherheit und das Willkürverbot vor.[681] Diese Lehre verhindere die Einhaltung des Justizgewährungsanspruchs aus Art. 103 GG. Auch die Bindung des Richters an das Gesetz, Art. 20 Abs. 3 GG, verbiete es dem Richter sich selbst für unzuständig zu erklären. Argumentiert wird zudem mit dem Grundsatz der Gewaltenteilung: Der Richter dürfe sich nicht in die Lage des Gesetzgebers versetzen, indem er bestehende Zuständigkeitsvorschriften durch eigenes Ermessen vollkommen ersetze.[682] Außerdem bestehe so für das

679 BGHZ 115, 90 m. Anm. *Geimer*, NJW 1991, 3072; *Schlosser*, IPRax 1992, 140; später dann auch BGH IPRspr. 1995, Nr. 140b und BGH NJW 1997, 324.

680 *Kropholler*, Hdb. IZVR I, Kap. III Rn. 210 ff.; MüKoZPO/*Patzina*, § 12 ZPO Rn. 105.

681 In diesem Sinne MüKoZPO/*Patzina*, § 12 ZPO Rn. 104; Zöller/*Geimer*, § 12 ZPO Rn. 56.

682 *Geimer*, IZPR, Rn. 1075.

Gericht die Möglichkeit, „lästige Fälle“ abzuschieben.[683] Diese Kritik ist auch im Bereich des internationalen Privatrechts nicht völlig unbegründet. Die Einräumung von Ermessen zugunsten des Gerichts führt einerseits zur Missachtung des Rechtsanwendungsbefehls des europäischen Gesetzgebers, sodass auch hier von einem Verstoß gegen den Grundsatz der Gewaltenteilung gesprochen werden kann. Andererseits ist auch der Aspekt der Möglichkeit der missbräuchlichen Inanspruchnahme zu bejahen, insbesondere wenn das Gericht das eingeräumte Ermessen zugunsten der lex fori ausübt.

Die Regeln der Litispendenz der Artt. 21 ff. EuGVÜ/ Artt. 27 ff. EuGVVO würden ausgehebelt, wenn die zeitliche Anrufung eines Gerichts ersetzt würde durch eine ermessensabhängige Entscheidung des Richters. Weiterhin wäre aber auch die Vollstreckungsebene betroffen. Eine Entscheidung eines anderen Vertragsstaats, der bei Anwendung der Lehre vom *Forum non conveniens* als *more convenient* erscheint, könnte in einem anderen Vertragsstaat mangels internationaler Zuständigkeit nicht vollstreckt werden.

Anerkannt ist die Unanwendbarkeit der Lehre vom *Forum non conveniens* in den Fällen, in denen eine Gerichtsstandsvereinbarung, sei es in Form der Derogation, sei es in Form der Prorogation, vorliegt. In diesen Fällen ist auf Grund des Vorranges der Privatautonomie im Internationalen Zivilverfahrensrechts, die Annahme der Zuständigkeit eines anderen Gerichtes ausgeschlossen.[684] Dies muss zwingend auch für den Bereich des internationalen Privatrechts gelten: Auch hier muss eine Rechtswahl der Parteien jegliche Zulassung von Ermessenserwägungen verbieten.

Demzufolge muss neben der Ablehnung der eigenen Zuständigkeit durch das nach der EuGVVO eigentlich zuständige Gericht auch die Anwendung anderen als des durch europäische Kollisionsnormen zur Anwendung berufenen Rechts abgelehnt werden. Vereinheitlichtes EU-Recht ist somit von Amts wegen anzuwenden. Dies ergibt sich schon aus seinem Anwendungsvorrang gegenüber nationalem Recht. Hinsichtlich der bestehenden (Rom I- und Rom II-VO) und geplanten Verordnungen (Rom IV-VOE) zum internationalen Privatrecht ist festzuhalten, dass auch diese von den nationalen Gerichten zwingend angewendet werden müssen.

---

683 *Geimer*, IZPR, Rn. 1079.

684 *Geimer*, IZPR, Rn 1084, anders aber der BGH in BGHZ 94, 156.

II. Anwendung nationalen ausländischen Rechts

Neben der Anwendung von EU-Recht spielt die Anwendung nationalen Rechts auf europäischer Ebene weiterhin eine übergeordnete und bedeutendere Rolle. Dahingehend wird hier zwischen dem von EU-Verordnungen (1.) und dem durch nationale Kollisionsnormen (2.) zur Anwendung berufenen nationalen Recht unterschieden.

1. Durch EU-Rechtsakte zur Anwendung berufenes nationales Recht

Nachdem die zwingende Anwendbarkeit von Rechtsakten der EU bejaht wurde, stellt sich die weitergehende Frage, ob auch das dadurch zur Anwendung berufene nationale Recht von Amts wegen angewendet werden muss.[685]

Zunächst könnte man davon ausgehen, dass die zwingende Anwendung einer Kollisionsnorm die zwingende Anwendung des berufenen Rechts impliziert. Jedoch zeigt die englische Gerichtspraxis, dass dem gerade nicht so ist. Während auch das englische Internationale Privatrecht als Teil des inländischen Rechts von Amts wegen angewendet werden soll,[686] gilt dies keineswegs auch für das berufene Recht. Dieses wird nur dann beachtet, wenn sich eine der Parteien darauf beruft.[687] Jedoch würde es einen Widerspruch darstellen, die Anwendung von kollisionsrechtlichen EU-Verordnungen zwingend vorzuschreiben, andererseits aber die Beachtung des zur Anwendung berufenen Rechts der Wahl der Parteien zu überlassen.[688] Demzufolge wäre auch für das von EU-Verordnungen zur Anwendung berufene Recht von seiner amtswegigen Beachtung auszugehen.

Dieses Ergebnis bekräftigt auch die *Owusu*-Entscheidung des EuGH hinsichtlich der Kompatibilität einer solchen Regelung mit europäischen Grundsätzen. Wie zuvor erläutert stellt der EuGH in seiner Entscheidung insbesondere auf die Grundsätze der Rechtssicherheit im Sinne der Vorhersehbarkeit des zuständigen Gerichts und den Grundsatz der gegenseitigen Anerkennung von Ent-

---

685 Mit der Frage der Anwendung des ausländischen Rechts im Sinne der Auslegung nach europäischen Rechtsgrundsätzen beschäftigt sich *Lindacher*, in: FS Beys, S. 915.

686 *Layton/Mercer*, Rn. 8.002.

687 Zur englischen Gerichtspraxis siehe unter Kapitel 2 A.II. In diesem Sinne auch *De Boer*, Rec. d. C. 227 (1996) 223, 259.

688 So auch *Rogoz*, Ausländisches Recht, S. 106.

scheidungen ab.[689] Diese Grundsätze sind in ihren Grundzügen auch auf den Bereich des internationalen Privatrechts übertragbar.[690] Daraus folgt aber noch nicht selbstverständlich, dass auch das von der zwingend anwendbaren Kollisionsnorm zur Anwendung berufene nationale Recht von Amts wegen angewendet werden muss.[691]

Für eine mit der zwingenden Anwendung der Kollisionsnorm einhergehende amtswegige Anwendung des nationalen Rechts spricht zudem der Grundsatz der Rechtssicherheit: Ist die Anwendung des berufenen Rechts unsicher oder erfolgt sie nicht, so wird wiederum die Möglichkeit des *forum shopping* deutlich begünstigt. Der Kläger wählt z.B. ein englisches Forum, um das eigentlich unionsrechtlich berufene Recht, umgehen zu können; dies widerspricht aber gerade den Grundgedanken der europäischen IPR-Kodifikationen, ein solches *forum shopping* zu vermeiden.[692] Zudem kann die Effektivität der kollisionsrechtlichen EU-Verordnungen nur dann gewährleistet werden, wenn nicht nur die Vorschrift selbst, sondern auch das dadurch berufene Recht zwingend angewendet werden muss.

Demzufolge ist festzuhalten, dass eine fakultative Beachtung des berufenen Rechts einen Widerspruch zur amtswegigen Anwendung des von EU-Verordnungen zum IPR berufenen Rechts bedeuten würde. Mithin muss eine künftige Verordnung zur Behandlung ausländischen Rechts dessen amtswegige Anwendung vorschreiben.

2. Rein nationales Recht: Rezeption der Sister-State Law-Doktrin des US-amerikanischen Rechts

Von diesem unionsrechtlich berufenen Recht ist das nationale Recht zu unterscheiden, welches wiederum durch autonomes internationales Privatrecht zur Anwendung berufen wird, in Deutschland also insbesondere das durch Artt. 3–46 EGBGB berufene Recht.

Hinsichtlich einer Regelung der Anwendung ausländischen Rechts bietet sich ein rechtsvergleichender Blick auf das US-amerikanische Recht an. Sowohl

689 Siehe unter B.I.2.b.

690 Siehe dazu unter B.I.2.c.

691 Dies wird zwar in der Mehrzahl der EU-Mitgliedstaaten so gehandhabt, jedoch ist auch hier wieder das Vereinigte Königreich als Gegenposition anzusehen.

692 Im Hinblick auf den Erlass des EuGVÜ, *Dickinson*, The Rome II Regulation, Rn. 1.44 ff.; für Rom I- und Rom II-Verordnungen auch *Hess*, EuZPR, § 5 Rn. 67.

die USA als auch die EU bestehen aus einzelnen Gliedstaaten mit einem übergeordneten Zentralorgan. In Betracht käme die Überlegung, hinsichtlich der Anwendung des ausländischen Rechts die Grundsätze der US-amerikanischen Regelung heranzuziehen. Voraussetzung dafür wäre eine Vergleichbarkeit des US-amerikanischen bundesstaatlichen Systems mit der Europäischen Union. Um diese Vergleichbarkeit feststellen zu können, gilt es zunächst diese Regelung im US-amerikanischen Zivilverfahrensrecht detailliert darzustellen, um im Anschluss eine Übertragung auf den Bereich der Europäischen Union anzuvisieren.

Nach einem kurzen Überblick über das US-amerikanische Zivilverfahren (a.), wird das Regelungskonzept der Sister-State-Law-Doktrin näher beleuchtet (b.) und auf seine Kompatibilität mit dem EU-Recht untersucht (c.). Im letzten Schritt wird schließlich ein Lösungsvorschlag für eine künftige Verordnung entwickelt (d.).

a. Überblick über das US-amerikanische Recht im Bereich der Behandlung ausländischen Rechts

Grundsätzlich galt auch in den USA zunächst das im Vereinigten Königreich mit der Entscheidung *Mostyn v. Fabrigas*[693] im Jahre 1774 entwickelte Faktizitätsprinzip.[694] Inhaltlich besagt dieses, dass ausländisches Gericht von den Gerichten grundsätzlich nicht zur Kenntnis genommen werden muss, es sei denn, dass eine Partei sich darauf beruft.[695] Die Übernahme in die Rechtsprechung der Vereinigten Staaten erfolgte dann im Jahre 1804 mit der Entscheidung *Church v. Hubbart.*[696]

Das Recht anderer Einzelstaaten ist ebenso ausländisches Recht wie das Recht eines außerhalb der USA liegenden Staates (im Folgenden als Drittstaat

---

693 *Mostyn v. Fabrigas,* 1 Cowp. 161, 174 (1774).

694 *Church v. Hubbart*, 2 Cranch 1873 236 (1804).

695 Diese Pflicht der Parteien zur Berufung auf und Ermittlung des ausländischen Rechts wurde aber auch im US-amerikanischen Recht in einigen Fällen abgeschwächt. So galt auch dahingehend eine Vermutung, dass ausländisches und inländisches *common law* identisch sind, vgl. *Scoles/Hay* § 12.15 Fn. 9. Diese Vermutung wurde auch bei Nichtermittelbarkeit des ausländischen Rechts herangezogen. War diese Vermutung aber mit dem eigentlich anwendbaren ausländischen Recht nicht kompatibel, weil die beiden Rechtsordnungen zu wenige Gemeinsamkeiten aufweisen, unterlag die Partei, die sich auf das ausländische Recht berufen hatte. Siehe dazu *Hay*, US-amerikanisches Recht, Rn. 200.

696 *Church v. Hubbart*, 2 Cranch 187, 236 (1804).

bezeichnet).[697] Das Faktizitätsprinzip fand auf Grund der Vielzahl von einzelstaatlichen Rechtsordnungen viele unterschiedliche Ausprägungen in den einzelnen Bundesstaaten. Gemeinsam war allen einzelstaatlichen Rechtsordnungen aber zunächst der Ausgangspunkt: Ausländisches Recht wird nicht als Recht, sondern als Tatsache behandelt.[698] Tatsachen sind von den Parteien zu beweisen.[699] Das Recht eines ausländischen Staates findet demnach nur Anwendung, wenn sich eine der Parteien in ihren *pleadings* darauf stützt.[700] Dies wurde in dieser Form auch im *First Restatement of Conflict of Laws* im Jahre 1934 festgeschrieben.[701] Im *Second Restatement of Conflict of Laws* wurde diese Regel 1971 dahingehend geändert, dass die lex fori über die Frage der Notwendigkeit, sich auf das ausländische Recht zu berufen, entscheiden sollte.[702] Die lex fori entschied demzufolge auch über die Anwendung ausländischen Rechts.

Auf Grundlage dieser Kompetenz haben die Einzelstaaten eigene Regelungen erlassen. Viele Staaten haben sich dabei an dem 1936 erlassenen *Uniform Judicial Notice of Foreign Law Act*[703] oder an dessen Nachfolger, dem *Uniform Interstate and International Procedure Act*[704] aus dem Jahre 1962, orientiert.

Der *Uniform Judicial Notice of Foreign Law Act* legt in seinem § 5 fest, dass ausländisches Recht Sache des Gerichts ist, jedoch unterliegt es nicht den Bestimmungen über *judicial notice*, es muss also nicht von Amts wegen angewendet werden. Nach dem *Uniform Interstate and International Procedure Act*

---

697 *Schlesinger*, RabelsZ 27 (1962) 54, 55.

698 Grundlegend *Church v. Hubbart*, 2 Cranch 187, 236 (1804). Dazu auch *Miller*, Mich. L. Rev. 65 (1967) 613, 649–656; *Peritz*, Texas Int'l L.J. 10 (1975) 67; *Scoles/Hay*, Conflict of Laws, § 12.15.

699 *Mostyn v. Fabrigas*, 1 Cowp. 161, 174 (1774).

700 Explizit für den Bereich der Vereinigten Staaten *Hay*, Länderbericht Vereinigte Staaten, in: D. Müller (Hrsg.), Die Anwendung ausländischen Rechts, S. 102 ff.

701 First Restatement of the Law: Conflict of Laws (1934), §§ 621–622. Den verschiedenen Bundesstaaten steht die Regelung ihres eigenen Zivilverfahrens grundsätzlich frei. Um aber 52 komplett verschiedene Zivilprozessordnungen zu vermeiden, erlässt das American Law Institute als private Organisation so genannte Restatements. Diese sind eine Zusammenstellung des *case law* der Bundesstaaten in Form allgemeiner Regeln, vgl. dazu *Hay*, US-amerikanisches Recht, Rn. 31 f.

702 Second Restatement of the Law: Conflict of Laws (1971), § 136.

703 Siehe näher dazu unter B.II.2.b.(1)(a).

704 13 U.L.A. 355 (1986), siehe weiterführend unter B.II.2.b.(1)(b).

wird das Erfordernis des *pleading* ersetzt durch ein so genanntes n*otice requirement*, es bedarf also nicht mehr einer ausdrücklichen Berufung auf die Anwendung ausländischen Recht, es reicht vielmehr aus, dass eine Partei die Anwendung in einem ihrer Schriftsätze erwähnt.[705]

Das Prozessrecht des Bundes ist in USC 28 (*Judiciary and Judicial Procedure*) geregelt. Die Federal Rules of Civil Procedure des Supreme Court (F.R.C.P.) sind hierbei eine der wichtigsten Rechtsquellen. Deren für den untersuchten Bereich wichtigste Regelung findet sich in *Rule 44.1*. Diese Vorschrift, die von der eigens zu diesem Zweck im Jahre 1958 eingesetzten Kommission (*Commission on International Rules of Judicial Procedure*)[706] ausgearbeitet wurde, trat am 1. Juli 1966 in Kraft.[707] Darin wird festgelegt, dass es Aufgabe der Parteien ist, sich auf die Anwendung ausländischen Rechts zu berufen.[708] Das Ziel der Rule 44.1 F.R.C.P. die Anwendung ausländischen Rechts zu vereinfachen, wurde vor allem auf Ebene der Ermittlung des fremden Rechts verfolgt.[709] Dennoch findet sich eine Änderung auch bereits bei der Frage der Anwendung: In Abkehr von den ursprünglichen Beweisregeln ist es nun nicht mehr erforderlich, dass die Partei sich in ihren *pleadings* auf die Anwendung des ausländischen Rechts beruft. Vielmehr reicht es auch auf bundesstaatlicher Ebene aus, wenn sie der anderen Partei einen Hinweis auf die Anwendung des fremden Rechts gibt. Mit Erlass dieser Vorschrift bestand nun auch die Möglichkeit für das Gericht, ausländisches Recht nach seinem eigenen Ermessen anzuwenden.[710] Eine strikte Qualifizierung des ausländischen Rechts als Recht oder als Tatsache ist mit dieser Neuregelung allerdings nicht einhergegangen. Einerseits ist weiterhin – wie bei Tatsachen auch – ein *notice requirement* erforderlich, anderer-

---

705 *Hay*, Länderbericht Vereinigte Staaten, in: D. Müller (Hrsg.), Die Anwendung ausländischen Rechts, S. 122.

706 Act of September 2nd, 1958, PL 85–906, 72 Stat. 1743 (1948).

707 Nachweis bei *Zajtay*, Int. Enc. Comp. L. Vol. III, 14-20.

708 Rule 44.1 F.R.C.P. lautet: "A party who intends to raise an issue about a foreign country's law must give notice by a pleading or other writing. In determining foreign law, the court may consider any relevant material or source, including testimony, whether or not submitted by a party or admissible under the Federal Rules of Evidence. The court's determination must be treated as a ruling on a question of law."

709 Dazu sogleich.

710 Von der Möglichkeit des Gerichts, das ausländische Recht aus eigenem Ermessen anzuwenden, wurde nur zurückhaltend Gebrauch gemacht, vgl. *Teitz*, J. Mar. L.& Comm. 34 (2003) 97.

seits stellt das ausländische Recht keinen Bereich dar, welcher der *judicial notice* unterfällt. Trotz des Erlasses dieser bundesstaatlichen Regelung wird ausländisches Recht somit nicht als Recht, sondern vielmehr als sog. „*question of fact of a pelicular kind*" behandelt.[711]

Aus dem Faktizitätsprinzip folgt, dass auch die Ermittlung des Inhalts des ausländischen Rechts Aufgabe der Parteien ist.[712] Ausländisches Recht als Tatsache folgt den allgemeinen Regeln des Tatsachenbeweises. Die Partei, die sich auf die Anwendung ausländischen Rechts stützt, muss somit auch den Inhalt dieses ausländischen Rechts darlegen.[713] Aus dieser Darlegungslast der Parteien resultiert zudem, dass im Falle der übereinstimmenden Darlegung bzw. des Nichtbestreitens durch die Gegenpartei der Inhalt des ausländischen Rechts als zugestanden gilt.[714] Erleichtert wird die Ermittlung vielfach durch die Annahme der Vermutung, dass das ausländische Recht mit dem Recht des Forums identisch sei.[715]

Für die einzelstaatlichen Gerichte erlangt auch im Bereich der Ermittlung des ausländischen Rechts der im Jahre 1936 erlassene *Uniform Judicial Notice of Foreign Law Act* Bedeutung. Hier wird unterschieden zwischen den verschiedenen US-amerikanischen Einzelrechten und den Rechten ausländischer Drittstaaten.[716] Beachtlich ist die Anwendung dieses *Act* an dieser Stelle nur in Zu-

---

711 *Hay*, Länderbericht Vereingte Staaten, in: D. Müller (Hrsg.), Die Anwendung ausländischen Rechts, S. 123; *Sass*, Am. J. Comp. L. 29 (1981) 96, 98.

712 *Sass*, Am. J. Comp. L. 29 (1981) 96.

713 *Purvis v. Morehead*, 304 S.W. 2d 221 (1957); vgl. dazu auch *Hay*, Länderbericht Vereinigte Staaten, in: D. Müller (Hrsg.), Die Anwendung ausländischen Rechts, S. 104 m.w.N.

714 *Schlesinger*, RabelsZ 27 (1962) 54, 58. Die Problematik, dass auf Grund der Behandlung als Tatsache die Jury für die Feststellung zuständig ist und der Beweis allein bei den Parteien liegt, findet sich auch im US-amerikanischen Recht wieder. *Hay*, Länderbericht Vereinigte Staaten, in: D. Müller (Hrsg.), Anwendung ausländischen Rechts, S. 103.

715 *Leary v. Gladhill*, 8 N. J. 260, 84 A. 2d 725 (1951).

716 Differenziert zur Ausgestaltung der Regelung hinsichtlich des Rechts eines Sister States' siehe unter B.II.2.b. Hauptvertreter dieser erweiterten Rechtsanwendung war insbesondere New York, wo sich auch eine Vielzahl von Auslandsrechtsfällen abspielten, hinzu kamen acht weitere Einzelstaaten, u.a. kraft positivrechtlicher Vorschrift: Massachusetts (seit 1926), Mississippi (seit 1942), Virginia (seit 1950) und West Virginia (seit 1955).

sammenhang mit dem Verhältnis zu ausländischen Drittstaatsrechtsordnungen.[717]

Auf bundesstaatlicher Ebene findet sich auch im Hinblick auf die Ermittlung eine Regelung in *Rule 44.1 F.R.C.P.*[718] Bedeutsam ist im vorliegenden Zusammenhang der letzte Satz dieser Regelung. Die Ermittlung ausländischen Rechts durch das Gericht wird als rechtliche Feststellung qualifiziert. Damit wurde einer Einordnung ausländischen Rechts als Tatsache eine Absage erteilt. Grundlage dieser Neuregelung war die Diversität einzelstaatlicher Gerichtsentscheidungen im Hinblick auf *Rule 43(a)*. Danach galt auf Ebene des Bundesgerichtes das einzelstaatliche Recht an dessen Sitz. Zweck der *Rule 44.1* war es demgemäß, einheitliches Bundesrecht zu schaffen.[719]

Das bundesstaatliche Gericht ermittelt das ausländische Recht selbst, auch wenn es sich dabei der Hilfe der Parteien bedienen kann. Mit Erlass dieser Vorschrift wurde die hauptsächliche Ermittlungslast somit von den Parteien auf das Gericht übertragen. Die Behandlung ausländischen Rechts unterfiel somit nicht länger den allgemeinen Beweisregeln.[720] Jedoch wurde durch diese Regelung auch keine absolute Gleichsetzung von inländischem und ausländischem Recht verfolgt.[721] Die Ermittlung ausländischen Rechts vollzieht sich danach folgendermaßen: Beruft sich eine Partei auf die Anwendung ausländischen Rechts, so ist auch diese Partei beweispflichtig. Kann sie den erforderlichen Beweis nicht erbringen, wendet das Gericht grundsätzlich sein eigenes Recht an. Macht hingegen das Gericht von seiner Möglichkeit, selbst das ausländische Recht in den Prozess einzubringen, Gebrauch, kann es entweder selbst dieses ausländische Recht ermitteln oder aber den Parteien auferlegen, die notwendigen Informationen zu beschaffen. Auch hier kommt es zur Anwendung der lex fori, wenn die Parteien ihrer Beweislast nicht Genüge tun.

---

717 Zum Verhältnis zu anderen Bundesstaaten der USA, siehe unter B.II.2.b.

718 Siehe zu deren Wortlaut oben in Fn. 708. Dazu auch *Brown*, Mar. Law. 9 (1984) 179; *Peritz*, Tex. Int. L. J. 10 (1975) 67.

719 *Hay*, Länderbericht Vereinigte Staaten, in Müller (Hrsg.), Anwendung ausländischen Rechts, S. 122.

720 *Sass*, Am. J. Comp. L. 29 (1981) 96, 98.

721 *Sass*, Am. J. Comp. L. 29 (1981) 96, 98.

b. *Sister State-Law-Doktrin*

Besonderes Augenmerk soll im Folgenden auf die *Sister-State-Law*-Doktrin des US-amerikanischen Rechts gelegt werden. Im Unterschied zu den europäischen Einzelstaaten, insbesondere zum Vereinigten Königreich, unterscheidet das US-amerikanische Recht auf Grund seiner föderalen Struktur bei der Frage, ob ausländisches Recht anzuwenden ist, danach, ob das anwendbare Recht das eines anderen Bundesstaates der USA oder eines Drittstaates ist. Unter den Begriff des ausländischen Rechts fällt nach US-amerikanischem Verständnis sowohl das Recht eines ausländischen Staates im Sinne eines Drittstaates, als auch das Recht anderer Bundesstaaten der USA.[722]

Grundsätzlich ist das Recht eines anderen Bundesstaates, eines *sister state,* auf Grund des Faktizitätsprinzips somit auch als Tatsache und nicht als Recht zu behandeln.[723] Anwendbar sind demzufolge die allgemeinen Beweisregeln.[724] Für den Bereich dieser *sister states*, teilweise aber auch ausländischer Staaten, wurde die Anwendung ausländischen Rechts aber gelockert, ihm wird aber in der Mehrzahl der Einzelstaaten eine bevorzugte Stellung eingeräumt. Diese Regelungen des US-amerikanischen Zivilverfahrensrechts werden zunächst in ihrer Entstehung und heutigen Ausprägung unter (1.) dargestellt. Im Anschluss wird unter (2.) noch ein beispielhafter Blick auf das Recht des Staates New York geworfen, um die einzelstaatliche Entwicklung zu verdeutlichen.

(1) Entwicklung

In den USA bestimmte eine Vielzahl einzelstaatlicher Vorschriften die Behandlung ausländischen Rechts. Damit einher ging eine enorme Unzufriedenheit der Bundesstaaten mit der bestehenden Handhabung durch die Gerichte.[725] Dadurch verstärkte sich aber auch die Rechtsunsicherheit hinsichtlich der Handhabung ausländischen Rechts.[726] Hinzu kam aber auch ein Gefühl der Ungerechtigkeit auf Grund dieser Divergenzen in den Rechtsordnungen.[727] Auf dieser Grundlage

722 *Hay*, Länderbericht Vereinigte Staaten, in: D. Müller (Hrsg.), Die Anwendung ausländischen Rechts, S. 102; *Schlesinger*, RabelsZ 27(1962) 54; *Zajtay*, Int. Enc. Comp. L., Vol. III, 14-14.

723 Damit unterliegt es grundsätzlich ebenfalls der Bewertung durch die *jury*, nicht durch das Gericht.

724 *Banco Nacional De Cuba v. Sabbatino*, D.C.N.Y.1961, 27 F.R.D. 255.

725 In diesem Sinne *Schlesinger*, RabelsZ 27 (1962) 54, 60.

726 *Kuhn,* Am. J. Int'l L. 39 (1958) 86.

wurde eine Kommission eingesetzt, der es zum Ziel gesetzt wurde, das Recht anderer Bundesstaaten verstärkt in den Blickwinkel des Gerichtes zu führen.[728]

(a) Uniform Judicial Notice of Foreign Law Act

Diese Kommission unterbreitete den Gesetzgebern der Einzelstaaten dann im Jahre 1936 den bereits erwähnten *Uniform Judicial Notice of Foreign Law Act.*[729] Dabei handelte es sich um einen rein informellen Vorschlag, der aber von der *National Conference of Commissions on Uniform State Laws* und von der *American Bar Association* unterstützt wurde.[730] Ein Zwang der einzelnen Bundesstaaten, diesen *Act* in ihr nationales Recht zu übernehmen, resultierte daraus allerdings nicht.

Inhaltlich stellte sich der von der Kommission erlassene *Uniform Judicial Notice of Foreign Law Act* wie folgt dar:

> 902.02 Uniform judicial notice of foreign law act
>
> § 1. Courts take notice.–Every court of this state shall take judicial notice of the common law and statutes of every state, territory and other jurisdictions of the United States.
>
> § 2 Information of the court.–The court may inform itself of such laws in such manner as it may deem proper, and the court may call upon counsel to aid it in obtaining such information.
>
> § 3 Ruling reviewable.–The determination of such laws shall be made by the court and not by the jury, and shall be reviewable.
>
> § 4 Evidence as to laws of other jurisdictions.–Any party may also present to the trial court any admissible evidence of such law, but, to enable a party to offer evidence of the law in another jurisdiction or to ask that judicial notice be taken thereof, reasonable notice shall be given to the adverse parties either in the pleadings or otherwise.

---

727 *Kuhn,* Am. J. Int'l L. 39 (1958) 86.

728 Zur Arbeit dieser Kommission, insbesondere in Bezug auf die Ausarbeitung des Uniform Commercial Code, siehe *Schlesinger*, Inter-American Law Review 1 (1959) 11, 12 f., 60 f.

729 9A Uniform Laws Annotated 553 (1965), 13 U.L.A. 496 (Master ed. 1980).

730 *Sommerich/Busch*, S. 21.

§ 5 Foreign country.–The law of a jurisdiction other, than those referred to in § 1 shall be an issue for the court, but shall not be subject to the foregoing provisions concerning judicial notice.

§ 6 Interpretation.–This section shall be so interpreted and construed as to effectuate its general purpose to make uniform the law of those states which enact it.

§ 7 Short Title.–This act may be cited as the Uniform Judicial Notice of Foreign Law Act.

§ 8 Repeal.–All acts or parts of acts inconsistent with the provisions of this act are hereby repealed.

Auf Grundlage dieses Kommissionsvorschlags hat die Mehrzahl der Einzelstaaten identische oder zumindest ähnlich einheitliche Gesetze erlassen.[731]

Grundlegende Neuerung dieses *Acts* war die Einführung der *judicial notice* im inter-bundesstaatlichen Bereich in § 1. Dadurch sollte die Beachtung der ausländischen Rechtsordnung erleichtert werden.[732] Zudem führte dies gemäß § 3 dazu, dass die Bestimmung des ausländischen Rechts nun nicht mehr in den Aufgabenbereich der *jury* fiel. Zuständig waren nun vielmehr die Gerichte.[733] Im Rahmen dieses *Uniform Judicial Notice of Foreign Law Act* wird das Recht anderer Bundesstaaten aber weiterhin als Tatsache und eben nicht als Recht behandelt. Allerdings wird das Recht eines *sister state* als gerichtsbekannt unterstellt. Diese Gerichtsbekanntheit erstreckt sich sowohl auf das *common law* als auch auf die *statutes*. Aus diesem Grund handelt es sich um eine Tatsache, die

---

731 Colorado (Colo. Rev. Stat. Ann. § 13-25-106), Delaware (Del. R. Evid. 202), Illinois (Ill. Stat. Ann. ch. 735, 5/8-1003 to 5/8-1009 (Smith-Hurd)), Indiana (Ind. Code. Ann. §§ 34-3-2-1 to 34-3-2-7), Kentucky (Ky. R. Evid. 302), Maine (Me. Rev. Stat. Ann. tit. 16, §§ 401-406), Maryland MD. Code. Ann. Cts. & Jud. Proc. §§ 10-501 to 10-507), Minnesota (Minn. Stat. §§ 599.04 to 599.10), Missouri Mo. Ann. Stat. §§ 490.070 to 490.120 (Vernon)), Montana (Mont. Code Ann. tit. 26, ch. 10, rule 202), Nebraska (Neb. Rev. Stat. §§ 25-12, 101 to 25-12, 107), North Dakota (N.D. Cent. Code §§ 31-10-03 to 31-10-05), Pennsylvania (42 PA. Cons. Stat. Ann. § 5327), Rhode Island (R.I. Gen. Laws §§ 9-19-2 to 9-19-8), South Carolina (S.C. Code Ann. §§ 19-3-110 to 19-3-180), South Dakota (S.D. Codified Laws Ann. §§ 19-8-1 to 19-8-6), Texas (Tex. R. Civ. Evid. 203), Washington (Wash. Rev. Code Ann. §§ 5.24.010-5.24.070), Wisconsin (Wis. Stat. Ann. § 902.02), Wyoming (Wyo. Stat. §§ 1-12-301 to1-12-306) und Florida, Hawaii, Kansas, New Jersey, Ohio, Oklahoma, Oregon, Tennessee, vgl. dazu auch *Kuhn*, Am. J. Int'l L. 39 (1958) 86.

732 *Sommerich/Busch*, S. 22.

733 McKinney's CPLR Rule 4511.

des Beweises nicht bedarf. Zudem wurde nun in § 2 die Möglichkeit, wenn auch nicht Verpflichtung, des Richters statuiert, selbst die Ermittlung des fremden Rechts zu vollziehen. Hinsichtlich der Beweisführung, soweit sie denn den Parteien obliegt, kann nach § 5 von den formellen Regeln des US-amerikanischen Beweisrechts abgewichen werden.

(b) Uniform Interstate and International Procedure Act

Im Jahre 1962 haben die *Commissioners on Uniform State Law* mit dem *Uniform Interstate and International Procedure Act* einen für den Bereich des US-amerikanischen Zivilverfahrensrechts weitergehenden *Act* folgenden Inhalts erlassen:[734]

> **Section 4.01** [Notice]: A party who intends to raise an issue concerning the law of any jurisdiction or governmental unit thereof outside this state shall give notice in his pleadings or other reasonable written notice.
>
> **Section 4.02** [Materials to be considered]: In determining the law of any jurisdiction or governmental unit thereof outside this state, the court may consider any relevant material or source, including testimony, whether or not submitted by a party or admissible under the rules of evidence.
>
> **Section 4.03** [Court Decision and Review]: The court, not jury, shall determine the law of any governmental unit outside this state and its determination shall be subject to review on appeal as a ruling on a question of law.
>
> **Section 4.04** [Other Provisions of Law Unaffected]: This article does not repeal or modify any other law of this state permitting another procedure for the determination of foreign law.

Dieser *Act* unterscheidet nicht mehr zwischen dem Recht eines anderen Bundesstaates der USA und eines Drittstaates. Vielmehr unterstellen §§ 4.01–4.04 beide Formen der Anwendung ausländischen Rechts der Handhabung des Gerichts und somit nicht der Jury. Soweit die Bundesstaaten diesen neueren *Act* in ihr nationales Recht integriert haben, hat dies automatisch die Ablösung des *Uniform Judicial Notice of Foreign Law Act* zur Folge. Der Erfolg des *Uniform Interstate and International Procedure Act* ist jedoch sehr verhalten. Für einige Staaten war eine Umsetzung ins nationale Recht schon deswegen entbehrlich, da sie die Regelung der Ausweitung der *judicial notice* auf alle ausländischen Staaten ohnehin schon in ihr Recht übernommen hatten. Für andere Staaten hingegen war schon die Regelung des *Uniform Judicial Notice of Foreign Law Act* zu

734 13 U.L.A. 355 (1986).

weitgehend, so dass eine Umsetzung des neueren *Act* erst gar nicht in Betracht gezogen wurde.

Dementsprechend divergieren die einzelstaatlichen Rechtsordnungen heute wieder sehr stark. Dies liegt auch daran, dass einige Bundesstaaten von vornherein nicht den *Uniform Judicial Notice of Foreign Law Act* als solchen, sondern eben nur ähnliche Regelungen übernommen haben. Diese ähnlichen Regelungen waren jedoch nicht unbedingt restriktiver als der *Uniform Act*.[735] Des Weiteren hat die Kommission für Rechtsvereinheitlichung selbst im Jahre 1977 davon abgeraten, die Einführung des Acts in das nationale Recht weiter zu verfolgen.[736] Vielmehr sollten die Staaten von diesem Zeitpunkt an den *Uniform Interstate and International Procedure Act* ins nationale Recht übernehmen. Dieser Ratschlag wurde wiederum nicht flächendeckend beachtet.

(2) Beispiel: New York

New York ist zwar nicht der einzige Staat, der eine sehr auslandsrechtfreundliche Haltung einnimmt, auf Grund der Tatsache, dass es sich aber auch um den Staat mit den meisten Verfahren mit Auslandsberührung handelt,[737] empfiehlt sich hier eine detaillierte Betrachtung der rechtlichen Gestaltung im Bereich der Anwendung ausländischen Rechts.[738] Hinzu kommt, dass die Ausgestaltung des Rechts von New York vielfach Einfluss auf die anderen Rechtssysteme der USA ausgeübt hat.[739]

(a) § 344a des New Yorker Civil Practice Act

New York führte schon vor Erlass des *Uniform Judicial Notice of Foreign Law Act* eine ähnliche Regelung in § 344a des New York Civil Practice Act im Jahre 1933 ein.[740] § 344a des New Yorker Civil Practice Act lautet wie folgt:[741]

---

735 So hat zum Beispiel Massachusetts die Anwendung der *judicial notice* auf alle ausländischen Rechte erstreckt, somit auch auf das Recht von Drittstaaten, dazu *Hay*, Länderbericht Vereinigte Staaten, in: D. Müller (Hrsg.), Die Anwendung ausländischen Rechts, S. 106 f.

736 *Scoles/Hay*, Conflict of Laws, § 12.17.

737 *Hay*, Länderbericht Vereinigte Staaten, in: D. Müller (Hrsg.), Die Anwendung ausländischen Rechts, S. 107 ff.; Note, Evidence: Presumptions as to the Law of Foreign Countries, Calif L Rev 42 (1954) 701, 709.

738 Zu der Vielzahl von New Yorker Verfahren, siehe *Baeck*, ZfRV 1961, 85, 97.

739 *Baeck*, ZfRV 1961, 85, 98; in diesem Sinne auch *Schlesinger*, NJW 1954, 828.

740 § 344a New York Civil Practice Act (CPA, Sec. 344-a).

A. Except as otherwise expressly required by law, any trial or appellate court, in its discretion, may take judicial notice of the following matters of law:

1. A law, statute, proclamation, edict, decree, ordinance, or the unwritten or common law of a sister state, territory or other jurisdiction of the United States, or a foreign country or a political subdivision thereof.

B. Whether a matter of law is judicially noticed pursuant to this section, or formal proof is taken pursuant to other sections of this act, such law shall be determined by the court or referee and included in its findings, or charged to the jury as the case may be. Such finding or charge shall be subject to review on appeal and shall be known and otherwise treated as a finding or charge on a matter of law.

C. Where a matter of law specified in this section is judicially noticed, the court may consider any testimony, document, information or argument on the subject, whether the same is offered by counsel, a third party or discovered through its own research.

D. The failure of either party to plead any matter of law specified in this section shall not be held to preclude either the trial or appellate court from taking judicial notice threreof.

Bereits hier wurde festgelegt, dass es Aufgabe des Richters sei, das fremde Recht festzustellen. Unter fremdem Recht ist hier sowohl das ausländische Recht als auch das eines *sister state* zu verstehen.[742] Auch unter dem Recht des Staates New York liegt die Gewährung der *judicial notice* hinsichtlich des Rechts eines Drittstaates im Ermessen des Gerichts[743] und stellt keine Verpflichtung des Richters dar.[744] Insbesondere in unterinstanzlichen Verfahren liegt kein

741 *Ames v. Ideal Cement Co.*, 37 Misc. 2d 883, 235 N.Y. S. 2d 622 (1962); *Chamberlain v. Chamberlain*, 32 Misc. 2d 308, 222 N. Y. S. 2d 622 (1962), vgl. auch *Rosmini v. Rosmini*, 230 N. Y. S. 2d 319 (1962).

742 *Colello v. Sundquist*, 1955, 137 F.Supp. 649. Siehe dazu auch *Jongebloed v. Erie R. Co.*, 1947, 296 N.Y. 994, 73 N.E.2d 570; *Chamberlain v. Chamberlain*, 32 Misc. 2d 308, 222 N. Y. S. 2d 622 (1962); *Phillips v. Phillips*, 15 Misc.2d 884, 180 N.Y.S.2d 475 (1958).

743 *Silberfeld v. Swiss Bank Corp.*, 183 Misc. 234, 50 N.Y.S.2d 838 (1944), bestätigt in 268 A.D. 984, 52 N.Y.S.2d 583. Siehe dazu auch *Sundberg v. Aktiebolaget Svenska Amerika Linien*, 6 Misc.2d 1069, 163 N.Y.S.2d 253 (1955); *De Sairgine v. Gould*, 3 Misc.2d 452, 148 N.Y.S.2d 57 (1955), affirmed 1 A.D.2d 820, 150 N.Y.S.2d 152, reargument and appeal denied 1 A.D.2d 885, 150 N.Y.S.2d 780; *Petition of Altman*, 138 N.Y.S.2d 336 (1954).

744 *Fischel v. Abrahams*, 226 N.Y.S.2d 91 (1962). Siehe dazu auch *Earl S. Peed Organization, Inc. v. Gray*, 40 Misc.2d 471, 243 N.Y.S.2d 111 (1963); *Sinai v. Levi*, 208 Misc. 650, 144 N.Y.S.2d 316 (1955).

Verfahrensfehler vor, wenn das Gericht sich weigert, ausländisches Recht anzuwenden. Daraus resultiert gleichzeitig aber auch, dass das Gericht auch dann das ausländische Recht zur Anwendung bringen kann, wenn sich keine der Parteien darauf berufen hat.[745] Diese – wenn auch nicht ganz eindeutige Bestimmung – wurde dahingehend interpretiert, dass es weiterhin bei der Verpflichtung der Parteien bleibe, das ausländische Recht in den Prozess einzubringen und es zu ermitteln, dass der Richter aber gleichzeitig amtswegig verpflichtet sei, ergänzend auf die Vollständigkeit der Beweise hinzuwirken.[746]

(b) § 4511 der Civil Practice Laws and Rules

Im Zuge einer Reform in den Jahren 1962/63 wurde § 344a CPA zusammen mit der Beweisnorm des § 391 CPA verschmolzen und in einem neuen § 4511 der Civil Practice Laws and Rules (CPLR) zusammengeführt. Dieser neue § 4511 hat folgenden Wortlaut:

> **(a) When judicial notice shall be taken without request.** Every court shall take judicial notice without request of the common law, constitutions and public statutes of the United States and of every state, territory and jurisdiction of the United States and of the official compilation of codes, rules and regulations of the state except those that relate solely to the organization or internal management of an agency of the state and of all local laws and county acts.
>
> **(b) When judicial notice may be taken without request; when it shall be taken on request.** Every court may take judicial notice without request of private acts and resolutions of the congress of the United States and of the legislature of the state; ordinances and regulations of officers, agencies or governmental subdivisions of the state or of the United States; and the laws of foreign countries or their political subdivisions. Judicial notice shall be taken of matters specified in this subdivision if a party requests it, furnishes the court sufficient information to enable it to comply with the request, and has given each adverse party notice of his intention to request it. Notice shall be given in the pleadings or prior to the presentation of any evidence at the trial, but a court may require or permit other notice.

---

745 *Mangrelli v. Italian Line*, 208 Misc. 685, 144 N.Y.S.2d 570 (1955). in diesem Sinne auch *Pfleuger v. Pfleuger*, 278 A.D. 247, 105 N.Y.S.2d 427 (1951), aufgehoben – aus anderen Gründen – durch 304 N.Y. 148, 106 N.E.2d 495; im Ergebnis so auch *Turnowski v. Turnowski*, 33 Misc.2d 864, 226 N.Y.S.2d 738 (1962).

746 *Berg v. Consolidated Mining Co.*, 70 N.Y.S. 2d 19 (1947); dazu auch *Hay*, Länderbericht Vereinigte Staaten, in: D. Müller (Hrsg.), Die Anwendung ausländischen Rechts, S. 110.

(c) Determination by court; review as matter of law. Whether a matter is judicially noticed or proof is taken, every matter specified in this section shall be determined by the judge or referee, and included in his findings or charged to the jury. Such findings or charge shall be subject to review on appeal as a finding or charge on a matter of law.

(d) Evidence to be received on matter to be judicially noticed. In considering whether a matter of law should be judicially noticed and in determining the matter of law to be judicially noticed, the court may consider any testimony, document, information or argument on the subject, whether offered by a party or discovered through its own research. Whether or not judicial notice is taken, a printed copy of a statute or other written law or a proclamation, edict, decree or ordinance by an executive contained in a book or publication, purporting to have been published by a government or commonly admitted as evidence of the existing law in the judicial tribunals of the jurisdiction where it is in force, is prima facie evidence of such law and the unwritten or common law of a jurisdiction may be proved by witnesses or printed reports of cases of the courts of the jurisdiction.

Hinsichtlich der Frage der *judicial notice* stellen sich dabei folgende Neuerungen: Abweichend von der Ermessensregelung des § 344a CPA sieht § 4511 CPLR eine amtswegige Verpflichtung des Gerichts vor, das ausländische Recht anzuwenden, soweit es sich dabei um das Recht eines *sister state* handelt.

In Bezug auf das Recht eines Drittstaates müssen weitere Anforderungen erfüllt sein (b). Voraussetzung ist hiernach ein Parteiantrag hinsichtlich der Anwendung ausländischen Rechts, die antragenden Partei muss dem Gericht ausreichende Informationen zum Inhalt des ausländischen Rechts zur Verfügung stellen und die Partei von ihrer Absicht, das ausländische Recht zur Anwendung zu bringen, informieren. In Bezug auf die Frage, ob es zur Anwendung des ausländischen Rechts der Behauptung von dessen Anwendbarkeit durch eine der Parteien bedarf, macht der CPLR – im Unterschied zu § 344a CPA – keine Angaben. Es herrscht jedoch Einigkeit darüber, dass diese unterlassene Erwähnung nicht so zu deuten ist, dass in diesem Fall die Gewährung von *judicial notice* ausgeschlossen sein soll.[747] Maßgeblich sein soll in diesem Fall aber das Ermessen des Richters.[748] Weiterhin beschränkt § 4511 CPLR die möglichen Quellen zur Ermittlung des ausländischen Rechts. Inhaltlich stimmt § 4511(a) CPLR nun mit § 1 des *Uniform Judicial Notice of Foreign Law Act* überein.

---

747 *Hay*, Länderbericht Vereinigte Staaten, in: D. Müller (Hrsg.), Die Anwendung ausländischen Rechts, S. 111.

748 *Hay*, Länderbericht Vereinigte Staaten, in: D. Müller (Hrsg.), Die Anwendung ausländischen Rechts, S. 111.

(c) Rechtsprechung

Diese auslandsrechtfreundliche Haltung New Yorks zeigt sich aber nicht nur in der Gesetzgebung, sondern auch in der Rechtsprechung. Der Court of Appeal New York, das höchste bundesstaatliche Gericht, entschied – entgegen der Rechtsprechung der unteren Instanzen – zugunsten einer weiten Auslegung der § 344a CPA.[749] Da die Unterinstanzen den Wortlaut des CPA sehr genau genommen hatten, wendeten sie die Vorschrift des CPA nur im Falle von *trial courts* und *appellate courts* an. Im Falle eines anderen Verfahrens hielten die Gerichte die Regelung des CPA aber für unanwendbar.[750] Der Court of Appeal stellte hingegen fest, dass es gerade Sinn und Zweck von § 344a CPA sei, allen Gerichten die Möglichkeit zu eröffnen, von Amts wegen ausländisches Recht anzuwenden und zu ermitteln. Ein unterbliebener Vortrag des ausländischen Rechts sei kein Grund für eine Abweisung der Klage. Wegen des *stare decisis*-Grundsatzes des *common law* bindet diese Entscheidung des Court of Appeal alle anderen Gerichte des Staates New York. Jedoch handelte es sich in diesem Fall nur um das Recht eines *sister state*, nicht aber um das Recht eines Drittstaates.[751] Hinzu kommt, dass auch die New Yorker Gerichte nur eine Ermessensausübung auf Seiten der Gerichte fordern. Es wird allerdings keine Verpflichtung zur amtswegigen Anwendung und Ermittlung ausländischen Rechts statuiert.

(3) Zusammenfassung

Für die Anwendung und Ermittlung im Recht der USA ergibt sich somit zunächst folgendes Bild: Die Beweislast für die Darlegung des Inhalts des ausländischen Rechts liegt im Grunde weiterhin bei den Parteien. Dennoch steht dem Gericht die Möglichkeit offen, das ausländische Recht von sich aus sowohl zur Anwendung zu bringen, als auch zu ermitteln. Dabei wird das Recht anderer US-Bundesstaaten bevorzugt behandelt gegenüber dem Recht von Drittstaaten. Diese Bevorzugung spiegelt sich sowohl in der Anwendung als auch in der Ermittlung wider.

---

749 *Pfleuger v. Pfleuger*, 304 N. Y. 148, 106 N. E 2d 495 (1952).

750 So die Vorinstanz im Falle *Pfleuger v. Pfleuger*; *Schumann v. Loew's Inc.*, 199 Misc. 38, 102 N. Y. S. 2d 572 (1951); *Bergman v. Lax*, 107 N.Y. S. 2d 266 (1951); anders aber: *Raphael v. Raphael*, 189 Misc. 144, 71 N. Y. S. 2d 42 (1949).

751 Im konkreten Fall ging es um das Recht des Staates Pennsylvania.

c. *Übertragbarkeit auf die EU: Vergleich mit dem US-amerikanischen bundesstaatlichen System*

Dieses Regelungsmodell des US-amerikanischen Rechts könnte als Vorbild für eine Vorschrift auf unionsrechtlicher Ebene dienen. Voraussetzung dafür ist grundsätzlich die Vergleichbarkeit der Rechtssysteme. Zu deren Beurteilung sollen zunächst die Gemeinsamkeiten und Unterschiede untersucht werden.

Hinsichtlich der Gemeinsamkeiten beider Rechtssysteme kann zunächst auf die Vergleichbarkeit der beiden Staatsformen hingewiesen werden. Während es sich bei der Europäischen Union um eine supranationale Organisation handelt, ist die USA zwar ein föderaler Staat. Beide Staatsformen zeichnen sich aber durch ein übergeordnetes Zentralorgan mit untergeordneten Einzelstaaten aus. Dies spiegelt sich vor allem im Bereich der drei Gewalten wider. Vergleichbar mit dem System der EU, entstammt auch in den USA das materielle Recht überwiegend der Gesetzgebung der Einzelstaaten. Bei beiden besteht aber daneben die Möglichkeit, dass die Rechtsakte der übergeordneten Ebene die einzelnen Staaten binden, in der EU durch die Rechtsakte des Art. 288 AEUV, in den USA durch so genannte *federal statutes*. Unterschieden werden kann danach zwischen unmittelbar anwendbaren und umsetzungsbedürftigen Regelungen. Föderale Rechtssysteme zeichnen sich gerade dadurch aus, dass direkt auf den einzelnen Bürger mittels rechtlichen Tätigwerdens des Bundesstaates Einfluss genommen werden kann. Gleichzeitig obliegt im Bereich der Exekutive die Ausführung der zentral erlassenen Gesetze den Einzelstaaten. Dabei wird die Zusammenarbeit zwischen Bundesstaat und Einzelstaat vorausgesetzt. Auf Ebene der Judikative besteht bei beiden Formen grundsätzlich eine vorrangige Zuständigkeit der einzelnen Staaten: Sowohl der US-amerikanische Supreme Court als auch der EuGH als oberste Gerichte werden erst tätig, wenn ihre eigenen Rechtsakte in Rede stehen,[752] ansonsten bleibt es bei der Zuständigkeit der Einzelstaaten.[753] An dieser Aufteilung zeigt sich wiederum die Ähnlichkeit beider Gerichtssysteme.

Dennoch sind auch die Unterschiede beider Systeme nicht von der Hand zu weisen. Während die einzelnen Staaten der USA auf einer gemeinsamen Mutterrechtsordnung basieren, vereint die Union verschiedene Rechtstraditionen innerhalb ihrer Mitgliedstaaten, insbesondere das römische Recht und das *common law*. Daraus ergibt sich, dass die europäischen Rechtsordnungen deutlich stärker

---

752 Daneben bestehen in den USA in den Einzelstaaten so genannte Bundesbezirksgerichte (District Courts).

753 Vgl. dazu auch *Halberstam*, RabelsZ 66 (2002) 216.

voneinander abweichen. Unterschiede finden sich weiterhin in der Sprache: Während in den USA englisch als Amtssprache gilt, sind in der Europäischen Union alle Amtssprachen der mittlerweile 27 Mitgliedstaaten anerkannt. Dabei dominiert keine dieser Amtssprachen, vielmehr sind diese gleichrangig zu berücksichtigen.[754] Ein weiterer Aspekt, der zwischen der EU und den USA divergiert, ist die Zusammenarbeit zwischen den jeweiligen Einzelstaaten: Während die institutionelle Zusammenarbeit im Bereich der Einzelstaaten der USA vor allem das Ziel des Wettbewerbs verfolgt, ist die Europäische Union (noch) dem Ziel der Verflechtung der einzelnen Staaten im Hinblick auf die Schaffung eines gemeinsamen Binnenmarktes verpflichtet. Zudem findet sich in den USA eine stärkere Abhängigkeit der Einzelstaaten vom Bundesstaat, Grund dafür ist die längere Tradition des Föderalismus. Dagegen ist in der Europäischen Union der Vorgang der Integration noch im Wachsen, die Einzelstaaten halten noch viel stärker an ihrer eigenen Souveränität fest, während die Akzeptanz der EU als Kompetenzträger noch stärker mit kritischem Auge betrachtet wird.

Im Bereich des Zivilverfahrensrechts zeigen sich neben den bereits dargestellten allgemeinen Gemeinsamkeiten aber wiederum weitere Übereinstimmungen. In beiden Rechtssystemen ist das auf das Zivilverfahren anwendbare Recht die lex fori.[755]

Demzufolge kann die Vergleichbarkeit zwischen dem Rechtssystem der Europäischen Union mit dem der USA – wenn auch keine völlige Übereinstimmung besteht – aber doch im Grunde bejaht werden. Dies gilt insbesondere im Hinblick darauf, dass eine übergeordnete Ordnung besteht, die vor allem im Bereich der Legislative und Judikative über weit reichende Kompetenzen verfügt.

d. Neuregelung für die EU

Ausgangspunkt der US-amerikanischen Diskussion war die Unzufriedenheit damit, dass das Recht anderer Bundesstaaten der USA in seiner prozessualen Behandlung gleichgestellt wurde mit dem Recht jedes anderen ausländischen Drittstaates. Es stellt sich die Frage, inwieweit auch auf europäischer Ebene eine bevorzugte Behandlung des Rechts anderer Mitgliedstaaten erreicht werden könnte.

---

754 Zu dem daraus folgenden Problem der Dominanz einer der Amtssprachen, siehe *Stürner*, Wege zu einem europäischen Zivilprozessrecht, S. 10.

755 BGH MDR 1985, 215; BGH NJW-RR 1993, 130; *Hausmann*, EuLF 2008, I-1; Palandt/*Thorn*, Einl v Art. 3 EGBGB Rn. 33; *Currie*, Col. L. Rev. 58 (1958) 964; *Lando*, M. J. Eur. Comp. L. 2 (1995) 359, 363.

(1) Differenzierung zwischen Recht eines EU-Mitgliedstaates und Recht eines Drittstaates

In Betracht kommt zunächst einmal eine Differenzierung zwischen EU-Staaten und Drittstaaten hinsichtlich des anwendbaren Rechts. Aus den vorgehenden Überlegungen ergibt sich folgende Regelungsmöglichkeit: Die mitgliedstaatlichen Gerichte wenden das zur Anwendung berufene Recht dann von Amts wegen an, wenn es sich dabei um das Recht eines anderen EU-Mitgliedstaates handelt. Wird hingegen das Recht eines Drittstaates berufen, bestehen zwei Möglichkeiten: Einerseits könnte das Gericht dann die lex fori anwenden, andererseits könnte man die Anwendung des ausländischen Rechts in das Ermessen des Gerichts stellen. Jedoch stellt sich hier zunächst die Frage, ob eine solche Unterscheidung zwischen dem Recht eines Mitgliedstaates und einem Drittstaat überhaupt möglich und gerechtfertigt ist.

Eine solche Ausgestaltung würde zunächst einmal zu einem Nebeneinander zweier Prozessrechte führen, einmal auf europäischer und daneben auf nationaler Ebene. Jedoch ist diese Koexistenz zweier Verfahrensinstrumente keine Neuerung: auch im Bereich der internationalen Zuständigkeit bestehen neben den Regeln der Artt. 2 ff. EuGVVO, die grundsätzlich nur für die Bestimmung der Zuständigkeit mitgliedstaatlicher Gerichte eingreifen, die autonomen Vorschriften fort, so z.B. die §§ 12 ff. ZPO.

Vorteil einer solchen Differenzierung und Bevorzugung der mitgliedstaatlichen Rechte ist zunächst die oftmals einfachere Ermittlung des ausländischen Rechts, insbesondere im Hinblick auf die Einrichtung des Justiziellen Netzes in Zivil- und Handelssachen. Darüber hinaus bietet sich eine Bevorzugung der mitgliedstaatlichen Rechte auch unter dem Aspekt der Harmonisierung der materiellen Rechtsordnungen an. Durch verschiedene Richtlinien und Verordnungen sind die EU-Rechtsordnungen in einigen Bereichen derart harmonisiert, dass die Anwendung nur marginal von der Anwendung der eigenen Rechtsordnung abweicht. Diese Rechtsangleichung findet sich auch in Art. 3 Abs. 4 Rom I-VO wieder. Danach führt die Wahl des Rechts eines außerhalb der EU gelegenen Staates nicht dazu, dass die zwingenden Vorschriften des Unionsrechts Anwendung finden, soweit alle Elemente des Sachverhaltes zum Zeitpunkt der Rechtswahl in einem oder mehreren Mitgliedstaaten belegen sind. Folge dieser Anwendung des Gemeinschaftsrechts ist im Hinblick auf Abs. 3, dass die Mitgliedstaaten wie ein einziger Staat behandelt werden.[756] Angewandt wird dann die lex

756 *Mankowski*, IHR 2008, 133, 135; MüKoBGB/*Martiny*, Art. 3 Rom I-VO Rn. 100.

fori, also das Umsetzungsrecht des angerufenen Gerichts.[757] Aus dieser Regelung wird deutlich, dass die Mitgliedstaaten der EU schon zu einem gewissen Grad harmonisieren, welches es ermöglicht, eine der nationalen Rechtsordnungen anzuwenden, unabhängig davon, ob diese im konkreten Fall die engste Verbindung zum Sachverhalt aufweist.

Des Weiteren würde eine solche Differenzierung Kompromisscharakter im Hinblick auf die stark gegensätzliche Rechtsauffassung des *common law* haben und so die Akzeptanz durch die Staaten des *common law* erhöhen. Da insbesondere das Vereinigte Königreich der Kompetenz der EU nach Art. 81 AEUV skeptisch gegenübersteht,[758] besteht eine Bindung nur dann, wenn es sein *opt-in* erklärt. Je näher eine europäische Regelung aber der bestehenden Regelung des *common law* kommt, desto höher ist die Wahrscheinlichkeit eines solchen *opt-in*.

Jedoch stehen einer solchen Differenzierung auch Bedenken entgegen. Problematisch erscheint dabei vor allem, dass die neuen EU-Verordnungen, insbesondere Rom I und Rom II, als *lois uniformes* ausgestaltet sind.[759] Dies bedeutet, dass ein Gericht das von der Verordnung zur Anwendung berufene Recht unabhängig davon anwenden muss, ob es sich dabei um das Recht eines Mitgliedstaates handelt. Aus dieser Vorschrift resultiert aber damit auch, dass eine Unterscheidung zwischen EU-Recht und dem Recht eines Drittstaates nicht geboten erscheint. Auch wenn eine Verordnung zur Behandlung ausländischen Rechts nicht mit den Zielen einer Verordnung zum internationalen Privatrecht gleichgesetzt werden kann, so wird aus dieser Regelung dennoch deutlich, dass eine Differenzierung zwischen EU- und Drittstaatenrecht nicht gewünscht ist und der Effektivität der international-privatrechtlichen Verordnungen eventuell zuwider laufen würde. Der hinter der Ausgestaltung der Verordnungen als *lois uniformes* stehende Gedanke, eine Unterscheidung zwischen Binnen- und Drittstaatensachverhalten zu vermeiden, fördert den internationalen Entscheidungseinklang, das Recht der engsten Verbindung wird angewandt, ohne Rücksicht auf die Grenzen des Binnenmarktes.[760] Eine Unterscheidung auf Ebene der vorgeschalteten Frage der amtswegigen Anwendung ist dann aber nicht sachge-

757 *Garcimartín Alférez*, EuLF 2008, I-61, I-65; MüKoBGB/*Martiny*, Art. 3 Rom I-VO Rn. 102.

758 Vgl. dazu schon die Ausführungen in Kapitel 4 unter A.VII.

759 Vgl. jeweils Art. 2 der Rom I- und Rom II-Verordnungen.

760 MüKoBGB/*Martiny*, Art. 2 Rom I-VO Rn. 3.

recht. Insofern muss auch hier dem Prinzip der engsten Verbindung Genüge getan werden.

Auch wenn das soeben angesprochene Nebeneinander zweier Prozessrechte zwar nicht ausgeschlossen ist, so sollte es aus Gründen der Rechtsklarheit doch zumindest vermieden werden. Hinzu kommt, dass eine solche Koexistenz im Bereich der Verknüpfung zum internationalen Privatrecht problematischer erscheint als im Bereich der internationalen Zuständigkeit. Dies resultiert daraus, dass das Gericht bei der Frage der internationalen Zuständigkeit zunächst von seiner eigenen Zuständigkeit ausgeht und nur diese prüft. Ist das Gericht international nicht zuständig, wird die Klage durch Prozessurteil abgewiesen. Ausgangspunkt der Frage des anwendbaren Rechts ist aber ein anderer: hier ist ausgehend von den möglichen Anknüpfungsmomenten dasjenige Recht zu bestimmen, welches die engste Verbindung zum Sachverhalt aufweist. Damit würde aber erst von diesem Ergebnis abhängen, ob sich die Anwendung nach der Verordnung oder nach autonomem Recht bemisst. Dies würde zu einem erhöhten Grad an Rechtsunsicherheit führen.

Dementsprechend ist eine Unterscheidung der amtswegigen Anwendung danach, ob es sich bei dem ausländischen Recht um das Recht eines EU-Mitgliedstaates oder eines Drittstaates handelt, nicht sachgerecht.

(2) Iura novit curia

Demzufolge stellt sich die Frage, ob auch auf europäischer Ebene eine amtswegige Verpflichtung des Gerichts zur Anwendung ausländischen Rechts bestehen sollte. Dies ist aus den folgenden Gründen zu bejahen: Für die amtswegige Anwendung jeden ausländischen Rechts spricht zunächst einmal das Argument der Rechtssicherheit und Rechtsklarheit. Nur wenn für die Parteien schon vor Eingehung eines Rechtsstreites klar ist, welches Recht zur Anwendung gelangt, sind deren Anforderungen erfüllt. Damit im Zusammenhang steht aber auch die Erforderlichkeit der Vermeidung eines *forum shopping*: Nur wenn der Kläger das anwendbare Recht nicht durch Anrufung eines bestimmten Gerichts beeinflussen kann, indem er darauf spekuliert, dass dieses ohnehin die lex fori anwende, ist der Rechtssicherheit Genüge getan.

Hauptargument ist aber die Effektivität der EU-Verordnungen zum internationalen Privatrecht. Deren Erlass ist nur dann sinnvoll und gerechtfertigt, wenn das dadurch zur Anwendung berufene Recht auch tatsächlich angewendet wird. Der Rechtsanwendungsbefehl des europäischen Gesetzgebers darf nicht durch den Rückgriff auf die lex fori unterlaufen werden. Das hinter dem Erlass der Verordnungen stehende Ziel der Schaffung eines europäischen Kollisionsrechts und damit einhergehend die Förderung der Rechtssicherheit und der Vorhersehbarkeit des anwendbaren Rechts nach Erwägungsgrund 6 Rom I- bzw. Rom II-VO ist nur dann gewährleistet, wenn die Verordnungen von staatlichen Gerichten auch beachtet und angewendet werden. Dies schließt aber auch mit ein, dass das dadurch berufene Recht ebenfalls angewendet wird. Die Ersparnis von Zeit und Kosten darf dem nicht entgegenstehen. Die Dispositionsfreiheit der Parteien kann nur eingeschränkt gewährleistet werden, diesbezüglich sind die Möglichkeiten der Rechtswahl hinreichend eröffnet. Gegen die amtswegige Verpflichtung des Richters zur Anwendung des ausländischen Rechts spricht auch nicht die Parteiautonomie.[761] Handelt es sich um einen Bereich des dispositiven Rechts,[762] so besteht weitgehend die Möglichkeit einer Rechtswahl. Diese Rechtswahlmöglichkeit findet sich auch in den jüngeren Verordnungen der EU zum internationalen Privatrecht. So sieht die Rom I-VO in ihrem Art. 3 eine solche für den Bereich der vertraglichen Schuldverhältnisse vor. Diese Rechtswahl kann auch nachträglich und somit auch erst im Prozess geltend gemacht werden.[763] Für den Bereich der außervertraglichen Schuldverhältnisse findet sich eine Regelung der Rechtswahl in Art. 14 Rom II-VO. Demzufolge ist die Möglichkeit der Rechtswahl in solchen Bereichen, die der Gesetzgeber als dispositiv betrachtet, weitgehend anerkannt, wenn nicht ausdrücklich geregelt. Die Fakultativität der Parteien wird somit nur in Bereichen zwingenden Rechts eingeschränkt. Hier besteht aber auch ein Bedürfnis der Einschränkung zum Schutz der schwächeren Partei und von Interessen Dritter.

(3) Reichweite der amtswegigen Verpflichtung: Unterscheidung nach der Dispositivität des Rechts

In den nationalen Rechtsordnungen der Mitgliedstaaten finden sich verschiedene Ansätze bei der Frage der Anwendung ausländischen Rechts hinsichtlich des Bestehens einer amtswegigen Verpflichtung des Gerichts. So wird teilweise nach der Dispositivität der Rechte der Parteien differenziert. Insbesondere die französische Rechtsprechung hat die Frage der Anwendung ausländischen Rechts davon abhängig gemacht, ob es sich um dispositive Rechte der Parteien

761 Auf diese Parteifakultativität verweist insbesondere *Lesage-Mathieu*, Dispositives Kollisionsrecht, S. 67 f.

762 Die Möglichkeit der Parteiautonomie lässt zwar nicht zwingend auf die Qualifikation als dispositives Recht schließen, ist aber zumindest ein „probates Indiz“, so *Lesage-Mathieu*, Dispositives Kollisionsrecht, S. 85.

763 MüKoBGB/*Martiny*, Art. 3 Rom I-VO Rn. 78.

handelt.[764] Handelt es sich nur um nicht-dispositives Recht, so ist das Gericht verpflichtet, das ausländische Recht von Amts wegen anzuwenden. Im Falle dispositiver Rechte besteht eine solche Verpflichtung, wenn sich eine der Parteien auf die Anwendung beruft. Ist dies zu verneinen, muss das Gericht die Frage der Anwendung ausländischen Rechts aufwerfen, so dass die Parteien die Möglichkeit einer Rechtswahl zugunsten der lex fori haben. Wählen die Parteien nicht die lex fori, so soll das Gericht das ausländische Recht anwenden.[765]

Vorteil einer solchen Unterscheidung nach der Dispositivität der Rechte der Parteien ist zunächst die damit einhergehende Stärkung der Parteiautonomie. Soweit die Parteien über ihre Rechte frei verfügen können, ist die Anwendung der lex causae nur fakultativ. Damit geht – wie zumeist im Falle der Anwendung der lex fori – die Einsparung von Zeit und Kosten einher.

Auf Ebene der EU überwiegen jedoch die Nachteile einer solchen Unterscheidung. Zunächst einmal stellt sich das Problem der Abgrenzung zwischen dispositiven und nicht-dispositiven Rechten. Auch wenn die Möglichkeit der Rechtswahl ein starkes Indiz für eine solche Dispositivität darstellt, so ist sie aber auch nicht der alleinige und zwingende Maßstab. Des Weiteren ist die für das Gericht, aber auch die Parteien damit vorgeschaltete Frage, ob überhaupt dispositive Rechte in Frage stehen, immer mit einem erhöhten Grad an Rechtsunsicherheit verbunden. Aufgehoben würden diese Nachteile nur durch eine autonome Definition des Begriffs der dispositiven Rechte, losgelöst von den einzelnen Vorstellungen der Mitgliedstaaten. Zudem ist entgegenzuhalten, dass dispositive Rechte auch in völkerrechtlichen Übereinkommen enthalten sind. Wendet man diese auf Wunsch der Parteien aber ebenfalls nicht an, so verstößt dies gegen völkerrechtliche Verpflichtungen.

Insbesondere ist aber festzuhalten, dass die Parteiautonomie bereits hinreichend durch die verschiedenen Möglichkeiten der Vereinbarung einer Rechtswahl geschützt und gestärkt wird. Dies gilt vor allem auch im Hinblick auf die Ausdehnung der Rechtswahl auf weitere Bereiche.[766] Diese Möglichkeiten soll-

764 Siehe dazu unter Kapitel 2 A.III.1.a.

765 Diese Unterscheidung vollzieht sich auch bei der Frage der Ermittlung des ausländischen Rechts: bei nicht-dispositiven Rechten muss das Gericht das ausländische Recht ermitteln, bei dispositiven Rechten kann das Gericht die Mitwirkung derjenigen Partei verlangen, die sich auf ausländisches Recht beruft.

766 So ist die Rechtswahl im internationalen Deliktsrecht erst seit der Regelung in Art. 14 Rom II-VO europaweit anerkannt. Zuvor gab es beispielsweise im deutschen Recht nur die Optionsmöglichkeit zugunsten des Erfolgsorts nach Art. 40 Abs. 1 S. 2 EGBGB.

ten den Parteien aber bekannt sein und nicht auf weitere Bereiche, die zwar dispositive Rechte betreffen, eine Rechtswahl aber nicht vorsehen, contra legem ausgedehnt werden. Zudem widerspricht die Unterstellung einer nachträglichen Rechtswahl im Falle des Nichtberufens der Parteien auf das ausländische Recht bei dispositiven Rechten dem Grundsatz, dass Schweigen kein Erklärungswert beizumessen ist.

(4) Staaten ohne einheitliche Rechtsordnung

Es stellt sich zudem die Problematik, wie Staaten ohne einheitliche Rechtsordnung zu behandeln sind. Sowohl Art. 22 Rom I- als auch Art. 25 Rom II-VO enthalten dahingehend spezielle Regelungen. Danach wird jede Gebietseinheit für die Zwecke der Verordnung als eigener Staat behandelt. Die Anwendung der Verordnung auf Kollisionen zwischen den einzelnen Gebietseinheiten ist aber nicht obligatorisch. Diese Lösung sollte unter dem Aspekt der Kohärenz der Verordnungen auch auf eine zukünftige Verordnung zur Behandlung ausländischen Rechts übertragen werden. Dies hätte zur Folge, dass die Gerichte der Mitgliedstaaten auch das Recht einer Gebietseinheit von Amts wegen anzuwenden haben. Die Gerichte einer Gebietseinheit können das Recht einer anderen Gebietseinheit von Amts wegen anwenden, sind dazu aber nicht verpflichtet. Es bleibt dahingehend bei der Maßgeblichkeit der lex fori.

III. Zusammenfassung

Die Sister-State Law-Doktrin des US-amerikanischen Rechts lässt sich nicht auf die Ebene der EU in Bezug auf die Anwendung ausländischen Rechts übertragen. Auch wenn die Systeme der USA und der EU einige Gemeinsamkeiten aufweisen, insbesondere das Nebeneinander eines nationalen und eines supranationalen Prozessrechts, erscheint eine Übertragung nicht sachgerecht. Folge einer Übertragung ist die Unterscheidung zwischen der Anwendung ausländischen Rechts von anderen Mitgliedstaaten der Europäischen Union und Drittstaaten. Dies widerspricht aber einerseits der Rechtssicherheit und begünstigt wiederum das *forum shopping*. Zudem sind die Verordnungen zum internationalen Privatrecht als *lois uniformes* ausgestaltet, so dass eine Unterscheidung diese Wertung konterkariert.

Vielmehr sollte in einer Verordnung die amtswegige Anwendung der lex causae festgeschrieben werden, um dem Rechtsanwendungsbefehl des europäischen Gesetzgebers sowie den Grundsätzen der Rechtssicherheit und der Vorhersehbarkeit des anwendbaren Rechts gerecht zu werden.[767]

C. Ermittlung des ausländischen Rechts

Unter Zugrundelegung des bisherigen Ergebnisses, dass die mitgliedstaatlichen Gerichte das ausländische Recht von Amts wegen anwenden müssen, stellt sich die Frage, wie das ausländische Recht in diesem Fall ermittelt wird. Wie bereits unter den nationalen Regelungen gezeigt,[768] liegt die Ermittlungslast in den einzelnen Mitgliedstaaten beim Gericht selbst, bei den Parteien oder bei beiden. Grundsätzlich kann man davon ausgehen, dass einerseits eine zukünftige Verordnung eine Regelung zur Ermittlung auch beinhalten muss,[769] andererseits mit der Verpflichtung zur Anwendung des ausländischen Rechts aber auch die Notwendigkeit korreliert, dieses ausländische Recht zu ermitteln. Dabei stellen sich zwei Fragen: Wer ist für diese Ermittlung des ausländischen Rechts zuständig? Wie kann das ausländische Recht effektiv ermittelt werden?

Zunächst soll deshalb die Frage beantwortet werden, wie die Kompetenzen und Pflichten bei der Ermittlung ausländischen Rechts verteilt werden sollten (I.). Im Anschluss sollen Möglichkeiten erörtert werden, die zu einer Vereinfachung der Ermittlung beitragen können (II.).

I. Zuständigkeit für die Ermittlung ausländischen Rechts

Zunächst stellt sich die Frage, wer für die Ermittlung des ausländischen Rechts überhaupt zuständig ist. In Betracht kommt auf der einen Seite das Gericht, auf der anderen Seite die Parteien. Im Hinblick auf eine Neuregelung der Ermittlungslast bieten sich grundsätzlich drei verschiedene Regelungsmodelle an: entweder die einseitige Ermittlungslast auf Seiten des Gerichts oder der Parteien, andererseits eine Aufteilung zwischen den Akteuren.

---

767 Kritisch wendet sich dagegen *Sturm*, in: FS Pannier, S. 210 f.

768 Siehe dazu unter Kapitel 2 die jeweiligen Ausführungen unter dem Punkt „Ermittlung ausländischen Rechts".

769 Siehe dazu nur die Erwägungen zu den Regelungslücken unter Kapitel 3 B.

1. Ermittlung des ausländischen Rechts durch das Gericht

Die Ermittlung ausländischen Rechts allein durch das Gericht findet sich ausdrücklich in den Rechtsordnungen Österreichs[770] und Italiens[771] wieder. Demzufolge ist allein das Gericht für die Ermittlung des ausländischen Rechts zuständig. Diese Regelung korreliert in der Mehrzahl der Fälle mit der amtswegigen Verpflichtung des Gerichts, das ausländische Recht auch anzuwenden.[772]

2. Ermittlung des ausländischen Rechts durch die Parteien

Die alleinige Ermittlung des ausländischen Rechts durch die Parteien findet sich in dieser Form vor allem in den Rechtsordnungen des *common law*.[773] Dabei kann die Ermittlungslast entweder beide Parteien treffen oder allein die klagende oder beklagte Partei ist zuständig.[774] Soweit eine einseitige Ermittlungslast besteht, muss grundsätzlich diejenige Partei das ausländische Recht darlegen, die sich auf deren Anwendung stützt. Möglich ist aber auch, die Ermittlungslast derjenigen Partei, aufzubürden, deren Anspruch nach ausländischem Recht begründet sein soll oder für die es einfacher ist, das ausländische Recht zu ermitteln.[775] Die Entscheidung darüber, ob das ausländische Recht hinreichend dargelegt und bewiesen worden ist, liegt dann beim Gericht und nicht etwa bei der *jury*.[776]

3. Aufteilung der Ermittlungslast zwischen Gericht und Parteien

Neben diesen Möglichkeiten einer einseitigen Verteilung der Ermittlungslast, kommt zudem die Aufteilung zwischen dem Gericht und den Parteien in Be-

---

770 Vgl. dazu oben unter Kapitel 2 A.I.2.b.

771 Vgl. dazu oben unter Kapitel 2 A.I.3.b.

772 Besonderheiten bestehen zum Beispiel im schweizerischen IPRG. Nach Art. 16 Abs. 1 S. 2 IPRG differiert die Ermittlungslast danach, ob es um vermögensrechtliche Streitigkeiten geht.

773 Neben dem Vereinigten Königreich findet sich eine solche Handhabung der Ermittlung ausländischen Rechts auch in Australien, siehe nur *Nygh*, Conflict of Laws in Australia, S. 327 ff.

774 *Jänterä-Jareborg*, Rec. d. C. 304 (2003) 286.

775 *Jänterä-Jareborg*, Rec. d. C. 304 (2003) 286, die aber selbst davon ausgeht, dass diese beiden Möglichkeiten nur sehr selten sein werden.

776 *Kegel*, Die Ermittlung ausländischen Rechts, in: D. Müller (Hrsg.), Die Anwendung ausländischen Rechts, S. 166; *Schmitthoff*, Länderbericht England, in: D. Müller (Hrsg.), Die Anwendung ausländischen Rechts, S. 93.

tracht.[777] Dabei besteht einerseits die Möglichkeit, dass die oder eine der Parteien für die Ermittlung des ausländischen Rechts zuständig sind, das Gericht aber ebenfalls eigene Anstrengungen zur Ermittlung vornehmen kann. Andererseits kann aber auch eine Ermittlungspflicht des Gerichts bestehen, die aber mit einer Mitwirkungspflicht der Parteien korreliert.

4. Stellungnahme

Es stellt sich die Frage, welche Regelung auf europäischer Ebene am ehesten Erfolg verspricht. Ähnlich dem Bereich der Anwendung ausländischen Rechts gehen auch hier die nationalen Regelungen der Mitgliedstaaten in zwei gegensätzliche Richtungen, die Ermittlung durch das Gericht oder die Parteien.

Vergleichbar dem Rechtssystem des *common law* könnte man überlegen, auch auf europäischer Ebene eine vorrangige Ermittlungslast auf Seiten der Parteien festzulegen. Dies hätte einerseits den Vorteil, dass so geringere Kosten für die Gerichte und schließlich für die Parteien entstehen würden. Damit einher geht eine enorme Zeitersparnis für die Gerichte in Fällen mit Auslandsberührung. Diese Vorgehensweise würde auch der Handhabung durch die englischen Gerichte am ehesten entsprechen und so in die Richtung eines Kompromisses auf europäischer Ebene führen.

Jedoch werden auch die Nachteile deutlich, die mit einer solchen Regelung einhergingen. Zunächst ist dabei der Faktor der ineffizienten Ermittlung zu nennen: den Parteien ist einerseits eventuell weniger daran gelegen, dass ausländische Recht vollumfänglich und detailgenau zu ermitteln. Andererseits sind aber auch die Ermittlungsmöglichkeiten der Parteien im Vergleich zu denen der Gerichte beschränkt. Gegen die alleinige Ermittlung des ausländischen Rechts durch die Parteien spricht einmal die Rechtsunsicherheit, die mit dieser Verteilung einherginge. Überlässt man einer Partei die Ermittlung ausländischen Rechts, wäre das Gericht zunächst einmal von deren Ausführungen abhängig. Zudem ist es nicht abwegig, dass die beweispflichtige Partei nur solche Informationen zum ausländischen Recht darlegt, die ihren eigenen Anspruch stützen.[778] Weiterhin kann es nicht überzeugen, dass im Falle der Ermittlungslast der oder einer der Parteien, unbestrittenes ausländisches Recht als wahr unterstellt wird, selbst wenn es inhaltlich offensichtlich fehlerhaft ist.[779] Eine solche Neuschöp-

777 *Jänterä-Jareborg*, Rec. d. C. 304 (2003) 286 spricht diesbezüglich von einem „mixed model of proof".

778 *Jänterä-Jareborg*, Rec. d. Cours 304 (2003) 287.

779 *Jänterä-Jareborg*, Rec. d. Cours 304 (2003) 287.

fung ausländischen Rechts und dessen Anwendung widerspricht juristischen Grundgedanken und kann nicht mit dem Rechtsanwendungsbefehl der Kollisionsnormen der europäischen Verordnungen in Einklang gebracht werden.

Hauptargument gegen eine derartige Regelung ist aber der entstehende Widerspruch zur vorgeschlagenen Regelung der Anwendung ausländischen Rechts. Ausgehend von den bestehenden *common law*-Regelungen, die die Ermittlungslast so verteilen, beruht dies darauf, dass schon die Anwendung des Kollisionsrechts nur fakultativ ist. Da in diesem Zusammenhang aber bereits festgestellt wurde, dass eine zukünftige Verordnung vom Grundsatz *iura novit curia*, also der amtswegigen Anwendung des ausländischen Rechts, ausgehen sollte, kann nicht gleichzeitig geregelt werden, dass die Parteien das ausländische Recht ermitteln. Einerseits würde dies zu einem hohen Verlust an Rechtssicherheit führen, wenn man nicht zudem eine Überprüfungspflicht des Gerichts statuieren würde. Andererseits würde eine zusätzliche Überprüfungspflicht des Gerichts zu einer unnötigen Erhöhung von Zeit und Kosten führen.

Auch die Rechtsfolge, die die *common law*-Rechtsordnungen für den Fall einer unzureichenden Ermittlung des ausländischen Rechts statuieren, ist nicht mit einer europäischen Regelung kompatibel: Teilweise wurde in diesem Fall der Anspruch der beweispflichtigen Partei wegen mangelnder Ermittlung des ausländischen Rechts zurückgewiesen.[780] Eine solche Klageabweisung widerspricht aber dem Justizgewährungsanspruch der Parteien. Dies würde zudem die Gefahr der Vereinbarung einer nachträglichen Rechtswahl zugunsten der lex fori begründen, um zumindest eine Entscheidung in der Sache herbeizuführen. Ziel wäre aber allein, der Rechtsfolge der Klageabweisung zu entgehen.

Demgegenüber steht die Möglichkeit einer europäischen Regelung zugunsten einer Ermittlungslast der Gerichte. Nachteilig ist dabei wiederum der Faktor der Dauer und der Kosten zu werten, die durch die zusätzliche Belastung des Gerichts entstehen. Jedoch überwiegen hier die Vorteile einer solchen Verteilung. Dabei ist vor allem der Vorteil der größeren Rechtssicherheit offensichtlich: Einerseits kann so von einer neutralen Darstellung des ausländischen Rechts ausgegangen, andererseits von einem Gericht aber auch eine aufwändigere Recherche erwartet werden. Zudem verfügt das Gericht aber auch über einfachere Möglichkeiten der Ermittlung, so sieht beispielsweise das Londoner Rechtsauskunftsübereinkommen nur die Beantwortung von Anfragen seitens von Gerichten – und nicht von einer der Parteien – vor.[781] Auch der diplomati-

780 Siehe die Rechtsprechungsnachweise unter Fn. 480.

781 Siehe näher dazu unter Kapitel 3 B.I.1.a.

sche Weg wird eher einem Gericht als einer privaten Partei offenstehen. Des Weiteren ist die Einholung von Sachverständigengutachten zum Inhalt ausländischen Rechts für die Gerichte auf Grund ihrer Erfahrung einfacher zu realisieren.

Eine gleichwertige Aufteilung der Ermittlungsaufgabe zwischen dem Gericht und den Parteien ist hingegen abzulehnen. Einerseits wäre eine solche Lösung mit einem erhöhten Grad an Rechtsunsicherheit hinsichtlich der Frage verbunden, wer im konkreten Fall für die Ermittlung welcher Rechtsfrage zuständig wäre. Dennoch ist der Vorteil einer geteilten Ermittlungspflicht nicht von der Hand zu weisen. Insbesondere dann, wenn der Partei einfachere Ermittlungsmöglichkeiten, z.B. auf Grund ihrer Sprachkenntnisse, zur Verfügung stehen, sollte auch ihr die Beweislast für den Inhalt ausländischen Rechts auferlegt werden können. Dennoch sollte bei einer solchen Aufteilung die Hierarchie in einer Regelung deutlich zum Ausdruck kommen: primär und alleinig sollte die Ermittlungspflicht auf Seiten des Gerichts liegen.[782] Daneben sollte aber eine Mitwirkungspflicht der Parteien möglich sein, wenn das Gericht eine solche verlangt, diese sollte aber nicht obligatorisch für jedes Verfahren festgelegt werden.

II. Verbesserung der Ermittlung ausländischen Rechts

Ausgehend von den bisherigen Ergebnissen, dass ausländisches Recht sowohl angewendet als auch vom Gericht ermittelt werden muss, gilt es nun zu untersuchen, inwieweit eine Verbesserung der Ermittlungsmöglichkeiten erreicht werden kann, um die Effizienz einer solchen Regelung zu steigern.

1. Europäisches Justizielles Netz für Zivil- und Handelssachen

Die Einrichtung des Europäischen Justiziellen Netzes für Zivil- und Handelssachen vereinfacht diese Ermittlung bereits. Jedoch bietet auch dieses Netzwerk noch keine hinreichende Informationsgrundlage zur vollständigen Ermittlung des ausländischen Rechts, insbesondere können hierüber nur Informationen zu begrenzten Sachgebieten und auch nur abstrakt erlangt werden. Auch hinsichtlich der Mitgliedstaaten finden sich noch vielfach Lücken in den Angaben, insbesondere was die neuen Beitrittsstaaten, z.B. Bulgarien oder Rumänien betrifft.

782 Im Ergebnis so auch *Jänterä-Jareborg*, Rec. d. Cours 304 (2003) 368.

2. Vorlageverfahren

Zur Vereinheitlichung des Internationalen Zivilverfahrensrechts und zur Stärkung des internationalen Entscheidungseinklangs käme des Weiteren die Einführung eines Vorlageverfahrens vor den staatlichen Gerichten in Betracht.[783] Dies würde eine vereinfachte Kommunikation zwischen den Mitgliedstaaten ermöglichen. Das Londoner Rechtsauskunftsübereinkommen war ein erster Schritt in diese Richtung. Jedoch ging dieser Schritt nicht weit genug.[784] Hinreichende Effizienz ist nur dann garantiert, wenn ein solches Vorlageverfahren bei einem anderen Mitgliedstaat zu einer konkreten Antwort auf eine Rechtsfrage ermöglicht.

Mit Hilfe eines solchen Vorlageverfahrens bestünde die Möglichkeit, das ausländische Recht effizient zu ermitteln. Auf diesem Weg wäre auch den Parteiinteressen verstärkt Rechnung getragen. Dabei kommen zwei Ausgestaltungsmöglichkeiten in Betracht. Einmal könnte man darüber nachdenken, eine solche Vorlagemöglichkeit an den inländischen Gerichten einzuführen. Solche Gerichte wären dann für die Beantwortung von Rechtsfragen, hinsichtlich ihrer eigenen Rechtsordnung, zuständig. Eine zweite Möglichkeit eines solchen Vorlageverfahrens bestünde auf europäischer Ebene. Als zuständiges Gericht kommt in diesem Fall der EuGH oder das EuG in Betracht.

a. Voraussetzungen eines Vorlageverfahrens

Zunächst muss geregelt werden, wer vorlageberechtigt ist und an wen ein Auskunftsersuchen zu richten ist. Klärungsbedürftig ist weiterhin, inwieweit eine Auskunft mit Bindungswirkung für die auskunftsersuchende Stelle ausgestattet ist und an wen etwaige Rechtsmittel zu richten sind. Weiterhin stellt sich die Frage der Regelung von Sprache und entstehender Kosten.

(1) Vorlageberechtigung

Es bedarf einer Regelung, welches Gericht um Auskunft des Inhalts ausländischen Rechts ersuchen kann. Im Hinblick auf eine effektive Regelung sollte der Kreis der Vorlageberechtigten so weit gefasst sein, dass die Ermittlung ausländischen Rechts problemlos verlaufen kann. Aus diesem Grund sollten alle Zivilge-

---

783 Vgl. dazu v.a. *Remien*, in: FS MPI (2001), S. 617, Nachweise auch bei *Jansen/Michaels*, ZZP 116 (2003) 3, 49; so auch die Internationale Vereinigung der Richter, Resolution vom 24. September 1966, RabelsZ 32 (1968) 150. Zustimmend auch *Flessner*, Das ausländische Recht im Zivilprozess, S. 41.

784 Siehe dazu die Ausführungen in Kapitel 3 B.I.1.b.

richte, unabhängig von ihrer Einordnung in den Instanzenzug nach nationalem Recht, zur Vorlage berechtigt sein.[785] Dafür spricht insbesondere, dass die Frage der Anwendung und somit auch der Ermittlung des ausländischen Rechts bereits in der ersten Instanz aufkommt. Eine unsichere und eventuell fehlerhafte erstinstanzliche Entscheidung, verbunden mit einem Auskunftsersuchen der höheren oder höchsten Instanz wäre mit einer Erhöhung von Zeit und Kosten verbunden. Damit geht ein Verlust an Rechtssicherheit in den unteren Instanzen einher. Erschwerend kommt hinzu, dass die Anwendung ausländischen Rechts noch nicht in allen Mitgliedstaaten revisibel ist.[786] Nur eine erstinstanzliche Auskunftsmöglichkeit kann somit die Ermittlung auch effektiv vereinfachen.

(2) Zuständige Stelle im Empfangsstaat

Die zur Beantwortung des Auskunftsersuchens im Empfangsstaat zuständige Stelle sollte einerseits dem anfragenden Gericht instanzlich bzw. funktionell entsprechen,[787] andererseits sollte der Regelungsspielraum der Mitgliedstaaten nicht zu stark eingeschränkt werden. Dafür sprechen sowohl räumliche als auch organisatorische Gründe. Der Gerichtsaufbau in den Mitgliedstaaten ist noch stark von nationalen Traditionen abhängt und wurde bisher noch keinen zivilprozessualen Vereinheitlichungstendenzen unterworfen. Nur die Mitgliedstaaten selbst können demzufolge ein zur Beantwortung ausländischer Gesuche fachlich geeignetes Gericht bestimmen.

Demzufolge sollte eine zukünftige Verordnung den Mitgliedstaaten nur die Verpflichtung zur Einrichtung zuständiger Stellen auf Ebene der verschiedenen Instanzengerichte auferlegen. Die genaue Bestimmung des jeweils zuständigen Gerichts sollte demnach den Mitgliedstaaten überlassen bleiben.[788] Dies entspricht auch den weiteren Regelungen der internationalen Rechtshilfe, so z.B. in Art. 3 EGBewVO oder in Art. 3 EuZVO.

---

785 Im Ergebnis so auch *Remien*, in: FS MPI (2001), S. 627.

786 Siehe dazu jüngst *Weckesser-Georgi*, Die letztinstanzliche Überprüfung der Behandlung ausländischen Rechts in zivilgerichtlichen Verfahren (2005). Mit der Reform des § 545 Abs. 1 ZPO durch das FGG-Reform-Gesetz wurde zumindest in Deutschland dahingehend Abhilfe geschaffen.

787 So auch *Remien*, in: FS MPI (2001), S. 628.

788 In diesem Sinne auch *Remien*, in: FS MPI (2001), S. 628.

(3) Inhalt der Auskunft

Das Scheitern bzw. die fehlende Akzeptanz des Londoner Rechtsauskunftsübereinkommens wird insbesondere damit begründet, dass es nach dem Übereinkommen nicht möglich sei, Auskunft über eine konkrete Rechtsfrage zu erlangen. Möglich ist danach vielmehr nur die abstrakte Nennung der maßgeblichen Rechtsvorschriften ohne Bezug zum konkreten Sachverhalt.[789]

Diese Regelung mag zum Zeitpunkt des Abschlusses des Übereinkommens noch sachgerecht gewesen sein, kann aber in Zeiten der fortschreitenden unionsrechtlichen Harmonisierung nicht länger überzeugen: Gibt das ersuchte Gericht nur Auskunft zum Inhalt und den Rechtsvorschriften des nationalen Rechts, so besteht einerseits die Gefahr einer fehlerhaften Rechtsanwendung durch das ersuchende Gericht. Andererseits wird das Gericht, welches mit der Ermittlung ausländischen Rechts beschäftigt ist, im Falle einer nur abstrakten Rechtsauskunft, die Parteien viel eher dazu drängen, nachträglich die lex fori zur Anwendung zu berufen. Der Aspekt des Aufwands kann aber nicht entscheidend dafür sein, ob das Recht mit der objektiv engsten Verbindung zum Sachverhalt oder „nur" die lex fori zur Anwendung kommt.

Zudem kommt hinsichtlich des Übereinkommens der Aspekt hinzu, dass es sich um einen völkerrechtlichen Vertrag handelt, der grundsätzlich von Staaten abgeschlossen wird, die auf sehr unterschiedlichen Rechtstraditionen beruhen. Auf Ebene der EU-Mitgliedstaaten, die sich gerade das reibungslose Funktionieren des Binnenmarktes zum Ziel gesetzt haben, muss auch die internationale Rechtshilfe effektiv sein. Dementsprechend darf die Auskunft nicht nur die Weitergabe abstrakter Informationen vorsehen, sondern vielmehr eine konkrete Auskunft über die Lösung des zugrunde liegenden Sachverhaltes beinhalten.

(4) Beteiligung der Parteien

Es stellt sich weiterhin die Frage, inwieweit eine Beteiligung der Parteien in einem Vorlageverfahren möglich ist. In Betracht käme einerseits die Vorlage von einem Antrag einer der Parteien abhängig zu machen. Dies würde aber wiederum der Regelung der Ermittlungslast, die gerade beim Gericht liegt, widersprechen. Demzufolge muss man davon ausgehen, dass die Einleitung eines Auskunftsersuchens im Ermessen des Gerichts liegen muss.

---

789 Siehe dazu die Ausführungen in Kapitel 3 B.I.1.a.

(5) Sprache und Kosten

Hinsichtlich der Regelung von Sprache und Kosten können die bereits bestehenden EU-rechtlichen Verordnungen, die die internationale Rechtshilfe betreffen, eine Orientierungshilfe bieten. Zudem ist hier ein Rückgriff auf die Vorschriften des Londoner Rechtsauskunftsübereinkommens möglich.[790] Im Rahmen des Londoner Übereinkommens kann eine Auskunft kostenfrei erlangt werden.

Art. 18 EGBewVO geht grundsätzlich ebenfalls von der Kostenfreiheit der Beweisaufnahme zwischen mitgliedstaatlichen Gerichten aus. Allein die Kosten für Dolmetscher etc. können in Rechnung gestellt werden. Die Pflicht der Parteien zur Übernahme dieser Kosten bleibt den Regelungen der lex fori überlassen.[791]

Hinsichtlich der Sprache dient einerseits auch das Londoner Übereinkommen, andererseits aber auch europäische Verordnungen als Regelungshilfe. Auskunftsersuchen im Rahmen des Londoner Übereinkommens ergehen in einer der Amtssprachen des ersuchten Staates. Dessen Antwort wird auch in seiner eigenen Sprache verfasst. Nach Art. 5 der EGBewVO ist ebenfalls die Sprache des ersuchten Gerichts maßgeblich, soweit nicht eine andere Sprache zugelassen wurde.

Diese Lösung erscheint auch für eine verordnungsrechtliche Regelung sachgerecht. Hinsichtlich des Faktors der Kosten führt dies dazu, dass eine gewisse Hemmschwelle des anfragenden Gerichts beseitigt würde, was wiederum die Erfolgsaussichten des Verfahrens steigern würde. Wenn auch eine Regelung der Sprache dahingehend schwierig erscheint, dass das ersuchende Gericht zunächst eine Übersetzung anfertigen muss, soweit eine Abfassung des Ersuchens in der Sprache des ersuchten Staates nicht möglich ist, so hat dies aber wiederum den Vorteil, dass eine Beantwortung durch das ersuchte Gericht mehr Erfolg verspricht. Zudem ist damit so keine weitere Zeitverzögerung mehr verbunden. Weiterhin wurden diese Regelungen auf europäischer Ebene bereits akzeptiert und haben sich bewährt.

---

790 In diesem Sinne *Remien*, in: FS MPI (2001), S. 629.

791 Siehe zur Kostentragung auch die Schlussanträge der Generalanwältin *Kokott* in der Rechtssache C-283/09 (*Artur Weryński /Mediatel 4B Spółka*) vom 2. September 2010, wonach Zeugenentschädigungen ebenfalls unter den Begriff der Kosten fallen sollen.

(6) Bindungswirkung der Auskunft

Regelungsbedarf besteht des Weiteren hinsichtlich der Frage, inwieweit eine Auskunft des ersuchten Gerichts Bindungswirkung für das ersuchende Gericht und seine Entscheidung in der Sache entfalten kann.[792] *Remien* verneint eine Bindung des ersuchenden Gerichts, sondern geht vielmehr von einer „persuasive authority" der Auskunft insoweit aus, dass das ersuchende Gericht faktisch gezwungen sei, die rechtliche Beurteilung des ersuchten Gerichts auf den konkreten Sachverhalt auch zu übernehmen.[793] Eine rechtliche Verpflichtung verneint er aber mit Hinweis auf die unterschiedlichen Rechtstraditionen der Mitgliedstaaten, die zu Kommunikationsproblemen und demzufolge ungenauen und eventuell auch fehlerhaften Auskünften führen könnten.[794] Kritisiert wird diese fehlende Bindungswirkung insbesondere von *Jänterä-Jareborg* im Hinblick auf die damit einhergehende Motivationslosigkeit des ersuchten Gerichts, welches eine Anfrage beantworten soll, ohne zu wissen, ob und inwieweit diese Auskunft überhaupt genutzt wird.[795]

Die fehlende Bindungswirkung der Auskunft könnte vielmehr aber auch dazu führen, dass die Einrichtung eines Vorlageverfahrens zum Scheitern verurteilt ist. Einerseits ist *Jänterä-Jareborg* dahingehend zuzustimmen, dass die fehlende Motivation des Gerichts zu einer qualitativ schlechteren Auskunft führen kann, was wiederum einen Verlust an Rechtssicherheit nach sich zieht. Zudem erscheint es aber auch nicht sachgerecht, dass ein Gericht, Informationen zum ausländischen Recht einholt, dann aber anders entscheidet: wer, wenn nicht das ausländische Gericht, weiß, wie es nach seinem eigenen Recht entscheiden sollte.

Demzufolge ist im Hinblick auf eine Regelung auf europäischer Ebene von der Bindungswirkung der Auskunft auszugehen: nur so kann die Effizienz und Akzeptanz eines Vorlageverfahrens auf europäischer Ebene sichergestellt werden.

---

792 Bindungswirkung entfaltet beispielsweise eine Entscheidung des EuGH nach Art. 267 AEUV, siehe hierzu (für ex-Art. 234 EGV) Calliess/Ruffert/*Wegener*, EUV/EGV, Art. 234 Rn. 36 f. Dies gilt auch für Entscheidungen des ersuchten Gerichts nach Section 3 des British Law Ascertainment Act (1859), siehe näher hierzu *Fentiman*, Foreign Law, S. 239.

793 *Remien*, in: *FS* MPI (2001), S. 629.

794 *Remien*, in: FS MPI (2001), S. 629.

795 *Jänterä-Jareborg*, Rec. d. C. 304 (2003) 322.

b. Erfolgsaussichten

Die Einrichtung eines Vorlageverfahrens würde die Ermittlung des ausländischen Rechts deutlich verbessern. Jedoch ist nicht zu verkennen, dass eine Verordnung auf unionsrechtlicher Ebene nur die Mitgliedstaaten zur Auskunft verpflichten kann. Im Hinblick auf die Eigenschaften der internationalprivatrechtlichen Verordnungen als *lois uniformes* kann dies also nur dann weiterhelfen, wenn das Recht eines EU-Mitgliedstaates zur Anwendung berufen wird. Steht die Ermittlung des Rechts eines Drittstaates in Frage, kann die Einrichtung eines Vorlageverfahrens insoweit nicht weiterhelfen. Hier könnte nur der Abschluss eines völkerrechtlichen Übereinkommens Abhilfe schaffen. Der Abschluss eines solchen Übereinkommens für die Behandlung ausländischen Rechts wurde wegen der Schwierigkeiten eines Konsenses einer Vielzahl von Staaten aber bereits abgelehnt.[796] Dennoch sollte aber auch der Stellenwert eines Vorlageverfahrens für die Ermittlung mitgliedstaatlichen Rechts nicht unterschätzt werden. So würde auf diese Weise zumindest die Ermittlung des Rechts von derzeit 27 europäischen Mitgliedstaaten vereinfacht werden. Weiterhin stehen die Erfolgsaussichten einer solchen Verordnung besser als eines völkerrechtlichen Übereinkommens, welches der Zustimmung bzw. Ratifizierung jedes einzelnen Staates aufs Neue bedürfte.

Natürlich sind auch die Nachteile eines solchen mitgliedstaatlichen Vorlageverfahrens nicht von der Hand zu weisen. Zunächst einmal ist der organisatorische Aufwand auf Seiten der Mitgliedstaaten hervorzuheben, der zwangsweise auch mit zusätzlichen Kosten verbunden ist. Jedoch ist die Einrichtung von Zentralstellen auf europäischer Ebene keine Neuerung mehr und bereits im Rahmen anderer europäischer Verordnungen praktiziert worden.

Es überwiegen aber die Vorteile eines solchen Vorlageverfahrens. Einerseits führt die Einrichtung einer zuständigen Stelle auf Ebene der Mitgliedstaaten dazu, dass eingehende Ersuchen rasch und sachgemäß bearbeitet und beantwortet werden können. Der Aufwand des ersuchten Gerichts zur Auskunft zum eigenen Recht ist immer deutlich geringer als der Aufwand, den das ersuchende Gericht hinsichtlich der Ermittlung ausländischen Rechts anstrengen muss. Auch bei der Ermittlung eines leicht zugänglichen Rechts ist der Aufwand und die damit einhergehende Unsicherheit hinsichtlich der Richtigkeit der gefundenen Lösung immer größer als bei der Bearbeitung einer Rechtsfrage nach nationalem Recht.

---

796 Siehe dazu die Ausführungen in Kapitel 4 unter B.I.

Weiterhin wäre mit der Möglichkeit einer konkreten Rechtsfrage auch der Hauptgrund des Scheiterns des Londoner Rechtsauskunftsübereinkommens beseitigt.

III. Ermittlungsquellen

Hinsichtlich der Ermittlungsquellen, derer sich das angerufene Gericht bedienen kann, um seiner Verpflichtung zur Ermittlung des ausländischen Rechts nachzukommen, sollte dieses sich einerseits seiner nationalen Erkenntnisquellen bedienen dürfen, es sollte aber nicht auf die für das nationale geltenden formellen Beweisregeln im Hinblick auf Tatsachen beschränkt werden. Damit sollte aber keine Beschränkung auf förmliche Beweismittel verbunden sein. Wegen der Besonderheiten der Ermittlung ausländischen Rechts sollten alle in Betracht kommenden Erkenntnisquellen zulässig sein, insbesondere sollte auch die formlose Einholung von Rechtsauskünften von Privatpersonen oder die gerichtsinterne Erforschung, z.B. via Internet möglich sein, wobei die Wahl der Erkenntnisquelle im Ermessen des Gerichts liegen sollte.[797]

Insbesondere hinsichtlich der Ausübung des Ermessens, so bei der Frage, ob und in welchem Verhältnis die verschiedenen Erkenntnisquellen zueinander stehen, ist die lex fori maßgeblich. Dahingehend sollte dem nationalen Recht ein Restanwendungsbereich zugesprochen werden, um den Eingriff in die Souveränität der Mitgliedstaaten in einem angemessenen Verhältnis zu halten.

IV. Verbleibender Anwendungsbereich der lex fori

Hinsichtlich des verbleibenden Anwendungsbereiches der lex fori besteht ein solcher zunächst einmal im Bereich der Auslegung des ausländischen Rechts. Die Frage der Anwendung ausländischen Rechts und der Ermittlungslast sollten auf europäischer Ebene abschließend geregelt werden. Wegen der fehlenden Beschränkung auf mitgliedstaatliches ausländisches Recht, besteht in diesem Bereich keine Möglichkeit des Rückgriffs auf ausländisches Recht. Jedoch ergeben sich Regelungslücken unter Umständen bei der Frage des „Wie" der Anwendung des ausländischen Rechts. Um den Eingriff in die Souveränität der Mitgliedstaaten etwas abzuschwächen, bietet es sich an, sowohl die Frage der Auslegung als auch der Rechtsfortbildung des ausländischen Rechts dem Recht des angerufenen Mitgliedstaates, also der lex fori, zu überlassen.

---

797 Für das deutsche Recht siehe MüKoBGB/*Sonnenberger*, Einl IPR Rn. 626.

V. Zusammenfassung

Zusammenfassend lässt sich feststellen, dass die amtswegige Anwendung ausländischen Rechts nur dann Erfolg verspricht, wenn das Gericht selbst auch das ausländische Recht ermittelt. Zur Vereinfachung dieser Ermittlung sollte das Gericht sich dabei der Mitwirkung der Parteien bedienen dürfen. Um dem nationalen Recht seinen Anwendungsbereich zu belassen, sollten die Beweisregeln der lex fori grundsätzlich weiterhin Anwendung finden. Zur Erleichterung der Ermittlung sollten dabei aber nicht die für Tatsachen geltenden formellen Beweisregeln gelten. Dies gilt auch hinsichtlich der Ermittlungsquellen. Dahingehend sollte sich das Gericht aller in Betracht kommenden Ermittlungsquellen, insbesondere Gutachten von Sachverständigen, bedienen sowie auf die Möglichkeit eines Vorlageverfahrens an andere mitgliedstaatliche Gerichte zurückgreifen können.

D. Subsidiäres Recht im Falle der Nichtermittelbarkeit

Es wurde bereits dargelegt, wie die einzelnen Staaten die Frage der Nichtermittelbarkeit ausländischen Rechts regeln.[798] Auch die Notwendigkeit einer einheitlichen Vorschrift zur Bestimmung eines Ersatzrechts wurde bereits erörtert.[799] An dieser Stelle soll nun weitergehend die Frage beantwortet werden, wie die Frage des subsidiären Rechts auf Ebene einer europäischen Verordnung geregelt werden sollte. Dazu werden zunächst die in Rechtsprechung und Literatur vertretenen Auffassungen sowie bestehende gesetzliche Regelungen dargestellt, um im nächsten Schritt einen Lösungsvorschlag für eine europäische Vorschrift zu entwerfen.[800]

---

798 Siehe dazu die Ausführungen in Kapitel 2, jeweils unter dem Punkt „Subsidiäres Recht bei Nichtermittelbarkeit".

799 Siehe dazu in Kapitel 3 unter C.

800 Die Frage eines Ersatzrechts stellt sich parallel zur Nichtermittelbarkeit des ausländischen Rechts aber auch dann, wenn das Ergebnis der Anwendung des berufenen Rechts gegen den ordre public verstößt (ausführlich dazu *Schwung*, RabelsZ 49 (1985) 407 ff.), so dass die hierzu vertretenen Ansätze ebenfalls herangezogen werden können. Im Unterschied zu dieser Fallgruppe scheidet vorliegend hingegen die Anwendung der lex causae ohne die ordre public-widrige Vorschrift aus, da es grundsätzlich schon an der vollständigen Ermittelbarkeit des ausländischen Rechts und nicht nur einzelner Vorschriften fehlen werde. Siehe dazu aus der deutschen Rechtsprechung, beispielhaft nur BGHZ 28, 376, 387, sowie OLG Köln, IPRspr. 1956-57, Nr. 16.

I. Vertretene Ansätze

In der Literatur und Rechtsprechung werden verschiedene Ansätze vertreten, die zur Bestimmung des Ersatzrechts herangezogen werden könnten.

1. Verwandte Rechtsordnung

Möglich ist dabei einmal die Heranziehung eines verwandten bzw. im Idealfall des nächstverwandten Rechts, welches sich einfacher bzw. überhaupt ermitteln lässt.[801] Der Begriff des nächstverwandten Rechts wird teilweise dahingehend konkretisiert, dass die Mutterrechts-[802] oder eine Vorbildrechtsordnung[803] Anwendung finden soll. Dieser Ansatz bietet sich zum Beispiel im Verhältnis des französischen zum luxemburgischen oder belgischen Rechts an,[804] aber auch im Verhältnis verschiedener nordischer Rechte[805], der Bundesstaaten der USA[806] oder verwandter religiöser Rechte.[807] Diese Möglichkeit der Anwendung des nächstverwandten Rechts wird auch vom BGH in Betracht gezogen, sie steht nach dessen Rechtsprechung aber in ihrer Anwendung unter der einschränkenden Voraussetzung, dass die „Anwendung des eigenen Rechts äußerst unbefriedigend wäre."[808] Daneben wird aber auch in Erwägung gezogen, die verwandte Rechtsordnung als Erkenntnisquelle der eigentlich berufenen Rechtsordnung

---

801 *Heldrich*, in: FS Ferid (1978), S. 209, 217; *Schack*, IZVR, Rn. 641, 644; *Kegel/Schurig*, IPR, § 15 V 2, als subsidiäre Lösung auch der BGH NJW 1982, 1215; BGH NJW 1969, 387, 393 f., vgl. auch RGZ 163, 370 ff., BGHZ 49, 53; OLG Köln, NJW 1989, 2646, 2648.

802 Erman/*Arndt* (1975) Vorbem Art. 7 Rn. 5. Kritisch steht dem *Kropholler*, IPR § 31 III 2 gegenüber.

803 *Wolff*, Internationales Privatrecht, § 18 VI.

804 Im Verhältnis zum belgischen Recht erkennt dies RGZ 163, 367, 372 f. an, den Rückgriff auf französisches und belgisches Recht für die Ermittlung luxemburgischen Rechts vollzieht OLG Bremen, MDR 1955, 427.

805 RGZ 151, 103, 108.

806 LG Hamburg, IPRspr. 1976 Nr. 160.

807 BayObLGZ 1970, 77, 83 im Hinblick auf das syrische Recht der Jakobitischen Kirche. In Bezug auf die Rechtsordnungen islamischer Länder siehe nur IPG 1965/66 Nr. 40, sowie IPG 1971 Nr. 14.

808 BGHZ 69, 387, 393 f. Kritisch zu dieser Wendung des „äußerst unbefriedigenden Ergebnisses" siehe *Wengler*, JR 1983, 221, 222 f.

heranzuziehen.[809] Weiterhin soll ein früher geltendes Recht im Falle einer Reform des bestehenden Rechts weiterhelfen.[810] Begründet wird dies mit der grundsätzlich bestehenden Ähnlichkeit des früheren mit dem neuen Recht.[811]

2. Allgemeine Rechtsgrundsätze

Weiterhin wird eine Entscheidung nach allgemeinen Rechtsgrundsätzen vertreten.[812] Der Begriff der allgemeinen Rechtsgrundsätze findet sich auf völkerrechtlicher Ebene in Art. 38 IGH-Statut für die Rechtsquellenlehre.[813] Ein Beispiel für einen allgemeinen Rechtsgrundsatz ist danach zum Beispiel der Grundsatz *pacta sunt servanda.*[814] Danach soll die Rechtslücke mit Hilfe solcher Rechtsgrundsätze gefüllt werden, die auf internationaler Ebene anerkannt sind, so z. B. die UNIDROIT-Principles of International Commercial Contracts[815] (vgl. Präambel) oder die *Principles of European Contract Law* von *Lando/Beale*[816]

Daneben wird die Begründung eigener Rechtsgrundsätze im Wege der Rechtsvergleichung – vergleichbar mit der autonomen Auslegung des EuGH im Rahmen europäischer Rechtsakte – in Betracht gezogen.[817]

---

809 *K. Müller*, NJW 1981, 481, 482.

810 *Kegel*, FS Nipperdey, S. 459; *Makarov*, Grundriß, S. 80.

811 *Kegel*, FS Nipperdey, S. 459; *Makarov*, Grundriß, S. 80. Dagegen sprechen aber der Grund der Anwendung ausländischen Rechts sowie der Geltungswille der ausländischen Rechtsordnung. Wendet man ausländisches Recht an, so tut man dies vor allem, um dem Rechtsanwendungsbefehl der nationalen Kollisionsnorm, aber auch dem Geltungsbedürfnis des ausländischen Rechts Genüge zu tun. Wurde dieses ausländische Recht aber bewusst einer Reform bzw. Neufassung unterzogen, so entspricht die Anwendung des früheren Recht auch nicht mehr dem Geltungswillen der ausländischen Rechtsordnung, vgl. dazu *K. Müller*, NJW 1981 ,481, 483 f.

812 So zumindest einschränkend *Kötz*, RabelsZ 34 (1970) 663, 674; wohl auch RGZ 16, 337, 338 (Identitätsvermutung, de facto dt. Recht).

813 Dieser Begriff fand sich zudem in Art. 215 des EWG-Vertrages.

814 Graf Vitzthum/*Graf Vitzthum*, Völkerrecht, Rn. 142.

815 Abrufbar unter http://www.unidroit.org/english/principles/contracts/main.htm.

816 Abrufbar unter http://frontpage.cbs.dk/law/commission_on_european_contract_law/.

817 Vgl. dazu *Kötz*, RabelsZ 34 (1970) 663, 672 ff.; *K. Müller*, NJW 1981, 481, 482; *Zweigert*, Diskussion, in: D. Müller (Hrsg.), Die Anwendung ausländischen Rechts, S. 190.

3. Internationales Einheitsrecht

Des Weiteren wird die Anwendung internationalen Einheitsrechts diskutiert.[818] Der Begriff des internationalen Einheitsrechts umfasst dabei solche Vorschriften, die internationale Sachverhalte des Privatrechts regeln und deren Geltung sich auf internationalem Konsens begründet, also insbesondere Normen aus völkerrechtlichen Übereinkommen oder europäischen Rechtssetzungsakten.[819] Beispiele für internationales Einheitsrecht sind zum Beispiel das CISG[820], das Genfer Abkommen über das einheitliche Wechsel- und Scheckgesetz[821], das Genfer Übereinkommen über den Beförderungsvertrag im internationalen Straßengüterverkehr[822], das Warschauer Abkommen zur Vereinheitlichung von Regeln über die Beförderung im internationalen Luftverkehr[823] oder das UNIDROIT-Übereinkommen von Ottawa über das internationale Factoring[824] jeweils für den vertragsrechtlichen Bereich.[825] Im Bereich des Deliktsrechts ist an die Pariser Verbandsübereinkunft[826] zu denken.

Subsidiär soll das internationale Einheitsrecht dann angewandt werden, wenn die Voraussetzungen des Anwendungsbereichs zwar nicht erfüllt sind, die Vorschrift aber eine Regelung für den konkreten Sachverhalt bereit hält.[827] Als weitere Möglichkeit wird der Fall, dass das Einheitsrecht geringere Anforderungen als die lex fori an einen konkreten Sachverhalt stellt, in Betracht gezogen.[828] Insbesondere wenn ein Staat das Übereinkommen, welches das internationale

818 *Kreuzer*, NJW 1983, 1943, 1947, für eine vorrangige Anwendung auch Dauses-Kreuzer/*R. Wagner*, Kap. Q Rn. 651.

819 *Kreuzer*, NJW 1983, 1943, 1947.

820 Convention on the International Sale of Goods / Wiener UN-Übereinkommen über den internationalen Warenkauf vom 11. April 1980, BGBl. 1989 II, 588.

821 Vom 7. Juni 1930, RGBl 1933 II, 377, 444, 468 bzw. 537, 594, 618.

822 CMR vom 19. Mai 1956, BGBl 1961 II, 1119.

823 Vom 12. Oktober 1929, i.d.F. des Haager Protokolls v. 28. September 1955, BGBl 1958 II, 291.

824 Vom 28. Mai 1988, BGBl. 1998 II, 172.

825 Beispiele zur Anwendbarkeit dieser Übereinkommen finden sich bei *Kreuzer*, NJW 1983, 1943, 1947.

826 PVÜ vom 20. März 1883, RGBl 1903, 147 i.d.F. v. Stockholm, BGBl 1970 II, 293, 391.

827 *Kreuzer*, NJW 1983, 1943, 1947.

828 *Kreuzer*, NJW 1983, 1943, 1947.

Einheitsrecht enthält, bereits gezeichnet, aber noch nicht ratifiziert hat, sei die Akzeptanz durch diesen Staat so groß, dass die vorzeitige Anwendung näher liegt als ein Rückgriff auf die lex fori.[829] Als zusätzliche Voraussetzung der ersatzweisen Anwendung internationalen Einheitsrechts wird die hinreichende Bestimmtheit der Vorschrift für die unmittelbare Anwendbarkeit verlangt.[830]

4. Lex fori

Die überwiegend vertretene Auffassung in den Mitgliedstaaten wendet im Fall der Nichtermittelbarkeit des anzuwendenden Rechts die lex fori, also das Recht des angerufenen Gerichts an. Dies hat auch schon der Rechtsvergleich zwischen den Mitgliedstaaten der Europäischen Union verdeutlicht.[831] So greift auch der BGH auf die lex fori zurück, wenn die gegebenen Inlandsbeziehungen einen solchen Rückgriff als gerechtfertigt erscheinen lassen.[832] Die Annahme der lex fori entspricht auch der Lösung in Eilverfahren,[833] jedoch in diesem Fall unter der Voraussetzung, dass das international-privatrechtlich berufene Recht nicht zeitnah ermittelt werden kann.[834] Teilweise wird die lex fori aber auch unter Vermutung der Identität mit dem ausländischen Recht[835] oder unter Annahme gerichtlicher Allzuständigkeit angewandt.[836]

829 *Kreuzer*, NJW 1983, 1943, 1947.

830 Die Norm muss „self-executing" sein, so *Kreuzer*, NJW 1983, 1943, 1947.

831 Siehe dazu in Kapitel 2 A.I., jeweils unter dem Punkt c.

832 BGHZ 69, 387, 393 ff. Auf die lex fori als Ersatzrecht wird vielfach auch im Falle des Verstoßes gegen den ordre public zurückgegriffen, siehe dazu BGH NJW 1978, 1107; OLG Oldenburg IPRspr. 1980 Nr. 60; aus der Literatur *Kreuzer*, RabelsZ 43 (1979) 578, 580 f.; *Raape/Sturm*, IPR, 219.

833 So z.B. OLG Hamburg, MDR 1968, 670, 671; OLG Karlsruhe, IPRspr 1972 Nr. 74b; OLG Köln, MDR 1973, 647, 675. Siehe auch OLG München, NJW 1960, 1771 (§ 627 ZPO a.F.).

834 So z.B. (meist konkludent): OLG Düsseldorf FamRZ 1974, 456 (§ 627 ZPO a.F.); OLG Frankfurt IPRspr 1970 Nr. 50; KG FamRZ 1974, 461, 462; OLG Köln NJW 1972, 394, 395; OLG Stuttgart, FamRZ 1972, 373.

835 So z.B. im US-amerikanischen Recht in *Cuba R.R. Co. v. Crosby*, 222 U.S. 473 (1912); *Walton v. Arabian American Oil Company*, 233 F.2d 541 (2d Cir. 1956); *Philipp v. Macri*, 261 F.2d 945, 75 A.L.R. 2d 523 (9th Cir. 1958).

836 So insbesondere die französische Literatur, die die Anwendung ausländischen Rechts nur als Ausnahme ansieht, *Battifol*, Traité élémentaire, 403 ff.; *Motulsky*, in: FS

5. Alternativanknüpfung

Daneben wird die Möglichkeit vertreten, mit den Vorschriften der lex fori hilfsweise an eine andere Rechtsordnung anzuknüpfen.[837] Damit würde der Grundsatz des internationalen Privatrechts, die Anknüpfung an die engste Verbindung,[838] zumindest subsidiär gewahrt werden.[839] Eine solche unbewusste Alternativanknüpfung kann auch auf die Anwendung der lex fori hinauslaufen, wenn der Sachverhalt einen hinreichenden Bezug zum Inland hat.[840]

Beispielhaft kann hier auf die Darstellung zu Art. 14 Abs. 2 itIPRG verwiesen werden. Nach dessen S. 1 ist ersatzweise primär das Recht anzuwenden, auf welches mit Hilfe anderer Anknüpfungsmerkmale verwiesen wird. Andere Anknüpfungsmerkmale sind solche, die ebenfalls für den konkreten Sachverhalt vorgesehen sind.

Für die deutsche Rechtsordnung zieht *Müller* insbesondere Art. 5 EGBGB (bzw. Art. 29 EGBGB a.F.) als Beispiel der Alternativanknüpfung heran.[841] Demzufolge soll für den Fall, dass das Recht, zu welchem die Anknüpfung an die Staatsangehörigkeit führt (Art. 5 Abs. 1 EGBGB), nicht ermittelt werden kann, das Recht des gewöhnlichen Aufenthalt des Betroffenen (Art. 5 Abs. 2 EGBGB) alternativ zur Anwendung berufen werden.[842] In beiden Fällen sei ein hinreichender Inlandsbezug zu bejahen. Begründet wird diese Alternativanknüpfung damit, dass so die Vorstellung sowie der Anwendungsbefehl des Gesetzgebers zumindest ansatzweise gewahrt werden. Durch Anwendung einer bestehen-

---

Savatier, S. 681, 693 f. Aus der französischen Rechtsprechung CA Paris, Rev. crit. dip 1963, 364.

837 Diese Vorgehensweise entspricht der portugiesischen Regelung in Art. 23 Nr. 2 C.c. und der subsidiären Regelung des Art. 14 Abs. 2 des italienischen IPRG. Eine solche Regelung für das deutsche Recht befürwortet *Weinkauff*, Ermittlung und Anwendung, S. 86.

838 Siehe dazu auch schon in Kapitel 2 unter den einzelnen Rechtsordnungen.

839 Dies wird befürwortet von *K. Müller*, NJW 1981, 481, 484 ff.; einschränkend auch *Kreuzer*, NJW 1983, 1943, 1946 f.

840 So *K. Müller*, NJW 1981, 481, 482; *Schwung*, RabelsZ 49 (1985) 407, 417.

841 *K. Müller*, NJW 1981, 481, 485.

842 *K. Müller*, NJW 1981, 481, 485.

den Norm sei zudem den Gedanken der Rechtssicherheit und Praktikabilität Genüge getan.[843]

Eine solche Alternativanknüpfung bietet sich vor allem im Familienrecht an, wo die Anknüpfung an die Staatsangehörigkeit noch ein dominierender Faktor ist.[844] Möglich erscheint sie auch im internationalen Deliktsrecht, wenn sowohl das Handlungs- als auch das Erfolgsortrecht zur Anwendung berufen werden.[845] In anderen Bereichen erscheint eine solche alternative Anknüpfung hingegen weitaus schwieriger durchführbar zu sein.[846]

II. Stellungnahme

Der Vergleich der Mitgliedstaaten der Europäischen Union hat gezeigt, dass der Rückgriff auf die lex fori im Falle der Nichtermittelbarkeit ausländischen Rechts die in den nationalen Rechtsordnungen vorherrschende Vorgehensweise darstellt. Prozessökonomischer Vorteil der Anwendung der lex fori ist die Einsparung von Zeit und Kosten. Der Ermittlungsaufwand zugunsten eines ausländischen Rechts entfällt. Für den Bereich der Europäischen Union ist der Rückgriff auf die lex fori zudem in ihrer Effektivität und Akzeptanz Erfolg versprechend, da nur marginal in die bereits bestehende Rechtslage eingegriffen wird. Des Weiteren kann einem solchen Rückgriff zugestanden werden, dass im Bereich der EU auf Grund der Vereinheitlichung des Internationalen Privat- und Verfahrensrechtes sowie der Angleichung des materiellen Zivilrechts heute schon ein Mindeststandard und ein vereinheitlichtes Schutzniveau existiert.

Gegen die lex fori spricht aber, dass die Auslandsbeziehung des Sachverhaltes nicht hinreichend beachtet wird.[847] Zudem wird damit der Grundgedanke des Internationalen Privatrechts, das Recht zur Anwendung zu berufen, welches die

---

843 *Kropholler*, IPR § 31 III 2 b.

844 Im internationalen Erbrecht, wo bisher ebenfalls die Anknüpfung an die Staatsangehörigkeit dominierte, ist die Anknüpfung an den gewöhnlichen Aufenthalt mit dem Entwurf zur Rom IV-VO im Vordringen.

845 Im Unterschied zu Art. 40 EGBGB findet sich nun aber eine vorrangige Anknüpfung an den Erfolgsort in Art. 4 Abs. 1 Rom II-VO.

846 Jedoch könnte man im Bereich der Artt. 6, 8 Rom I-VO an die Anknüpfung gemäß Art. 4 Rom I-VO denken. Damit stellt sich aber wiederum das Folgeproblem, inwieweit so Sinn und Zweck dieser Vorschriften (Verbraucherschutz) umgangen wird.

847 Für den Verstoß gegen den ordre public und die Berufung der lex fori als Ersatzrecht *Vallindas*, RabelsZ 18 (1953) 1, 3.

engste Verbindung zum Sachverhalt aufzeigt,[848] missachtet:[849] Das angerufene Gericht hat zwar in den meisten Fällen zumindest irgendeine Verbindung zum Sachverhalt. Insbesondere in Fällen einer Gerichtsstandsvereinbarung kann das Gericht aber auch gerade auf Grund seiner Neutralität zum Sachverhalt gewählt worden sein, mit der Folge, dass eigentlich anwendbares Recht und lex fori in ihren Grundsätzen voneinander entfernt sind. Die Vermutung der Identität zwischen lex fori und ausländischem Recht ist zudem abwegig, da zumeist solches Recht nicht ermittelbar sein wird, welches sowohl in seinen rechtlichen Grundlagen als auch räumlich weit von den Mitgliedstaaten der Europäischen Union entfernt ist.[850]

Diese Lösung zugunsten der lex fori hat weiterhin den Nachteil, dass das unerwünschte Ausnutzen des *forum shopping* begünstigt wird, wenn der Kläger bereits im Zeitpunkt der Verfahrenseinleitung damit rechnet, dass das eigentlich anwendbare Recht nicht oder nur schwer zu ermitteln sein wird und so ein Gericht auswählt, welches bekanntermaßen schnell auf seine – für ihn als Partei günstige – lex fori zurückgreift.

Demzufolge ist eine primäre Anknüpfung des Sachverhaltes im Falle des nichtermittelbaren Rechts an die lex fori abzulehnen. Auf Grund der bestehenden Vorteile einer solchen Anknüpfung sollte eine nachrangige Anknüpfung aber nicht ausgeschlossen werden. Es sollte aber vermieden werden, dass die Gerichte allzu leicht auf die lex fori zurückgreifen können. Aus diesem Grund sollte dieser Vorbehalt der Anwendung der lex fori nur unter strengen Voraussetzungen und nachrangig möglich sein. Die Berufung auf die lex fori als letztes Mittel, wenn keine andere Möglichkeit zu einer Lösung des Sachverhaltes führt, wird auch in der Rechtsprechung und Lehre kaum bestritten.[851]

Für die Anwendung internationalen Einheitsrechts als subsidiäres Recht spricht vor allem die Akzeptanz solcher Regeln durch eine Vielzahl von Staaten.

---

848 *Kötz*, RabelsZ 34 (1970) 663, 669 f. spricht hier von internationalprivatrechtlicher Gerechtigkeit.

849 *Heldrich*, in: FS Ferid (1978), S. 209, 218. Gegen den Grundsatz der Anwendung der lex fori im Falle des Verstoßes gegen den ordre public wendet sich auch *Schwung*, RabelsZ 49 (1985) 407, 411.

850 *Kötz*, RabelsZ 34 (1970) 663, 669 bezeichnet diese Vermutung als „naive und wirklichkeitsfremde Fiktion".

851 *Kreuzer*, NJW 1983, 1943, 1948. Ablehnend aber *Ferid*, IPR Rn. 4–100, *Wolff*, Internationales Privatrecht, § 18 VI.

Im Vergleich zur Anwendung der lex fori beruht das Ergebnis des Rechtsstreites so zumindest auf international anerkannten Grundsätzen.

Gegen eine solche Lückenfüllung spricht aber zum einen die praktische Durchführbarkeit, da es in vielen Bereichen des Privatrechts auch im Bereich der Europäischen Union noch an vereinheitlichten Grundlagen fehlt. Auch wenn der *Common Frame of Reference* bereits einen ersten Schritt in Richtung Vereinheitlichung des materiellen Rechts getan hat, so ist doch insbesondere im Familienrecht eine solche Vereinheitlichung in weite Ferne gerückt. Der Rückgriff auf die Regelungen des *Common Frame of Reference* für den Bereich des Vertragsrechts ist bisher ebenfalls anzulehnen. Da diese Vorschriften kein verbindliches Recht darstellen, würde ein Rückgriff aber gerade zur verbindlichen Anwendung führen. Dies ist bisher abzulehnen, jedoch erscheint dies für den Fall der Akzeptanz der Regeln nicht ausgeschlossen. Diese Möglichkeiten sollten aber nicht im Verordnungstext, sondern vielmehr in den Erwägungsgründen konkretisiert werden.[852] Gegen die Anwendung vereinzelter einheitsrechtlicher Vorschriften spricht zudem, dass sich Sinn und Zweck einer Norm sich erst aus dem Kontext des Gesamtregelwerkes ergeben.[853] Eine isolierte Anwendung vereinzelter Vorschriften darf nicht gegen die Konzeption ihres Regelungswerkes verstoßen.

Dieser Lösung muss aber zugute gehalten werden, dass sie auf dogmatischer Ebene als vorzugswürdig erscheint, sich aber isoliert nur schwer umsetzen lässt.[854] Demzufolge sollte eine Neuregelung des subsidiären Rechts die Anknüpfung an internationales Einheitsrecht zumindest nachrangig vorsehen. Einschränkend muss aber verlangt werden, dass das Einheitsrecht auf Grund seiner Verbreitung in den Vertragsstaaten bzw. der Nähe seines Regelungsgegenstandes zum konkreten Sachverhalt hinreichend konkret ist.

Eng in Zusammenhang mit dem Rückgriff auf internationales Einheitsrecht steht die Bestimmung des Ersatzrechts anhand allgemeiner Rechtsgrundsätze. Nachteil ist auch hier die Verbreitung solcher allgemeinen Rechtsgrundsätze. Insbesondere im Familien- und Erbrecht, wo das Recht stark von Moral und Sittlichkeit geprägt ist[855] und Vereinheitlichungstendenzen kaum bestehen bzw.

---

852 Neben dem Common Frame of Reference können die Principles of European Civil Procedure (PECL) oder die UNIDROIT-Prinzipien Erwähnung finden.

853 *K. Müller*, NJW 1981, 481, 484.

854 *Von Hoffmann/Thorn*, IPR, § 3 Rn. 143.

855 *Kötz*, RabelsZ 34 (1970) 663, 673.

zum Scheitern verurteilt sind,[856] ist es schwierig bzw. unmöglich, solche Rechtsgrundsätze festzulegen. Weiterer Kritikpunkt ist die fehlende demokratische Legitimation solcher Rechtsgrundsätze, die gerade keine geltenden Rechtsvorschriften darstellen.[857] Zudem ist die Gefahr nicht zu verleugnen, dass das Gericht die Bestimmung allgemeiner Rechtsgrundsätze allein aus der Lösung des Sachverhaltes anhand der lex fori entnimmt.[858]

Vorteil der Berufung auf allgemeine Rechtsgrundsätze ist aber wiederum deren Akzeptanz, soweit diese Grundsätze von einer Vielzahl von Staaten praktiziert werden. Dabei sollte aber darauf geachtet werden, dass als allgemeine Rechtsgrundsätze nur solche Regeln herangezogen werden, die auch Teil des betroffenen Rechtskreises sind.[859] So sollte die Anwendung von Grundsätzen des *Common law* auf einen Staat des *Civil law* vermieden werden. Hinsichtlich der Kritik der fehlenden demokratischen Legitimation ist dem entgegenzuhalten, dass hier notwendigerweise zwischen Inlands- und Auslandsfällen differenziert werden muss.[860]

Als letzte Möglichkeit bietet sich die subsidiäre Anwendung eines verwandten oder des nächstverwandten Rechts. Vorteil der Anwendung des nächstverwandten Rechts, unabhängig davon, ob es sich dabei um eine Mutter-, Vorbilds- oder eine Rechtsordnung gleichen bzw. ähnlichen Ursprungs handelt, ist zunächst einmal die Rechtssicherheit. Es kann davon ausgegangen werden, dass verwandte Rechtsordnungen bei einem konkreten Sachverhalt zu einem ähnlichen, wenn auch nicht zwingend identischen Ergebnis gelangen.[861] Weiterhin kann auch hier das Argument des Sinn und Zwecks des Internationalen Privatrechts, die Anknüpfung an die engste Verbindung, herangezogen werden. Die Anwendung des nächstverwandten Rechts wahrt diesen Grundsatz, indem das Ergebnis in der Mehrzahl mit der Lösung des eigentlich zur Anwendung berufenen Rechts übereinstimmen wird. Für die Anwendung des nächstverwandten Rechts spricht zudem der Rechtsanwendungsbefehl des europäischen, sowie der

---

856 Siehe nur den zunächst fehlgeschlagenen Versuch des Erlasses der Rom III-Verordnung für den Bereich des internationalen Scheidungsrechts für alle EU-Mitgliedstaaten.

857 *Dölle*, GRUR 1957, 56, 60.

858 *Battifol*, Droit international privé, S. 397.

859 *Kötz*, RabelsZ 34 (1970) 663, 673; *Zweigert*, Diskussion, in: D. Müller (Hrsg.), Die Anwendung ausländischen Rechts, S. 190.

860 *Neuhaus*, Grundbegriffe, S. 272.

861 *Dölle*, GRUR 1957, 56, 60.

nationalen Gesetzgeber. Wird ein Recht mittels des vereinheitlichten oder nationalen Internationalen Privatrechts zur Anwendung berufen, so entspricht es diesem Anwendungsbefehl eher eine Rechtsordnung mit identischen oder zumindest ähnlichen Grundlagen heranzuziehen als zum Beispiel die lex fori, die einem anderen Rechtssystem entstammt.

Gegen diese Bestimmung und Anwendung des verwandten Rechts spricht aber die Ungewissheit, die mit der Anwendung eines dritten Rechts auftritt: Auch wenn Rechtsordnungen gleichen Ursprungs sind, so besteht dennoch die nicht unwahrscheinliche Möglichkeit, dass sich die Rechtsordnungen durch Entwicklungen in der Gesetzgebung und Rechtsprechung weit voneinander entfernt haben. Weiterer Nachteil ist die erhebliche Komplizierung des Entscheidungsprozesses, die mit der Bestimmung dieses verwandten Rechts einhergeht.[862]

Auf Grund der Nachteile, die jeder der vertretenen Ansätze mit sich bringt, erscheint eine Lösung allein einer Ersatzrechtsordnung nicht sachgerecht und wäre auch der Rechtssicherheit nicht zuträglich. Erfolg verspricht somit nur eine Kombination der verschiedenen Ansätze.[863] In Gegensatz dazu stehen die monistischen Theorien, die nur eine einzige ersatzweise Anknüpfung vertreten.[864] Zugunsten der Rechtssicherheit und zur Vorbeugung der Willkür der Gerichte sollte eine zukünftige Verordnung diese Kombination die Reihenfolge der verschiedenen Ansätze genau festlegen. Eine Nebeneinanderstellung verschiedener Ersatzrechte ohne zwingende Reihenfolge ist aus Gründen der Rechtssicherheit, insbesondere der Vorhersehbarkeit des anwendbaren Rechts, abzulehnen.[865]

Im Hinblick auf eine zwingende Rangfolge von Ersatzrechten sieht zum Beispiel *Kreuzer*[866] folgende Lösung vor: Primär soll das kraft Hilfsanknüpfung bestimmte Recht anwendbar sein; sekundär solle auf einschlägiges internationales Einheitssachrecht zurückgegriffen werden und zuletzt solle die lex fori zur Anwendung berufen werden. Dem Rückgriff auf die lex fori als ultima ratio ist aus oben genannten Erwägungen zuzustimmen, nur so kann den Interessen der Parteien an einer Sachentscheidung Genüge getan werden. Auch die subsidiäre

862 BGHZ 69, 387, 394. Kritisch zur Bestimmbarkeit *Kötz*, RabelsZ 34 (1970) 663, 674.

863 Gegen eine solche Abstufung wendet sich jüngst *Sturm*, in: FS Pannier, S. 198.

864 Gegen eine zwingende Reihenfolge wendet sich *Neuhaus*, dieser sieht vielmehr einen „Strauß“ verschiedener Ersatzrechte vor, Neuhaus, Grundbegriffe, S. 391.

865 Vgl. dazu auch *Kreuzer*, NJW 1983, 1943, 1947 f.

866 *Kreuzer*, NJW 1983, 1943, 1947.

Anknüpfung an internationales Einheitsrecht ist zu begrüßen als die Anwendung solchen Rechts, welches von einer Mehrzahl von Staaten international akzeptiert wird. Auch die Anerkennung und Vollstreckung sind auf diese Weise eher gesichert. Die primäre Bestimmung des Ersatzrechts mittels einer Hilfsanknüpfung ist aber abzulehnen.

Weiterhin sollte eine Verordnung den Fall des Rückgriffs auf ein subsidiäres Recht näher konkretisieren. Anwendbar sollte demnach das Ersatzrecht sein, wenn das eigentlich zur Anwendung berufene Recht nicht auf zumutbare Weise ermittelbar ist. Der Begriff der Zumutbarkeit sollte in den Erwägungsgründen definiert werden. Dabei sind die Faktoren von Zeit, Kosten und Aufwand, jeweils im Verhältnis zum Streitwert, zu berücksichtigen.

III. Lösungsvorschlag

Im Ergebnis lässt sich somit festhalten, dass eine Regelung eines Ersatzrechts im Falle der Nichtermittelbarkeit des international-privatrechtlich berufenen Rechts für eine zukünftige Verordnung über die Behandlung ausländischen Rechts unerlässlich ist. Die vorgeschlagene pluralistische Anknüpfung in Form einer Leiter berücksichtigt dabei den Grundgedanken des Internationalen Privatrechts, ein Recht mit einer engen Verbindung zum Sachverhalt zur subsidiären Anwendung zu berufen. Vorrangig wendet das Gericht demnach das Recht einer verwandten Rechtsordnung an, ersatzweise ersucht es um eine Lösung nach internationalem Einheitsrecht oder nach allgemein anerkannten Rechtsgrundsätzen. Sollte dies nicht möglich sein, erfolgt eine alternative Anknüpfung des Sachverhaltes. Lässt sich dennoch kein Recht bestimmen, so wendet das Gericht sein eigenes Recht an.

E. Zusammenfassung

Die Sister-State Law-Doktrin des US-amerikanischen Rechts lässt sich nicht auf die Ebene der EU in Bezug auf die Anwendung ausländischen Rechts übertragen. Auch wenn die Systeme der USA und der EU einige Gemeinsamkeiten aufweisen, insbesondere das Nebeneinander eines nationalen und eines supranationalen Prozessrechts, erscheint eine Übertragung nicht sachgerecht. Folge einer Übertragung ist die Unterscheidung zwischen der Anwendung ausländischen Rechts von anderen Mitgliedstaaten der Europäischen Union und Drittstaaten. Dies widerspricht aber einerseits der Rechtssicherheit und begünstigt wiederum das *forum shopping*. Zudem sind die Verordnungen zum Internationalen Privatrecht als *lois uniformes* ausgestaltet, so dass eine Unterscheidung diese Wertung konterkariert.

Vielmehr sollte in einer Verordnung die amtswegige Anwendung der lex causae festgeschrieben werden, um dem Rechtsanwendungsbefehl des europäischen Gesetzgebers sowie den Grundsätzen der Rechtssicherheit und der Vorhersehbarkeit des anwendbaren Rechts gerecht zu werden. Dies gilt unabhängig davon, ob das ausländische Recht durch europäisch vereinheitlichtes oder autonomes Internationales Privatrecht zur Anwendung berufen wird.

Geht man davon aus, dass das Gericht dazu verpflichtet ist, das ausländische Recht von Amts wegen anzuwenden, so korreliert damit auch die Pflicht, dieses ausländische Recht zu ermitteln. Die Möglichkeit der Mitwirkung der Parteien sollte ebenfalls statuiert werden, ändert aber nichts an der grundlegenden Aufgabenverteilung. Zur Unterstützung dieser Ermittlung sollte auch eine Zuständigkeitskonzentration oder die Möglichkeit eines mitgliedstaatlichen Vorlageverfahrens nicht ausgeschlossen werden.

Im Falle der Nichtermittelbarkeit ausländischen Rechts sollte das Gericht primär das Recht einer verwandten Rechtsordnung, ersatzweise eine Lösung nach internationalem Einheitsrecht oder nach allgemein anerkannten Rechtsgrundsätzen und subsidiär das Recht, welches mittels einer alternativen Anknüpfung des Sachverhaltes berufen wird, anwenden. Nur wenn sich das anwendbare Recht nicht ermitteln lässt, darf das Gericht die lex fori anwenden. Die vorgeschlagene pluralistische Anknüpfung in Form einer Leiter berücksichtigt dabei den Grundgedanken des Internationalen Privatrechts, ein Recht mit einer möglichst engen Verbindung zum Sachverhalt zur Anwendung zu berufen.

Schlussbetrachtung

Insgesamt hat sich gezeigt, dass zu der Frage der Behandlung ausländischen Rechts im nationalen Recht gegenläufige Regelungen existieren, die nur schwer miteinander zu vereinbaren sind. Das europäische Rechtsgebiet wird von drei Grundströmungen gelenkt wird: Die uneingeschränkte Geltung des Grundsatzes *iura novit curia* auch für das ausländische Recht, die Disposition der Parteien über das ob und das wie der Anwendung ausländischen Rechts sowie verschiedene Regelungen, die sich nicht eindeutig einer dieser beiden Formen zuordnen lassen, die aber Elemente daraus vereinen. Hinsichtlich der Frage des Vorgehens im Falle der Nichtermittelbarkeit des ausländischen Rechts zeigt sich hingegen ein harmonischeres Bild. Grundsätzlich wird in allen Mitgliedstaaten – ebenso wie in der Schweiz – im Falle der Nichtermittelbarkeit auf die lex fori, also das Recht des angerufenen Gerichts zurückgegriffen. Diese Diskrepanz der nationalen Regelungen wird auch durch eine aktuelle Umfrage der Haager Konferenz bestätigt, die selbst feststellt, dass die Vereinheitlichungsinteressen der Mitgliedstaaten in diesem Bereich nicht allzu weit vorangeschritten sind.

Maßgeblich stellt sich die Frage der Behandlung ausländischen Rechts, wenn lex fori und lex causae auseinanderfallen, wenn also ein Gericht ausländisches Recht anwenden muss. Es zeigt sich, dass Fallgruppen, die zu einem solchen Auseinanderfallen führen können, trotz der Vereinheitlichung von IPR und IZVR, weiterhin bestehen und durch die erweiterten Möglichkeiten von Gerichtsstandsvereinbarung und Rechtswahl nur noch weiter an Relevanz gewinnen werden. Eine Bestandsaufnahme des bestehenden internationalen und europäischen Rechts verdeutlicht, dass bisher keine übergreifende Regelung besteht, die sowohl alle Mitgliedstaaten einbezieht, als auch die Frage der amtswegigen Anwendung beantworten kann.

Problematisch wird die Akzeptanz einer vereinheitlichten Regelung: Der Fragebogen der Haager Konferenz für Internationales Privatrecht, der aber nur von wenigen Mitgliedstaaten der EU überhaupt beantwortet wurde, verdeutlicht, dass ein solches Vorhaben auf EU-Ebene nicht zwingend Erfolg verspricht. Dies verstärkt sich dadurch, dass nicht alle Staaten die Kompetenz der Europäischen Union im Bereich der justiziellen Zusammenarbeit in Zivilsachen nach Art. 81 AEUV anerkennen. Durch den Lissabonner Vertrag wurde aber bereits die Möglichkeit des opt-in erweitert.

Insbesondere die Harmonisierung auf unionsrechtlicher Ebene, sowohl im Bereich des Internationalen Zivilverfahrens- als auch Privatrechts verlangt aber, dass die Behandlung ausländischen Rechts als nächste Stufe einer vereinheitlichten Regelung zugeführt wird. Dies würde weiterhin auch die auf nationaler Ebene bestehenden Unklarheiten in der Anwendung von Verordnungen der EU überwinden und klären. Die Vorschriften zum anwendbaren Recht sind nur dann effektiv, wenn sie auch beachtet und angewendet werden. Dieser Effektivität steht aber insbesondere die Regelung des englischen Rechts entgegen, die das ausländische Recht nur dann zur Anwendung bringt, wenn sich eine der Parteien in ihren *pleadings* darauf beruft. Demgegenüber führt die amtswegige Anwendung des ausländischen Rechts zu Rechtssicherheit und einer effektiven Durchsetzung des Unions- sowie des nationalen Rechts.

Der Europäischen Union steht gemäß Art. 81 AEUV (ex-Art. 61 lit. c i.V.m. ex-Art. 65 EGV) die Kompetenz zu, die Behandlung ausländischen Rechts im Zivilverfahren zu regeln. Mit Inkrafttreten des Lissabonner Vertrages erfolgte hier eine Erweiterung der unionsrechtlichen Kompetenzen.

Hinsichtlich der Regelungsformen Art. 288 AEUV wurde festgestellt, dass die Verordnung den Zielen der Union am Besten gerecht wird. Sekundär sollte im Hinblick auf die bessere Wahrung der Souveränität der Mitgliedstaaten die Verabschiedung einer Richtlinie in Betracht gezogen werden. Nicht sachgerecht erscheint hingegen die Verortung der Behandlung ausländischen Rechts in den bereits erlassenen oder künftigen Verordnungen zum Internationalen Privatrecht. Auch eine Ergänzung der EuGVVO würde nicht in deren Regelungszusammenhang passen. Im Ergebnis bleibt somit nur ein isolierter Verordnungserlass, der diese Materie regelt. Ausgeschlossen soll dabei aber nicht sein, dass in einer künftigen Verordnung auch verwandte zivilprozessuale oder internationalprivatrechtliche Materien mitgeregelt werden.

Die Sister-State Law-Doktrin des US-amerikanischen Rechts lässt sich nicht auf die Ebene der EU in Bezug auf die Anwendung ausländischen Rechts übertragen. Auch wenn die Systeme der USA und der EU einige Gemeinsamkeiten aufweisen, insbesondere das Nebeneinander eines Prozessrechts und einer Gerichtsbarkeit auf nationaler und supranationaler Ebene, erscheint eine Übertragung nicht sachgerecht. Folge einer Übertragung ist die Unterscheidung zwischen der Anwendung ausländischen Rechts von anderen Mitgliedstaaten der Europäischen Union und Drittstaaten. Dies widerspricht aber einerseits der Rechtssicherheit und begünstigt wiederum das *forum shopping*. Zudem sind die Verordnungen zum Internationalen Privatrecht als *lois uniformes* ausgestaltet, so dass eine Unterscheidung diese Wertung konterkariert.

Vielmehr sollte in einer Verordnung die unterschiedslose amtswegige Anwendung der lex causae festgeschrieben werden, um dem Rechtsanwendungsbefehl des europäischen Gesetzgebers sowie den Grundsätzen der Rechtssicherheit und der Vorhersehbarkeit des anwendbaren Rechts gerecht zu werden. Geht man davon aus, dass das Gericht dazu verpflichtet ist, das ausländische Recht von Amts wegen anzuwenden, so korreliert damit auch die Pflicht, dieses ausländische Recht zu ermitteln. Die Möglichkeit der Mitwirkung der Parteien sollte ebenfalls statuiert werden, ändert aber nichts an der grundlegenden Aufgabenverteilung. Zur Unterstützung dieser Ermittlung sollte auch eine Zuständigkeitskonzentration oder die Möglichkeit eines Vorlageverfahrens an mitgliedstaatliche Gerichte nicht ausgeschlossen werden.

Im Falle der Nichtermittelbarkeit ausländischen Rechts sollte das Gericht primär das Recht einer verwandten Rechtsordnung, ersatzweise eine Lösung nach internationalem Einheitsrecht oder nach allgemein anerkannten Rechtsgrundsätzen, subsidiär das Recht, welches mittels einer alternativen Anknüpfung des Sachverhaltes berufen wird, anwenden. Nur wenn sich das anwendbare Recht nicht ermitteln lässt, darf das Gericht die lex fori anwenden. Die vorgeschlagene pluralistische Anknüpfung in Form einer Leiter berücksichtigt dabei den Grundgedanken des Internationalen Privatrechts, ein Recht mit einer möglichst engen Verbindung zum Sachverhalt zur Anwendung zu berufen.

Vorgeschlagen wird, die folgenden Vorschriften in eine zukünftige Verordnung aufzunehmen:

Art. 1: Anwendung ausländischen Rechts

(1) Ausländisches Recht ist von Amts wegen anzuwenden, ohne dass sich eine der Parteien darauf beruft. Dies gilt unabhängig davon, ob es sich dabei um durch europäisch vereinheitlichtes oder autonomes Internationales Privatrecht zur Anwendung berufenes ausländisches Recht handelt.

(2) Unter den Begriff des ausländischen Rechts fallen sowohl das Recht eines anderen Mitgliedstaates der EU als auch das Recht eines Drittstaates.

Art. 2: Ermittlung des ausländischen Rechts

(1) Das anwendbare ausländische Recht wird vom Gericht ermittelt. Das Gericht kann sich dazu der Mitwirkung der Parteien bedienen.

(2) Es gelten die Beweisregeln der lex fori. Diese sollten aber nicht auf die für Tatsachen geltenden formellen Beweisregeln beschränkt werden.

Art. 3: Ermittlungsquellen

(1) Zur Ermittlung des ausländischen Rechts kann sich das Gericht aller in Betracht kommenden Ermittlungsquellen, insbesondere der Gutachten von Sachverständigen, bedienen.

Art. 4: Vorlageverfahren

(1) Die Mitgliedstaaten richten auf nationaler Ebene eine zuständige Stelle ein, die für die Erteilung von Rechtsauskünften zuständig ist.

(2) Berechtigt zur Vorlage an diese Stelle sind alle staatlichen Gerichte eines Mitgliedstaates, soweit der Streitgegenstand eine Zivil- und Handelssache darstellt.

(3) Die ersuchte Stelle soll das Auskunftsersuchen innerhalb einer angemessenen Frist beantworten. Die Auskunft ist für das ersuchende Gericht verbindlich.

(4) Die Auskunft ist für das ersuchende Gericht kostenfrei. Sie kann sowohl in der Sprache des ersuchten als auch des ersuchenden Gerichts abgefasst sein.

Art. 5: Nichtermittelbarkeit des ausländischen Rechts

Sollte das ausländische Recht unter Ausnutzung aller Erkenntnisquellen nicht auf zumutbare Weise ermittelbar sein, wendet das Gericht ersatzweise an:

(1) das Recht einer verwandten Rechtsordnung,

(2) ersatzweise eine Lösung nach internationalem Einheitsrecht oder nach allgemein anerkannten Rechtsgrundsätzen,

(3) ersatzweise das Recht, welches mittels einer alternativen Anknüpfung des Sachverhaltes berufen wird.

(4) Lässt sich mittels der Absätze (1)–(3) kein Recht bestimmen, so wendet das Gericht sein eigenes Recht an (lex fori).

Art. 6: Staaten ohne einheitliche Rechtsordnung

(1) Umfasst ein Staat mehrere Gebietseinheiten so gilt für die Anwendung ausländischen Rechts jede Gebietseinheit als Staat.

(2) Ein Mitgliedstaat ist nicht verpflichtet, das Recht einer anderen Gebietseinheit von Amts wegen anzuwenden.

Literaturverzeichnis

Adamczyk, Silvia, Die Überprüfung der Anwendung ausländischen Rechts durch den Bundesgerichtshof und das schweizerische Bundesgericht im Zivilprozeß, Aachen 1999.

Aden, Menno, Revisibilität des kollisionsrechtlich berufenen Rechts, RIW 2009, 475-477.

Althammer, Christoph, Verfahren mit Auslandsbezug nach dem neuen FamFG, IPRax 2009, 381–389.

Ancel, Bertrand, Anmerkung zu CCass, Rev. crit. dip 1999, 91.

Ders./Muir Watt, Horatia, Anmerkung zu CCass 28.06.2005, Rev. crit. dip 2005, 647–659.

Arens, Peter, Prozessuale Probleme bei der Anwendung ausländischen Rechts im deutschen Zivilprozeß, in: *Graveson, Ronald H.* (Hrsg.), Festschrift für Imre Zajtay/Mélanges en l'honneur d'Imre Zajtay, Tübingen 1982, S. 7–20.

Arndt, Karl/Ferid, Murad/Kegel, Gerhard/Lauterbach, Wolfgang/Neuhaus, Paul/Zweigert, Konrad, Denkschrift zur Verbesserung der deutschen Zivilrechtsprechung in internationalen Sachen vom 26.8.1970, RabelsZ 35 (1971), 323–331.

Artz, Markus, Kollisionsrecht und ausländisches Recht in spanischen und deutschen Zivilverfahren, Eine rechtsvergleichende Untersuchung, Frankfurt am Main 2004.

Audit, Bernard, Droit international privé, 3. Aufl., Paris 2000.

Aull, Jacques Matthias, Der Geltungsanspruch des EuGVÜ: „Binnensachverhalte“ und internationales Zivilverfahrensrecht in der Europäischen Union; zur Auslegung von Art. 17 Abs. 1 S. 1 EuGVÜ, Frankfurt am Main 1996.

Baeck, Paul B., Die praktische Anwendung fremden Rechts in den USA und Österreich, ZfRV 1961, 85–103.

Bamberger, Heinz Georg/Roth, Herbert (Hrsg.), Kommentar zum Bürgerlichen Gesetzbuch, 3 Bände, München 2009 (zitiert: Bamberger/Roth-*Bearbeiter*).

Bar, Christian von, Internationales Privatrecht, Band 2, München 1991.

Ders., Gemeineuropäisches Deliktsrecht, München 1999.

Ders./Mankowski, Peter, Internationales Privatrecht, Band 2, 2. Aufl. 2003.

Basedow, Jürgen, The Communitarization of the Conflict of Laws under the Treaty of Amsterdam, CMLR 37 (2000), 687–708.

Ders./Hopt, Klaus/Zimmermann, Reinhard (Hrsg.), Handwörterbuch des Europäischen Privatrechts, Tübingen 2009 (zitiert: *Bearbeiter*, in: Handwörterbuch des Europäischen Privatrechts).

Batiffol, Henri/Lagarde, Paul, Traité de droit international privé, Sources, nationalité, condition des étrangers, conflits de lois (théorie générale), 8. Aufl., Paris 1993.

Battifol, Henri, Anmerkung zu CCass, 12.5.1959 – *Bisbal*, Rev. crit. dip (1960), 62.

Baur, Fritz, Schlusswort, in: *Grunsky, Wolfgang/Stürner, Rolf/Walter, Gerhard u. a.* (Hrsg.), Wege zu einem europäischen Zivilprozeßrecht, Tübinger Symposium zum 80. Geburtstag von Fritz Baur, Tübingen 1992, S. 145–148.

Bellet, P., Anmerkung zu Cour de Cassation, Rev. crit. dip 1965, 131–138.

Bischoff, Jan Asmus, Die Europäische Gemeinschaft und die Haager Konferenz für Internationales Privatrecht, ZEuP 2008, 334–354.

Bischoff, Jean-Marc, Anmerkung zu CCass, 24.1.1984 - *Thinet*, Clunet (1984), 876–881.

Bonomi, Andrea, The Hague Protocol of 23 November 2007 on the Law Applicable to Maintenance Obligations, Yb PIL 10 (2008), 333–357.

Borchers, Patrick J./Zekoll, Joachim/Juenger, Friedrich K., International conflict of laws for the third millennium, Essays in honor of Friedrich K. Juenger, Ardsley, New York 2001

Brand, Peter-Andreas/Karpenstein, Ulrich, Die Berufungszuständigkeit der Oberlandesgerichte für Rechtsstreitigkeiten mit Auslandsberührung, NJW 2005, 1319.

Brehm, Wolfgang, Freiwillige Gerichtsbarkeit, 2. Aufl., Stuttgart 1993.

Broggini, Gerardo, Die Maxime „iura novit curia“ und das ausländische Recht, AcP 155 (1956), 469–485.

Brown, John R., 44.1 Ways to Prove Foreign Law, Mar. L. 9 (1984), 179–195.

Buchta, Klaus, Die nachträgliche Bestimmung des Schuldstatuts durch Prozeßverhalten im deutschen, österreichischen und schweizerischen IPR, München 1986.

Bunge, Jürgen, Zivilprozess und Zwangsvollstreckung in England und Schottland, Eine Gesamtdarstellung mit internationalem Zivilprozessrecht, einem Glossar und einer Bibliographie, 2. Aufl., Berlin 2005.

Bureau, Dominique, Anmerkung zu CCass. 4. 12. 1990 – *Sté Coveco*, Clunet (1991), 373.

Ders./Muir Watt, Horatia, Droit international privé, Tome I – Partie générale, Paris 2007.

Burgstaller, Alfred, Internationales Zivilverfahrensrecht, Wien 2000.

Calliess, Christian/Ruffert, Matthias (Hrsg.), EUV/EGV, Das Verfassungsrecht der Europäischen Union mit Europäischer Grundrechtecharta; Kommentar, 3. Aufl., München 2007 (zitiert: Calliess/Ruffert-*Bearbeiter*).

Calliess, Gralf-Peter (Hrsg.), The Rome Regulations, 2010 (zitiert: Calliess-*Bearbeiter*).

Calvo-Caravaca, Alfonso-Luis/Carrascosa González, Javier, The Proof of Foreign Law in the new Spanish Civil Procedure Code 1/2000, IPRax 2005, 170–174.

Cheshire, Geoffrey C.; North, Peter; Fawcett, James J., Private international law, 14. Aufl., Oxford 2008.

Coester-Waltjen, Dagmar, Internationales Beweisrecht. Das auf den Beweis anwendbare Recht in Rechtsstreitigkeiten mit Auslandsbezug, Ebelsbach 1983.

Dies., Dagmar, in: *Coester, Michael/Sonnenberger, Hans Jürgen* (Hrsg.), Privatrecht in Europa, Vielfalt, Kollision, Kooperation; Festschrift für Hans Jürgen Sonnenberger zum 70. Geburtstag, München 2004, S. 343–356.

Collier, John Greenwood, Conflict of laws, 3. Aufl., Cambridge 2001.

Collins, Lawrence, Forum non Conveniens and the Brussels Convention, LQR 106 (1990) 535–539.

Currie, Brainerd, On the Displacement of the Law of the Forum, Col. L. Rev. 58 (1958) 964–1028.

Dauses, Manfred A, Handbuch des EU-Wirtschaftsrechts, München 2008.

De Boer, Thomas, Facultative Choice of Law: The Procedural Status of Choice-of-Law Rules and Foreign Law, Rec. d. C. 257 (1996) 223–428.

Deutscher Rat für IPR, Zweite Denkschrift zur Verbesserung der deutschen Zivilrechtsprechung in internationalen Sachen vom 27.4.1982, RabelsZ 46 (1982), 743–745.

Dicey, Albert Venn/Morris, John Humphrey Carlile/Collins, Lawrence Antony, Dicey, Morris and Collins on the conflict of laws, 14. Aufl., London 2006.

Dickinson, Andrew, The Rome II Regulation, Oxford 2008.

Dohrn, Heike, Die Kompetenzen der Europäischen Gemeinschaft im Internationalen Privatrecht, Tübingen 2004.

Dolinger, Jacob, Application, proof and interpretation of foreign law: A comparative study in private international law, Ariz. J. Int. & Comp. L. 12 (1995), 225–272.

Dölle, Hans, Betrachtungen zum ausländischen, internationalen und interzonalen Privatrecht im besetzten Deutschland: *Ipsen, Hans-Peter* (Hrsg.), Festschrift für Leo Raape zu seinem 70. Geburtstag, Hamburg 1948, S. 149–179.

Ders., Über die Anwendung fremden Rechts, GRuR 1957, 56–63.

Ders., Forum non conveniens. Richterliche Beschränkung der Wahl des Gerichtsstandes im deutschen und amerikanischen Recht, Berlin 1996.

Drappatz, Thomas, Die Überführung des internationalen Zivilverfahrensrechts in eine Gemeinschaftskompetenz nach Art. 65 EGV, Tübingen 2002.

Duncan, William, The Hague Convention of 23 November 2007 on the International Recovery of Child Support and Other Forms of Family Maintenance. Comments on its Objectives and Some of its Special Features, Yb PIL 10 (2008), 313–331.

Eichel, Florian, Das Haager Übereinkommen über Gerichtsstandsvereinbarungen vom 30. 6. 2005, RIW 2009, 289–297.

Ders., Die Revisibilität ausländischen Rechts nach der Neufassung von § 545 I ZPO, IPRax 2009, 389–393.

Einsele, Dorothee, Rechtswahlfreiheit im internationalen Privatrecht, RabelsZ 60 (1996), 417–447.

Erauw, J., Something funny happened to foreign law on its way to the forum, in: *Sumampouw, Mathilde et al.* (Hrsg.), Law and Reality – Essays on national and international procedure law in Honour of Cornelis Carel Albert Voskuil, Dordbrecht, Boston, London 1992, S. 63–77.

Erwand, Christine, Forum non conveniens und EuGVÜ, Frankfurt am Main 1996.

Fallon, Marc, The Law Applicable to Specific Torts in Europe, in: *Basedow, Jürgen/Baum, Harald/Nishitani, Yuko* (Hrsg.), Japanese and European Private International Law in Comparative Perspective, Tübingen 2008, S. 261–297.

Fastrich, Lorenz, Revisibilität der Ermittlung ausländischen Rechts, ZZP 97 (1984), 423–445.

Fauvarque-Cosson, Bénédicte, Le juge français et le droit étranger, D. Chr. 2000, 125–134.

Fentiman, Richard, Foreign Law in English Courts, LQR 108 (1992), 142–156.

Ders., Foreign Law in English Courts: pleading, proof and choice of law, Oxford 1998.

Ferid, Murad, Überlegungen, wie der Misere bei der Behandlung von Auslandsrechtsfällen in der deutschen Rechtspraxis abgeholfen werden kann, in: *Beisswingert, Rolf et al* (Hrsg.), Festschrift für Oskar Möhring zum 70. Geburtstag, München 1973, S. 1–25.

Ders., Internationales Privatrecht, Das neue Recht; ein Leitfaden für Praxis und Ausbildung, 3. Aufl., Frankfurt am Main 1986.

Ferrand, Frédérique, Die Behandlung ausländischen Rechts durch die französische Cour de Cassation, ZEuP 1994, 126–137.

Fischer, Gerfried, Culpa in contrahendo im europäischen Internationalen Privatrecht, in: *Baur, Jürgen F./Sandrock, Otto/Scholtka, Boris u. a.* (Hrsg.), Festschrift für Günther Kühne zum 70. Geburtstag, Frankfurt am Main 2009, S. 689–701.

Flessner, Axel, Fakultatives Kollisionsrecht, RabelsZ 34 (1970), 547–584.

Ders., Interessenjurisprudenz im internationalen Privatrecht, Tübingen 1990.

Ders., Diskriminierung von grenzübergreifenden Rechtsverhältnissen im europäischen Zivilprozess, ZEuP 2006, 737–741.

Ders., Das ausländische Recht im Zivilprozess – die europäischen Anforderungen, in: *Reichelt, Gerte* (Hrsg.), 30 Jahre österreichisches IPR-Gesetz, Europäische Perspektiven, Wien 2009, S. 35–47.

Francq, Stéphanie, Das belgische IPR-Gesetzbuch, RabelsZ 70 (2006) 235–278.

Frenz, Walter, Handbuch Europarecht, Band 5 (Wirkungen und Rechtsschutz), Heidelberg 2010.

Fricke, Martin, Das Internationale Privatrecht der Versicherungsverträge nach Inkrafttreten der Rom I-Verordnung, Grundzüge, VersR 2008, 443–454.

Fuchs, Angelika, Die Ermittlung ausländischen Rechts durch Sachverständige, RIW 1995, 807–808.

Garau Sobrino, Federico, Der Beweis des ausländischen Rechts in der neuen spanischen Zivilprozessordnung vom 7. Januar 2000: Chronik einer Ernüchterung, in: *Basedow, Jürgen et al* (Hrsg.), Aufbruch nach Europa – 75 Jahre Max-Planck-Institut für Privatrecht, Tübingen 2001, S. 685–703.

Garcimartín Alférez, Francisco J., The Rome II Regulation: On the way towards a European Private International Law Code, EuLF 2007, I-77–I-91.

Ders., The Rome I Regulation: Much ado about nothing?, EuLF 2008, I-61–I-79.

Gaudemet-Tallon, Hélène, Anmerkung zu CCass vom 20.06.2006, Clunet 2007, 126–132.

Gebauer, Martin/Wiedmann, Thomas, Zivilrecht unter europäischem Einfluss, Die richtlinienkonforme Auslegung des BGB und anderer Gesetze – Erläuterung der wichtigsten EG-Verordnungen, 1. Aufl., Stuttgart 2005

Geeroms, Sofie, Foreign Law in Civil Litigation, A Comparative and Functional Analysis, Oxford 2004.

Geiger, Rudolf/Khan, Daniel-Erasmus/Kotzur, Markus, EUV/AEUV, 5. Aufl. München 2010.

Geimer, Reinhold, Rechtsschutz in Deutschland künftig nur bei Inlandsbezug?, NJW 1991, 3072–3074.

Ders./Geimer, Ewald/Geimer, Gregor, Internationales Zivilprozessrecht, 6. Aufl., Köln 2009

Ders./Schütze, Rolf A/Geimer, Ewald, Europäisches Zivilverfahrensrecht, Kommentar zur EuGVVO, EuEheVO, EuZustellungsVO, EuInsVO, EuVTVO, zum Lugano-Übereinkommen und zum nationalen Kompetenz- und Anerkennungsrecht, 3. Aufl., München 2010.

Georgiades, Apostolos, Europäische Privatrechtsvereinheitlichung und nationale Rechtskulturen, in: *Heldrich, Andreas* (Hrsg.), Festschrift für Claus-Wilhelm Canaris zum 70. Geburtstag, München 2007, S. 603–621.

Girsberger, Daniel/Heini, Anton/Keller, Max/Kren Kostkiewicz, Jolanta/Siehr, Kurt/Vischer, Frank/Volken, Paul (Hrsg.), Zürcher Kommentar zum IPRG, 2. Aufl., Zürich 2004 (zitiert: *Bearbeiter*, in: *Zürcher Kommentar zum IPRG*).

Grabitz, Eberhard/Hilf, Meinhard (Hrsg.), Das Recht der Europäischen Union, 37. EL 2008 (zitiert: Grabitz/Hilf-*Bearbeiter*).

Groeben, Hans von der/Schwarze, Jürgen (Hrsg.), Kommentar zum Vertrag über die Europäische Union und zur Gründung der Europäischen Gemeinschaft, Bd 1 ff, 6. Aufl., Baden-Baden 2003 (zitiert: von der Groeben/Schwarze-*Bearbeiter*).

Gruber, Joachim, Die Anwendung ausländischen Rechts durch deutsche Gerichte, ZRP 1992, 6–8.

Gruber, Urs Peter, Das Haager Protokoll zum internationalen Unterhaltsrecht, in: *Bernreuther, Jörn/Freitag, Robert/Leible, Stefan u. a.* (Hrsg.), Festschrift für Ulrich Spellenberg, München 2010, S. 177–193.

Grunsky, Wolfgang, Probleme der Berufungszuständigkeit des Oberlandesgerichts bei amtsgerichtlichen Urteilen mit Auslandsbezug, in: *Mansel, Heinz-Peter/Pfeiffer, Thomas/Kronke, Herbert u. a.* (Hrsg.), Festschrift für Erik Jayme, München 2004, S. 285–296.

Halberstam, Daniel, Gerichtliche Zusammenarbeit im föderalen System der USA. Ein rechtsvergleichender Beitrag zur Diskussion über die Gerichtsreform in der Europäischen Union, RabelsZ 66 (2002) 216–249.

Hartenstein, Olaf, Die Privatautonomie im internationalen Privatrecht als Störung des europäischen Entscheidungseinklangs, Neueste Entwicklungen in Frankreich, Deutschland und Italien, Tübingen 2000.

Hartley, Trevor C., Pleading and Proof of Foreign Law: The Major European Systems Compared, ICLQ 45 (1996), 271–292.

Hau, Wolfgang, Das Internationale Zivilverfahrensrecht im FamFG, FamRZ 2009, 821–826.

Hausmann, Rainer, Der Unterhaltsbegriff in Staatsverträgen des internationalen Privat- und Verfahrensrechts (zu OLG Karlsruhe, 18-01-1989 - 2 WF 158/88), IPRax 1990, 382–389.

Ders., Pleading and Proof of Foreign Law. A Comparative Analysis, EuLF 2008, I-1–I-13.

Hay, Peter, Länderbericht Vereinigte Staaten von Amerika, in: *Müller, Dierk* (Hrsg.), Die Anwendung ausländischen Rechts im internationalen Privatrecht, Festveranstaltung und Kolloquium anläßlich des 40jährigen Bestehens des Max-Planck-Instituts für ausländisches und internationales Privatrecht, Berlin, Tübingen 1968, S. 102–127.

Ders., US-amerikanisches Recht. Ein Studienbuch, 4. Aufl., München 2008.

Ders./Hampe Georg, Nichtermittelbarkeit ausländischen Rechts und Forum Non Conveniens – Parallele Probleme im deutschen und US-amerikanischen Verfahrensrecht, RIW 1998, 760–765.

Heidinger, Franz J./Hof, Julia, Pleading and Proving Foreign Law. From a European Perspective, SchiedsVZ 2009, 174–179.

Hein, Jan von, Die Berufungszuständigkeit der Oberlandesgerichte bei amtsgerichtlichen Entscheidungen mit Auslandsberührung (§ 119 I Nr. 1 lit. b und c GVG), ZZP 116 (2003), 335–369.

Ders., Kapitalanlegerschutz im Verbrauchergerichtsstand zwischen Fernabsatz und konventionellem Vertrieb: Zur Konkretisierung der „Ausrichtung“ in Art. 15 Abs. 1 lit. c EuGVO, Besprechung von OLG Dresden 15. 12. 2004 – 8 U 1855/04, IPRax 2006, 16–20.

Ders., Die Kodifikation des europäischen IPR der außervertraglichen Schuldverhältnisse vor dem Abschluss? – Zum gegenwärtigen Stand der Arbeiten an der Rom-II-Verordnung, VersR 2007, 440–452.

Ders., Die Zuständigkeitskonzentration für die Berufung in Auslandssachen nach § 119 Abs. 1 Nr. 1 lit. b GVG – ein gescheitertes Experiment?, zu BGH, 19.6.2007 – VI ZB 3/07 und BGH, 27.6.2007 – XII ZB 114/06, IPRax 2008, 112–120.

Ders., Article 4 and Traffic Accidents, in: *Ahern, John/Binchy, William* (Hrsg.), The Rome II Regulation on the Law Applicable to Non-Contractual Obligations: A New International Litigation Regime, Leiden/Boston 2009, S. 153–173.

Ders., Europäisches Internationales Deliktsrecht nach der Rom II-Verordnung, ZEuP 2009, 6–33.

Ders., Die Produkthaftung des Zulieferers im Europäischen Internationalen Zivilprozessrecht, zu EuGH, 16.7.2009 – Rs. C-189/08, Zuid-Chemie BV ./. Philippo's Mineralenfabriek NV/SA, IPRax 2010, 330–343.

Heinze, Christian, Bausteine eines Allgemeinen Teils des europäischen Internationalen Privatrechts, in: *Baetge, Dietmar/Hinden, Michael von/Hein, Jan von* (Hrsg.), Die richtige Ordnung, Festschrift für Jan Kropholler zum 70. Geburtstag, Tübingen 2008, S. 105–127.

Ders./Dutta, Anatol, Ungeschriebene Grenzen für europäische Zuständigkeiten bei Streitigkeiten mit Drittstaatenbezug, IPRax 2005, 224–230.

Heldrich, Andreas, Internationale Zuständigkeit und anwendbares Recht, Berlin 1969.

Ders., Heimwärtsstreben auf neuen Wegen- Zur Anwendung der lex fori bei Schwierigkeiten der Ermittlung ausländischen Rechts, in: *Heldrich, Andreas/Ferid, Murad* (Hrsg.), Konflikt und Ordnung, Festschrift für Murad Ferid zum 70. Geburtstag, München 1978, S. 209–220.

Ders., Das Internationale Privatrecht in der Rechtsprechung des Bundesgerichtshofes, in: *Canaris, Claus-Wilhelm* (Hrsg.), 50 Jahre Bundesgerichtshof, Festgabe aus der Wissenschaft, München 2000, S. 733–776.

Henrich, Dieter, Zum Wegfall der internationalen Zuständigkeit in Sorgerechtsverfahren, zu KG, 5 11 1997 – 3 UF 5133/97, IPRax 1998, 247–249.

Herb, Anja, Europäisches Gemeinschaftsrecht und nationaler Zivilprozess, Tübingen 2007.

Herzfelder, Francois, Die Prüfungspflicht der französischen staatlichen Gerichte hinsichtlich kollisionsrechtlicher Fragen, RIW 1990, 354–358.

Hess, Burkhard, Die „Europäisierung" des internationalen Zivilprozessrechts durch den Amsterdamer Vertrag - Chancen und Gefahren, NJW 2000, 23-32.

Ders., Europäisches Zivilprozessrecht, Heidelberg 2010.

Ders./Hübner, Rudolf, Die Revisibilität ausländischen Rechts nach der Neufassung des § 545 ZPO, NJW 2009, 3132–3135.

Ders./Pfeiffer, Thomas/Schlosser, Peter, The Brussels I Regulation 44/2001, Application and Enforcement in the EU, München 2008.

Hilf, Meinhard, Die Richtlinie der EG – ohne Richtung, ohne Linie?, EuR 1993, 1–22.

Hinden, Michael von, Ein europäisches Kollisionsrecht für die Medien. Gedanken zur Fortentwicklung der Rom II-Verordnung, in: *Baetge, Dietmar/Hinden, Michael von/Hein, Jan von* (Hrsg.), Die richtige Ordnung, Festschrift für Jan Kropholler zum 70. Geburtstag, Tübingen 2008, S. 573–594.

Hoffmann, Bernd von/Thorn, Karsten, Internationales Privatrecht, 9. Aufl., München 2007.

Hohloch, Gerhard, Place of Injury, Habitual Residence, Closer Connections and Substantive Scope – the Basic Principles, Yb PIL 9 (2007), 1–18.

Holldack, Grenzen der Erkenntnis ausländischen Rechts, 1919.

Hommerich, Christoph/Prütting, Hanns/Ebers/Lang/Traut, Rechtstatsächliche Untersuchung zu den Auswirkungen der Reform des Zivilprozessrechts auf die gerichtliche Praxis, Evaluation ZPO-Reform 2006.

Hood, Kirsty J., Drawing Inspiration? Reconsidering the Procedural Treatment of Foreign Law, JPrIL 2 (2006), 181–193.

Huber, Peter, Die englische forum-non-conveniens-Doktrin und ihre Anwendung im Rahmen des Europäischen Gerichtsstands- und Vollstreckungsübereinkommens, Berlin 1994.

Ders./Illmer, Martin, International Product Liability. A Commentary on Article 5 of the Rome II Regulation, Yb PIL 9 (2007), 31–47.

Hüßtege, Rainer, Zur Ermittlung ausländischen Rechts: Wie man in den Wald hineinruft, so hallt es auch zurück, IPRax 2002, 292–294.

Illmer, Martin, Neutrality Matters, Some Thoughts about the Rome Regulations and the so-called Dichotomy of Substance and Procedure in European Private International Law, Civ. J. Q. 28 (2009) 237–260.

Jänterä-Jareborg, Maarit, Foreign Law in National Courts – A Comparative Perspective, Rec. d. C. 304 (2003), 181–386.

Janzen, Ulrike, Die neuen Haager Übereinkünfte zum Unterhaltsrecht und die Arbeiten an einer EG-Unterhaltsverordnung, FPR 2008, 218–222.

Jastrow, Serge-Daniel, Zur Ermittlung ausländischen Rechts: Was leistet das Londoner Auskunftsübereinkommen in der Praxis?, IPRax 2004, 402–405.

Jayme, Erik, Forum non conveniens und anwendbares Recht, IPRax 1984, 303–304.

Ders., Grundfragen zum Anwendungsbereich des EuGVÜ – Zwei Vorlagen an den EuGH IPRax 1992, 357–358.

Ders., Zum Jahrhundertwechsel: Das Kollisionsrecht zwischen Postmoderne und Futurismus, IPRax 2000, 165–171.

Ders., Der deutsche Richter und das Common Law, in: *Basedow, Jürgen et al* (Hrsg.), Aufbruch nach Europa - 75 Jahre Max-Planck-Institut für Privatrecht, Tübingen 2001, S. 447–455.

Ders., Die Patientenverfügung: Erwachsenenschutz und Internationales Privatrecht, in: *Bernreuther, Jörn/Freitag, Robert/Leible, Stefan u. a.* (Hrsg.), Festschrift für Ulrich Spellenberg, München 2010, S. 203–210.

Ders./Hausmann, Rainer/Jayme-Hausmann, Internationales Privat- und Verfahrensrecht, Textausgabe, 15. Aufl., Stand: 1. Mai 2010., München 2010.

Ders./Kohler, Christian, Das Internationale Privat- und Verfahrensrecht der EG nach Maastricht, IPRax 1992, 346–357.

Ders./Kohler, Christian, Europäisches Kollisionsrecht 2007: Windstille im Erntefeld der Integration, IPRax 2007, 493–506.

Jessurun d'Oliveira, Hans Ulrich, The Non-Election-Rule and Procedural Treatment of Foreign Law: Some Observations, RHDI 61 (2008) 499–520.

Junker, Abbo, Die Rom II-Verordnung: Neues Internationales Deliktsrecht auf europäischer Grundlage, NJW 2007, 3675–3682.

Kadner Graziano, Thomas, The Law Applicable to Cross-Border Damage to the Environment, Yb PIL 9 (2007) 71–86.

Ders., Das auf außervertragliche Schuldverhältnisse anzuwendende Recht nach Inkrafttreten der Rom II-Verordnung, RabelsZ 73 (2009), 1–76.

Kaye, Peter, The new private International Law of Contract of the European Community, Implementation of the EEC's Contractual Obligations Convention in England and Wales under the Contracts (Applicable Law) Act 1990, Aldershot 1993.

Kegel, Gerhard, Zur Organisation der Ermittlung ausländischen Privatrechts, in: *Dietz, Rolf/Hübner, Heinz/Nipperdey, Hans Carl* (Hrsg.), Festschrift für Hans Carl Nipperdey zum 70. Geburtstag, 21. Januar 1965, München 1965, Band 1, S. 453–470.

Ders., Die Ermittlung ausländischen Rechts, in: *Müller, Dierk* (Hrsg.), Die Anwendung ausländischen Rechts im internationalen Privatrecht, Festveranstaltung und Kolloquium anläßlich des 40jährigen Bestehens des Max-Planck-Instituts für ausländisches und internationales Privatrecht, Berlin, Tübingen 1968, S. 157–184.

Ders./Schurig, Klaus, Internationales Privatrecht, 9. Aufl., München 2004.

Kerameus, Konstantinos D., Revisibilität ausländischen Rechts, ZZP 99 (1986) 166–184.

Ders., Angleichung des Zivilprozeßrechts in Europa. Einige grundlegende Aspekte, RabelsZ 66 (2002) 1–17.

Kindl, Johann, Ausländisches Recht vor deutschen Gerichten, ZZP 111 (1998) 177–203.

Koch, Harald, Einführung in das europäische Zivilprozessrecht, JuS 2003, 105–111.

Koerner, Dörthe, Fakultatives Kollisionsrecht in Frankreich und Deutschland, Tübingen 1995.

Kohler, Christian, Staatsvertragliche Bindungen bei der Ausübung internationaler Zuständigkeit und richterliches Ermessen, Bemerkungen zur *Harrods*-Entscheidung des englischen Court of Appeal, in: *Ballon, Oskar J./Hagen, Johann J.* (Hrsg.), Verfahrensgarantien im nationalen und internationalen Prozeßrecht, Festschrift für Franz Matscher zum 65. Geburtstag, Wien 1993, S. 250–263.

Ders., Interrogations sur les sources du droit international privé après le traité d'Amsterdam, Rev. crit. dip 1999, 1–30.

Kötz, Hein, Allgemeine Rechtsgrundsätze als Ersatzrecht, RabelsZ 34 (1970) 663–678.

Kreuzer, Karl, Besprechung von Wuppermann, Deutsche Rechtsprechung zum ordre public (1977), RabelsZ 43 (1979) 578–587.

Ders., Berichtigungsklauseln im Internationalen Privatrecht, in: *Graveson, Ronald H.* (Hrsg.), Festschrift für Imre Zajtay / Mélanges en l'honneur d'Imre Zajtay, Tübingen 1982, S. 295–331.

Ders., Einheitsrecht als Ersatzrecht – Zur Frage der Nichtermittelbarkeit fremden Rechts, NJW 1983, 1943–1948.

Ders., Die Vollendung der Kodifikation des deutschen Internationalen Privatrechts durch das Gesetz zum Internationalen Privatrecht der außervertraglichen Schuldverhältnisse und Sachen vom 21.5. 1999, RabelsZ 65 (2001) 383–462.

Ders., Was gehört in den Allgemeinen Teil eines Europäischen Kollisionsrechts?, in: *Reichelt, Gerte* (Hrsg.), Europäisches Gemeinschaftsrecht und IPR 2007, S. 1–62.

Kropholler, Jan, Europäisches Zivilprozeßrecht, Kommentar zu EuGVO, Lugano-Übereinkommen und Europäischem Vollstreckungstitel, 8. Aufl., Frankfurt am Main 2005.

Ders., Internationales Privatrecht, einschließlich der Grundbegriffe des Internationalen Zivilverfahrensrechts, 6. Aufl., Tübingen 2006.

Kuhn, Arthur, Judicial Notice of Foreign Law, Am. J. Int. L. 39 (1958) 86.

Küster, Utz, Zur richterlichen Ermessensausübung bei der Ermittlung ausländischen Rechts, RIW 1998, 275–280.

Lagarde, Paul, Anmerkung zu CCass, 24.1.1984 – *Thinet*, Rev. crit. dip 1985, 89.

Ders., Rev. crit. dip 1994, 337.

Ders., Anmerkung zu CCass com 16.11.1993 – *Amerford*, Rev. crit. dip 1994, 332.

Ders., Remarques sur la proposition de règlement de la Commission européenne sur la loi applicable aux obligations contractuelles (Rome I), Rev. crit. dip 2006, 331.

Lando, Ole, Länderbericht Skandinavien, in: *Müller, Dierk* (Hrsg.), Die Anwendung ausländischen Rechts im internationalen Privatrecht, Festveranstaltung und Kollquium anläßlich des 40jährigen Bestehens des Max-Planck-Instituts für ausländisches und internationales Privatrecht, Berlin, Tübingen 1968, S. 128–140.

Ders., Lex fori in foro proprio, Maast. J. Eur. & Comp. L. 1995, 359–375.

Lardeux, Gwendoline, Anmerkung zu Cass. civ. 18.9.2002 – *Sté D J Sporting c. SA Orchape,* D. Doctr. 2003, 1513–1520.

Leible, Stefan/Lehmann, Matthias, Die neue EG-Verordnung über das auf außervertragliche Schuldverhältnisse anzuwendende Recht („Rom II"), RIW 2007, 721–735.

Ders./Staudinger, Ansgar, Art. 65 EGV im System der EG-Kompetenzen, EuLF 2000/01, 225–235.

Lein, Eva, The New Rome I/Rome II/Brussels I Synergy, Yb PIL 10 (2008), 177–198.

Lequette, Yves, L´abandon de la jurisprudence Bisbal, Rev. crit. dip 1989, 330–339.

Lesage-Mathieu, Stephan, Dispositives Kollisionsrecht im prozessualen Kontext, Frankfurt am Main 2005.

Lindacher, Walter F., Zur Anwendung ausländischen Rechts, in: Festschrift für Kostas E. Beys 2003, S. 909–921.

Linke, Hartmut, Internationales Zivilprozessrecht, 4., völlig überarb. Aufl., Köln 2006.

Looschelders, Dirk/Smarowos, Kirstin, Das Internationale Versicherungsvertragsrecht nach Inkrafttreten der Rom I-Verordnung, VersR 2010, 1–10.

Lorenz, Egon, Zur Struktur des internationalen Privatrechts, Ein Beitrag zur Reformdiskussion, Berlin 1977.

Loussouarn, Yvon/Bourel, Pierre/Vareilles-Sommiéres, Pascal de, Droit international privé, 9. Aufl., Paris 2007.

Lüderitz, Alexander, Anknüpfung im Parteiinteresse, in: *Lüderitz, Alexander/Schröder, Jochen/Kegel, Gerhard* (Hrsg.), Internationales Privatrecht und Rechtsvergleichung im Ausgang des 20. Jahrhunderts, Bewahrung oder Wende?; Festschrift für Gerhard Kegel, Frankfurt am Main 1977, S. 31–54.

Luther, Gerhard, Kollisions- und Fremdrechtsanwendung in der Gerichtspraxis, RabelsZ 37 (1973), 660–681.

Lüttringhaus, Jan D., Das internationale Privatrecht der culpa in contrahendo nach den EG-Verordnungen „Rom I“und „Rom II“, RIW 2008, 193–200.

Magnus, Ulrich/Mankowski, Peter (Hrsg.), Brussels I Regulation, München 2007 (zitiert: *Magnus/Mankowski*).

Makarov, Aleksandr Nikolaevic, Grundriß des internationalen Privatrechts, Frankfurt a.M./Berlin 1970

Mänhardt, Franz/Posch, Willibald, Internationales Privatrecht – Privatrechtsvergleichung – Einheitsprivatrecht, Eine Einführung in die internationalen Dimensionen des Privatrechts, 2. Aufl., Wien, New York 1999.

Mankowski, Peter, Fiscus non conveniens – oder: Einzug der Lehre vom forum non conveniens in das deutsche Recht der Prozeßkostenhilfe?, zu OLG Celle, 5.1.1998 - 5 W 58/97, IPRax 1999, 155–158.

Ders., Internationale Zuständigkeit und anwendbares Recht, Parallelen und Divergenzen, in: *Lorenz, Stephan/Trunk, Alexander/Eidenmüller, Horst u. a.* (Hrsg.), Festschrift für Andreas Heldrich zum 70. Geburtstag, München 2005, S. 867–897.

Ders., Der Vorschlag für die Rom -Verordnung, IPRax 2006, 101.

Ders., Zum Begriff des „Ausrichtens" auf den Wohnsitzstaat des Verbrauchers unter Art. 15 Abs. 1 lit. c EuGVVO, VuR 2006, 454–460.

Ders., Die Rom I-Verordnung - Änderungen im europäischen IPR für Schuldverträge, IHR 2008, 133–152.

Ders., Neues aus Europa zum Internationalen Privatrecht für Transportverträge: Art. 5 Rom I-VO, TranspR 2008, 339–352.

Ders., Anmerkung zum Urteil des EuGH vom 16.7.2009, EWiR 2009, 569–570.

Martiny, Dieter, Europäisches Internationales Vertragsrecht in Erwartung der Rom I-Verordnung, ZEuP 2008, 79–108.

Mäsch, Gerald, Eine Lehrstunde aus Karlsruhe zum Internationalen Privatrecht, NJW 1996, 1453–1455.

Max-Planck-Institut für Ausländisches und Internationales Privatrecht, Handbuch des Internationalen Zivilverfahrensrechts, Bd. I (Supranationale und internationale Gerichte, Europäisches Zivilprozeßrecht – Generalia, Internationale Zuständigkeit), Tübingen 1982

Mayer, Pierre, Anmerkung zu CCass 01.07.1997, Rev. crit. dip 1998, 62–72.

Ders./Heuzé, Vincent, Droit international privé, 9. Aufl., Paris 2007.

Mégnin, Serge, Zu einer systematischen Anwendung fremden Rechts durch den französischen Richter, IPRax 2005, 459–462.

Mélin, François, La connaissance de la loi étrangère par les juges du fond, Aix-en-Provence 2002.

Michaels, Ralf/Jansen, Nils, Die Auslegung und Fortbildung ausländischen Rechts, ZZP 116 (2003) 3–54.

Miller, Arthur R., Federal Rule 44.1 and the "fact" approach to determining foreign law: Death knell for a die-hard doctrine, Mich. L. Rev. 65 (1965), 613–749.

Miner, Roger J., The Reception of Foreign Law in the U.S. Federal Courts, Am. J. Comp. L. 43 (1995) 581–589.

Motulsky, Henri, L'évolution récente de la condition de la loi étrangère en France, in: Mélanges offerts à René Savatier, Paris 1965, S. 681–706.

Muir Watt, Horatia, Anmerkung zu CCass, 10.12.1991, Rev. crit. dip 1992, 317–327.

Dies., Anmerkung zu CCass. 10.12.1991– *Sarkis*, Rev. crit. dip 1992, 346.

Dies., Anmerkung zu CCass 01.1998, JCP 1998, 10098.

Dies., Anmerkung zu Cass civ 26.5.1999 – *Mutuelles du Mans & Mme Elkhbizi*, Rev. crit. dip 1999, 707.

Müller, Dierk, Länderbericht Deutschland, in: Ders. (Hrsg.), Die Anwendung ausländischen Rechts im internationalen Privatrecht, Festveranstaltung und Kollquium anläßlich des 40jährigen Bestehens des Max-Planck-Instituts für ausländisches und internationales Privatrecht, Berlin, Tübingen 1968, S. 66–80.

Müller, Klaus, Zur Nichtfeststellbarkeit des kollisionsrechtlich berufenen ausländischen Rechts, NJW 1981, 481–486.

Musielak, Hans-Joachim, Kommentar zur Zivilprozessordnung, 7. Aufl., München 2009.

Nagel, Heinrich/Gottwald, Peter (Hrsg.), Internationales Zivilprozessrecht, 6. Aufl., Köln 2007.

Neuhaus, Paul Heinrich, Neue Wege im europäischen Internationalen Privatrecht?, RabelsZ 35 (1971), 401–428.

Ders., Die Grundbegriffe des internationalen Privatrechts, 2. Aufl., Tübingen 1976.

Niboyet, Marie-Laure, La globalisation du procès civil international dans l´espace judiciaire européen et mondial, Clunet 2006, 937–954.

Niboyet-Hoegy, Anmerkung zu CCass. 4. 12. 1990 – *Sté Coveco*, Rev. crit. dip 1991, 558.

Niegisch, Martin, Mehrspurigkeit des internationalen Zivilverfahrensrechts in den Mitgliedstaaten der Europäischen Gemeinschaft am Beispiel des Vereinigten Königreiches, die Doktrin forum non conveniens und das EuGVÜ, Heidelberg 1993.

Niklas, Isabella Maria, Die europäische Zuständigkeitsordnung in Ehe- und Kindschaftsverfahren, Tübingen 2003.

North, Peter M., The Brussels Convention and Forum Non Conveniens, IPRax 1992, 183–184.

Nussbaum, Arthur, The Problem of Proving Foreign Law, Yale L. J. 50 (1940/41), 1018–1044.

Ders., Proving the Law of Foreign Countries, Am. J. Comp. L. 3 (1954), 60–67.

Ders., Deutsches internationales Privatrecht, unter besonderer Berücksichtigung des österreichischen und schweizerischen Rechts, Aalen 1974, Neudruck der Ausgabe von 1932.

Nygh, Peter, Conflict of Laws in Australia, 8. Aufl. 2010.

O'Malley, Stephen/Layton, Alexander/Mercer, Hugh, European civil practice, London 2004.

Ost, Hartmut, EVÜ und fact doctrine, Konflikte zwischen europäischer IPR-Vereinheitlichung und der Stellung ausländischen Rechts im angelsächsischen Zivilprozeß, Frankfurt am Main 1996.

Otto, Günter, Die gerichtliche Praxis mit dem Europäischen Übereinkommen von 1968, in: *Henrich, Dieter et al* (Hrsg.), Festschrift für Karl Firsching zum 70. Geburtstag, München 1985, S. 209–232.

Ders., Das Europäische Übereinkommen vom 7.6.1968 betreffend Auskünfte über ausländisches Recht - im Abseits?, Jb. ital. R. 7 (1994), 233–237.

Ders., Der verunglückte § 293 ZPO und die Ermittlung ausländischen Rechts durch „Beweiserhebung", zu BGH, 15-06-1994 - VIII ZR 237/93, IPRax 1995, 299–305.

Overbeck, Alfred E. von, Les problèmes actuels posés par l'application des lois étrangères en droit international privé suisse, in: Les Problèmes actuels posés par l'application des lois étrangères: actes du colloque austro-franco-germano-suisse de droit international privé comparé des 22 et 23 mai 1986, Paris 1988, S. 62–79.

Palandt, Otto, Bürgerliches Gesetzbuch, 69. Aufl., München 2010.

Palao Moreno, Guillermo, Das Fehlen von Vorbringen, Darlegung und Beweis ausländischen Rechts im spanischen Zivilprozess, ZZP int. 13 (2008), 33–55.

Peritz, Rudolph, Determination of Foreign Law under Rule 44.1, Tex. Int. L. J. 10 (1975) 67.

Péroz, Hélène, Anmerkung zu CCass – *Sté D J Sporting c. SA Orchape*, Clunet 2003, 107–115.

Pfeiffer, Thomas, Internationale Zuständigkeit und prozessuale Gerechtigkeit, die internationale Zuständigkeit im Zivilprozess zwischen effektivem Rechtsschutz und nationaler Zuständigkeitspolitik, Frankfurt am Main 1995.

Picone, Paolo, Die „Anwendung“ einer ausländischen „Rechtsordnung im Forumstaat: ... persevare est diabolicum!, in: *Basedow, Jürgen/Meier, Isaak/Schnyder, Anton K. u. a.* (Hrsg.), Private Law in the International Arena, From National Conflict Rules towards Harmonization and Unification. Liber Amicorum Kurt Siehr, The Hague 2000, S. 569–589.

Piltz, Burghard, Der Gerichtsstand des Erfüllungsortes nach dem EuGVÜ, NJW 1981, 1876–1878.

Pocar, Fausto, Jurisdiction and the Enforcement of Judgements under the EC convention of 1968, RabelsZ 42 (1978), 405–430.

Raape, Leo, Internationales Privatrecht, 5. Aufl., Berlin 1961.

Ders./Sturm, Fritz, Internationales Privatrecht, 6., neubearb. Aufl., München 1977.

Rauscher, Thomas, Europäisches Zivilprozess- und Kollisionsrecht, 3. Aufl., München 2011.

Ders./Fehre, Alexander, Anmerkung zum Urteil des EuGH in der Rechtssache Owusu, ZEuP (2006), 463–475.

Ders./Wax, Peter/Wenzel, Joachim, Münchener Kommentar zur Zivilprozessordnung, Band 1 (§§ 1–510c ZPO), 3. Aufl. 2008.

Rehm, Gebhard M., Auf dem Weg zu einer Europäischen Zivilprozessordnung und Instanzgerichtsbarkeit?, in: *Lorenz, Stephan/Trunk, Alexander/Eidenmüller, Horst u. a.* (Hrsg.), Festschrift für Andreas Heldrich zum 70. Geburtstag, München 2005, S. 955–971.

Reichert-Facilides, Daniel, Fakultatives und zwingendes Kollisionsrecht, Tübingen 1995.

Reimann, Mathias, Making Transnational Law Mandatory: Requirements, Costs, Benefits, Penn. S. Int. L. Rev. 23 (2004-2005), 787–790.

Reithmann, Christoph/Martiny, Dieter, Internationales Vertragsrecht, Das internationale Privatrecht der Schuldverträge, 7. Aufl., Köln 2010.

Rémery, J.-P., Anmerkung zu CCass, 2.3.1999, Rev. crit. dip 1999, 305–307.

Remien, Oliver, European Private International Law, the European Community and its Emerging Area of Freedom, Security and Justice, CMLR 38 (2001), 53–86.

Ders., Iura novit curia und die Ermittlung fremden Rechts im europäischen Rechtsraum der Art. 61 ff. EGV – für ein neues Vorabentscheidungsverfahren bei mitgliedstaatlichen Gerichten, in: *Basedow, Jürgen et al*

(Hrsg.), Aufbruch nach Europa – 75 Jahre Max-Planck-Institut für Privatrecht, Tübingen 2001, S. 617–631.

Reynolds, William L., What happens when Parties fail to prove foreign law?, Mercer L. Rev. 48 (1997), 775–779.

Riesenhuber, Karl, Europäische Methodenlehre, 2. Aufl., Berlin 2010.

Rittner, Fritz, Der Satz „Jura novit curia" und der EuGH, EuZW 2007, 745.

Rodger, Barry J./Van Doorn, Juliette, Proof of Foreign Law: The impact of the London Convention, ICLQ 46 (1997), 151–173.

Rodger, Barry J., Forum non Conveniens Post-Owusu, JPrIL 2 (2006), 71–93.

Rogoz, Thomas, Ausländisches Recht im deutschen und englischen Zivilprozess, Tübingen 2008.

Rörig, Ursula, Einfluss des Rechts der Europäischen Gemeinschaften auf das nationale Zivilprozessrecht, EuZW 2004, 18–20.

Roth, Herbert, Die Reform der freiwilligen Gerichtsbarkeit durch das FamFG, JZ 2009, 585–596.

Roth, Wulf-Henning, Europäisches Recht und nationales Recht, in: *Canaris, Claus-Wilhelm* (Hrsg.), 50 Jahre Bundesgerichtshof, Festgabe aus der Wissenschaft, Bd. 2, München 2000, S. 847–888.

Rühl, Giesela, Die Kosten der Rechtswahlfreiheit: Zur Anwendung ausländischen Rechts durch deutsche Gerichte, RabelsZ 71 (2007) 559–596.

Rushworth, Adam/Scott, Andrew, Rome II: Choice of law for non-contractual obligations, Lloyd's Maritime and Commercial Law Quarterly 2008, 274–305.

Säcker, Franz Jürgen/Rixecker, Roland (Hrsg.), Münchener Kommentar zum Bürgerlichen Gesetzbuch, Bd. 10: Internationales Privatrecht (Rom I-Verordnung ; Rom II-Verordnung; Einführungsgesetz zum Bürgerlichen Gesetzbuche (Art. 1–24)), 5. Aufl., München 2010.

Sales, Philipp/Clement, Joanne, International Law in Domestic Courts, LQR 124 (2008), 388–421.

Sangiovanni, Valerio, Die neue italienische Rechtsprechung zur Ermittlung des ausländischen Rechts, IPRax 2006, 513–518.

Sass, Stephen L., Foreign Law in Civil Litigation: A Comparative Survey, Am. J. Comp. L. 16 (1968), 332–371.

Ders., Foreign Law in Federal Courts, Am. J. Comp. L. 29 (1981), 97–118.

Savigny, Friedrich Karl von, System des heutigen römischen Rechts, Neudr. der Ausg. Berlin 1849., Aalen 1974.

Schack, Haimo, Rechtswahl im Prozeß?, NJW 1984, 2736–2740.

Ders., Internationales Zivilverfahrensrecht, 4. Aufl., München 2006.

Schellack, Dirk, Selbstermittlung oder ausländische Auskunft unter dem europäischen Rechtsauskunftsübereinkommen, Berlin 1998.

Schellhammer, Kurt, Zivilprozessreform und erste Instanz, MDR 2001, 1081–1085.

Scherer,Maxi, Anmerkung zu CCass 11.01.2005, Rev. crit. dip 2006, 87–94.

Schlesinger, Rudolf B., Deutsche Rechtsfragen vor amerikanischen Gerichten, NJW 1954, 827–829.

Ders., The Uniform Commercial Code in the Light of Comparative Law, Inter-Am. L. Rev. 1 (1959), 11.

Ders., Die Behandlung des Fremdrechts im amerikanischen Zivilprozess, RabelsZ 27 (1962), 54–58–72.

Schloh, Bernhard, Die Stellung der Europäischen Gemeinschaft und ihrer Organe in internationalen Organisationen, in: *Wissenschaftliche Gesellschaft für Europarecht* (Hrsg.), Die Außenbeziehungen der Europäischen Gemeinschaft, Köln 1976, S. 83–102.

Schlosser, Peter, Einschränkung des Vermögensgerichtsstandes, zu BGH, 02-07-1991 – XI ZR 206/90, IPRax 1992, 140–143.

Schmertz, John R. Jr., The Establishment of Foreign and International Law in American Courts: A Procedural Overview, Va. J. Int. L. 18 (1978) 697–723.

Schmitthoff, Clive, Länderbericht England, in: *Müller, Dierk* (Hrsg.), Die Anwendung ausländischen Rechts im internationalen Privatrecht, Festveranstaltung und Kolloquium anläßlich des 40jährigen Bestehens des Max-Planck-Instituts für ausländisches und internationales Privatrecht, Berlin, Tübingen 1968, S. 88–101.

Schnyder, Anton K, Wirtschaftskollisionsrecht, Sonderanknüpfung und extraterritoriale Anwendung wirtschaftsrechtlicher Normen unter besonderer Berücksichtigung von Marktrecht, Zürich 1990.

Ders., Die Anwendung des zuständigen fremden Sachrechts im Internationalen Privatrecht – unter besonderer Würdigung des Entwurfs zu einem schweizerischen IPR-Gesetz, Zürich 1981.

Schröder, Jochen, Internationale Zuständigkeit, Opladen 1971.

Schulz, Andrea, The Hague Convention of 30 June 2005 on Choice of Court Agreements, Yb PIL 7 (2005) 1–16.

Schurig, Klaus, Das internationale Erbrecht wird europäisch, Bemerkungen zur künftigen Europäischen Verordnung, in: *Bernreuther, Jörn/Freitag, Robert/Leible, Stefan u. a.* (Hrsg.), Festschrift für Ulrich Spellenberg, München 2010, S. 343–353.

Schütze, Rolf A., Feststellung und Revisibilität europäischen Rechts, in: *Grunsky, Wolfgang/Stürner, Rolf/Walter, Gerhard u. a.* (Hrsg.), Wege zu einem europäischen Zivilprozeßrecht, Tübinger Symposium zum 80. Geburtstag von Fritz Baur, Tübingen 1992, S. 93–100.

Ders., Deutsches Internationales Zivilprozessrecht unter Einschluss des Europäischen Zivilprozessrechts, 2. Aufl., Berlin 2005.

Ders., Ausgewählte Probleme des internationalen Zivilprozessrechts, Berlin 2006.

Schwartze, Andreas, Die Ermittlung und Anwendung des Vertragsrechts anderer EU-Staaten im deutschen Zivilprozess nach § 293 ZPO – ein besonderer Fall, in: Festschrift für Hilmar Fenge, S. 127–147.

Schwarze, Jürgen (Hrsg.), EU-Kommentar, 2. Aufl., Baden-Baden 2009 (zitiert: Schwarze-*Bearbeiter*).

Schwind, Fritz, Les problèmes actuels posés par l'application des lois étrangères en droit international privé autrichien, in: Les Problèmes actuels posés par l'application des lois étrangères: actes du colloque austro-franco-germano-suisse de droit international privé comparé des 22 et 23 mai 1986, Paris 1988, S. 121–124.

Schwung, Siegfried, Das Ersatzrecht bei einem Verstoß des ausländischen Rechts gegen den ordre public, RabelsZ 49 (1985) 407–425.

Scoles, Eugene F./Hay, Peter/Borchers, Patrick J/Symeonides, Symeon, Conflict of laws, 5. Aufl., St. Paul, Minn. 2010.

Sialelli, J.-B., Anmerkung zu CCass, 12.5.1959 – *Bisbal*, Clunet 1960, 810.

Siehr, Kurt, Ehrenzweigs lex-fori-Theorie und ihre Bedeutung für das amerikanische und deutsche Kollisionsrecht, RabelsZ 34 (1970), 585–635.

Ders., General Problems of Private International Law in Modern Codifications. De lege lata and de lege ferenda, Yb PIL 7 (2005) 17–61.

Smit, Hans, Federalizing International Civil Litigation in the United States: A Modest Proposal, Transnat. L. & Cont. P. 8 (1998) 57–70.

Soergel, Hans Theodor/Siebert, Wolfgang (Hrsg.), Bürgerliches Gesetzbuch mit Einführungsgesetz und Nebengesetzen, Band 10 (Einführungsgesetz) 12. Aufl., Stuttgart, Berlin, Köln 1996 (zitiert: *Soergel/Siebert*).

Sommerich, Otto/Busch, Benjamin, Foreign Law, A guide to pleading and proof, New York 1959.

Sommerlad, Klaus/Schrey, Joachim, Die Ermittlung ausländischen Rechts im Zivilprozeß und die Folgen der Nichtermittlung, NJW 1991, 1377–1383.

Sonnenberger, Hans Jürgen, Randbemerkungen zum allgemeinen Teil eines europäisierten IPR, in: *Baetge, Dietmar/Hinden, Michael von/Hein, Jan von* (Hrsg.), Die richtige Ordnung, Festschrift für Jan Kropholler zum 70. Geburtstag, Tübingen 2008, S. 227–246.

Spickhoff, Andreas, Fremdes Recht vor inländischen Gerichten: Rechts- oder Tatfrage?, ZZP 112 (1999) 265–292.

Ders., Die Produkthaftung im Europäischen Kollisions- und Zivilverfahrensrecht, in: *Baetge, Dietmar/Hinden, Michael von/Hein, Jan von* (Hrsg.), Die richtige Ordnung, Festschrift für Jan Kropholler zum 70. Geburtstag, Tübingen 2008, S. 671–689.

Staudinger, Ansgar, Wider den Federstrich des ZPO-Reformgesetzgebers: Die Nachprüfung der internationalen Zuständigkeit darf nicht ausgeschlossen werden!, IPRax 2001, 298–300.

Ders., Das Konkurrenzverhältnis zwischen dem Haager Straßenverkehrsübereinkommen und der Rom II-VO, in: *Baetge, Dietmar/Hinden, Michael von/Hein, Jan von* (Hrsg.), Die richtige Ordnung, Festschrift für Jan Kropholler zum 70. Geburtstag, Tübingen 2008, S. 691–713.

Ders., Existenzvernichtender Eingriff und Haftung des Gesellschafters, AnwBl. 2008, 316–326.

Staudinger, Julius v., Kommentar zum Bürgerlichen Gesetzbuch mit Einführungsgesetz und Nebengesetzen: Internationales Sachenrecht, Berlin 1996.

ders, Kommentar zum Bürgerlichen Gesetzbuch mit Einführungsgesetz und Nebengesetzen: Einleitung zum IPR, EGBGB/IPR, Berlin 2003.

Ders., Kommentar zum Bürgerlichen Gesetzbuch mit Einführungsgesetz und Nebengesetzen: Art. 25, 26 EGBGB/Internationales Erbrecht, Berlin 2007.

Ders., Kommentar zum Bürgerlichen Gesetzbuch mit Einführungsgesetz und Nebengesetzen: Art 19–24 EGBGB; ErwSÜ/Internationales Kindschaftsrecht 3, Vormundschaft, Rechtliche Betreuung, Pflegschaft), Berlin 2008.

Stone, Peter, The Rome II Regulation on Choice of Law in Tort, Ank. L. Rev. 4 (2007), 95–130.

Streinz, Rudolf, Europarecht, 8. Aufl., Heidelberg 2008.

Ders./Ohler, Christoph/Burgi, Martin (Hrsg.), EUV/EGV, Vertrag über die Europäische Union und Vertrag zur Gründung der Europäischen Gemeinschaft, München 2003.

Sturm, Fritz, Das Kollisionsrecht im Umbruch, StAZ 1977, 213–218.

Ders., Die allgemeinen Grundsätze im schweizerischen IPR-Gesetzentwurf - Eine kritische Analyse, in: *Schwander, Ivo* (Hrsg.), Beiträge zum neuen IPR des Sachen-, Schuld- und Gesellschaftsrechts – Festschrift für Rudolf Moser, Zürich 1987, S. 3–24.

Ders., Erforschung und Beweis fremden Rechts, Die höchstrichterliche deutsche Rechtsprechung vor Inkrafttreten der ZPO, in: *Fischer, Detlef/Obert, Marcus/Pannier, Dietrich* (Hrsg.), Festschrift für Dietrich Pannier, zum 65. Geburtstag am 24. Juni 2010, Köln 2010, S. 197–211.

Stürner, Rolf, Das europäische Zivilprozeßrecht - Einheit oder Vielfalt?, in: *Grunsky, Wolfgang/Stürner, Rolf/Walter, Gerhard u. a.* (Hrsg.), Wege zu einem europäischen Zivilprozeßrecht, Tübinger Symposium zum 80. Geburtstag von Fritz Baur, Tübingen 1992, S. 1–24.

Stürner, Rolf, Parteidisposition über das anwendbare Recht im europäischen Zivilprozess?, in: *Heinrich, Bernd/Hilgendorf, Eric/Mitsch, Wolfgang u. a.* (Hrsg.), Festschrift für Ulrich Weber zum 70. Geburtstag, Bielefeld 2004, S. 589–598.

Teitz, Ellen, From the courthouse in Tobago to the Internet, the increasing need to prove foreign law in US Courts, J. Mar. L. & Comm. 34 (2003) 97–118.

Thomas, Heinz/Putzo, Hans, Zivilprozessordnung, FamFG, Verfahren in Familiensachen, GVG, Einführungsgesetze, EG-Zivilverfahrensrecht; Kommentar, 31. Aufl., München 2010.

Trautmann, Clemens, Ausländisches Recht vor deutschen und englischen Gerichten, ZEuP 2006, 283–307.

Vallindas, Petros G., Der Vorbehalt des ordre public im IPR, RabelsZ 18 (1953), 1–11.

Varady, Tibor, Foreign Law before Domestic Authorities, Realities and Gestures, in: *Graveson, Ronald H.* (Hrsg.), Festschrift für Imre Zajtay / Mélanges en l'honneur d'Imre Zajtay, Tübingen 1982, S. 489–508.

Vareilles-Sommières, Pascal de, Glossaire de l'application de la loi étrangère, in: Justice et droits fondamentaux – études offertes à Jacques Normand, Paris 2003, S. 485–505.

Vitzthum, Wolfgang Graf, Völkerrecht, 4. Aufl. Berlin 2007.

Wagner, Gerhard, Fakultatives Kollisionsrecht und prozessuale Parteiautonomie, ZEuP 1999, 6–46.

Ders., Die neue Rom-II Verordnung, IPRax 2008, 1–17.

Wagner, Rolf, Zu den Chancen der Rechtsvereinheitlichung im internationalen Familienrecht, StAZ 2007, 101–107.

Ders., Zur Kompetenz der EU in der justiziellen Zusammenarbeit in Zivilsachen, IPRax 2007, 290–293.

Ders., Änderungsbedarf im autonomen deutschen internationalen Privatrecht aufgrund der Rom II-Verordnung?, IPRax 2008, 314–318.

Ders., Das Vermittlungsverfahren zur Rom II-Verordnung, in: *Baetge, Dietmar/Hinden, Michael von/Hein, Jan von* (Hrsg.), Die richtige Ordnung, Festschrift für Jan Kropholler zum 70. Geburtstag, Tübingen 2008, S. 715–731.

Ders., Neue kollisionsrechtliche Vorschriften für Beförderungsverträge in der Rom I–Verordnung, TranspR 2008, 221–224.

Ders., Das Haager Übereinkommen vom 30.6.2005 über Gerichtsstandsvereinbarungen, RabelsZ 73 (2009), 100–149.

Ders., Aktuelle Entwicklungen in der europäischen justiziellen Zusammenarbeit in Zivilsachen, NJW 2010, 1707–1712.

Walder-Richli, Hans Ulrich/Grob-Andermacher, Béatrice, Zivilprozessrecht, 5. Aufl., Zürich 2009.

Weber, Rolf H., Parteiautonomie im internationalen Sachenrecht?, RabelsZ 44 (1980) 510–530.

Weckesser-Georgi, Beate, Die letztinstanzliche Überprüfung der Behandlung ausländischen Rechts in zivilgerichtlichen Verfahren, Eine Untersuchung aus europäischer Perspektive, Berlin 2006.

Weinkauff, Sarah, Die Ermittlung und Anwendung ausländischen Rechts in Deutschland und Mexiko, Saarbrücken 2010.

Weintraub, Russell J, Commentary on the conflict of laws, 3. Aufl., Mineola, New York 1986.

Wengler, Wilhelm, Der deutsche Richter vor unaufklärbarem und unbestimmtem ausländischen Recht, JR 1983, 221–227.

Westermann, Harm Peter (Hrsg.), Handkommentar zum Bürgerlichen Gesetzbuch, mit Einführungsgesetz, Abzahlungsgesetz, Beurkundungsgesetz, 6. Aufl., Münster 1975 (zitiert: Erman-*Bearbeiter*).

Winter, Gerd, The Directive, in: *Winter, Gerd* (Hrsg.), Sources and categories of European Union law, A comparative and reform perspective, Bd. 22, 1. Aufl., Baden-Baden 1996, S. 487–506.

Wissenschaftliche Gesellschaft für Europarecht (Hrsg.), Die Außenbeziehungen der Europäischen Gemeinschaft, Köln 1976.

Wolf, Alfred, Das Europäische Übereinkommen vom 7.6.1968 betr. Auskünfte über ausländisches Recht, NJW 1975, 1583–1586.

Wolff, Martin, Das internationale Privatrecht Deutschlands, 3. Aufl., Berlin 1954.

Yates, George T., Foreign Law Before Domestic Tribunals, Va. J. Int. L. 18 (1978), 725–751.

Zajtay, Imre, The Application of Foreign Law, in: *Zweigert, Konrad/Drobnig, K.* (Hrsg.), International Encyclopedia of Comparative Law, Band III/14.

Ders., Zur Stellung des ausländischen Rechts im französischen internationalen Privatrecht, Berlin, Tübingen 1963.

Ders., Grundfragen der Anwendung ausländischen Rechts im Zivilprozeß, ZfRV 1971, 271–280.

Zöller, Richard, Zivilprozessordnung, 28. Aufl., Köln 2010.

Ders., Zivilprozessordnung, 25. Aufl., Köln 2005.

Zweigert, Konrad, Diskussion, in: *Müller, Dierk* (Hrsg.), Die Anwendung ausländischen Rechts im internationalen Privatrecht, Festveranstaltung und Kolloquium anläßlich des 40jährigen Bestehens des Max-Planck-Instituts für ausländisches und internationales Privatrecht, Berlin, Tübingen 1968, S. 185–192

Kolibri 360 GmbH
Ferdinand-Jühlke-Straße 7
99095 Erfurt, Deutschland
produktsicherheit@kolibri360.de